U0451385

甘肃省少数民族非物质文化遗产保护研究

雒庆娇◎著

商务印书馆
2015年·北京

图书在版编目(CIP)数据

甘肃省少数民族非物质文化遗产保护研究/雒庆娇著.—北京：商务印书馆，2015
ISBN 978-7-100-11507-0

Ⅰ.①甘… Ⅱ.①雒… Ⅲ.①少数民族—民族文化—文化遗产—保护—研究—甘肃省 Ⅳ.①K280.42

中国版本图书馆 CIP 数据核字(2015)第 186503 号

所有权利保留。
未经许可，不得以任何方式使用。

甘肃省少数民族非物质文化遗产保护研究
雒庆娇 著

商 务 印 书 馆 出 版
(北京王府井大街36号 邮政编码100710)
商 务 印 书 馆 发 行
山西人民印刷有限责任公司印刷
ISBN 978-7-100-11507-0

2015年9月第1版　　开本 787×1092　1/16
2015年9月山西第1次印刷　　印张 21 1/2
定价：55.00元

目　录

第一章　非物质文化遗产概述 ………………………………… 1

　　第一节　文化遗产 ……………………………………………… 1
　　第二节　非物质文化遗产的内涵与特点 ……………………… 4
　　第三节　世界非物质文化遗产挖掘与保护趋势 ……………… 8
　　第四节　亚洲各国非物质文化遗产保护的经验与做法 ……… 10
　　第五节　西方各国非物质文化遗产保护的主要做法 ………… 12

第二章　中国非物质文化遗产保护现状 ……………………… 17

　　第一节　中国非物质文化遗产的分类与特点 ………………… 17
　　第二节　中国非物质文化遗产保护现状与难点 ……………… 20

第三章　甘肃省少数民族非物质文化遗产保护现状 ………… 33

　　第一节　甘肃文化省情 ………………………………………… 33
　　第二节　甘肃非物质文化遗产保护现状 ……………………… 36
　　第三节　甘肃少数民族非遗资源的存量与价值 ……………… 52

第四章　甘南州藏族非物质文化遗产资源与保护现状 ……… 73

　　第一节　甘南州非物质文化遗产概况 ………………………… 73
　　第二节　合作市非物质文化遗产 ……………………………… 92
　　第三节　夏河县非物质文化遗产 ……………………………… 98
　　第四节　卓尼县非物质文化遗产 ……………………………… 109
　　第五节　舟曲县非物质文化遗产 ……………………………… 115

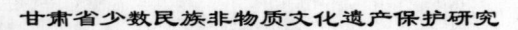

第六节　迭部县非物质文化遗产 ……………………………… 124
　　第七节　玛曲县非物质文化遗产 ……………………………… 129
　　第八节　碌曲县非物质文化遗产 ……………………………… 135
　　第九节　临潭县非物质文化遗产 ……………………………… 139

第五章　临夏州回族非物质文化遗产资源与保护现状 ……… 149
　　第一节　临夏州非物质文化遗产基本情况 …………………… 149
　　第二节　临夏市非物质文化遗产 ……………………………… 159
　　第三节　临夏县非物质文化遗产 ……………………………… 168
　　第四节　和政县非物质文化遗产 ……………………………… 173
　　第五节　东乡县非物质文化遗产 ……………………………… 178
　　第六节　积石山县非物质文化遗产 …………………………… 183
　　第七节　永靖县非物质文化遗产 ……………………………… 190
　　第八节　康乐县非物质文化遗产 ……………………………… 197
　　第九节　广河县非物质文化遗产 ……………………………… 201

第六章　甘肃其他少数民族非物质文化遗产资源与保护现状 … 205
　　第一节　天祝华锐藏族非物质文化遗产保护现状 …………… 205
　　第二节　肃南裕固族非物质文化遗产保护现状 ……………… 215
　　第三节　肃北阿克塞哈萨克族非物质文化遗产保护现状 …… 227
　　第四节　肃北雪山蒙古族非物质文化遗产保护现状 ………… 235
　　第五节　张家川回族非物质文化遗产保护现状 ……………… 243
　　第六节　陇南文县白马藏族非物质文化遗产保护现状 ……… 246

第七章　自然灾害与民族地区文化遗产保护 …………………… 255
　　第一节　民族地区常态自然灾害 ……………………………… 255
　　第二节　自然灾害对民族地区文化遗产保护的消极影响 …… 262
　　第三节　抢救保护灾区的非物质文化遗产 …………………… 267
　　第四节　民族地区文化遗产防灾减灾体系建设 ……………… 270

第八章　甘肃少数民族非物质文化遗产保护策略 …………… 275

  第一节　加快地方法规建设，运用法律保护非物质文化遗产 ……… 275
  第二节　运用现代技术手段，实现数字化保护 …………………… 280
  第三节　激活造血功能，促进生产性保护 ………………………… 286
  第四节　全方位、多层次对非物质文化遗产进行整体性保护 …… 291
  第五节　有效利用和传承非遗，实现旅游开发性保护 …………… 295
  第六节　培育公众的文化自觉，使人人成为文化传承人 ………… 300

参考文献 ……………………………………………………………… 307

附　表　甘肃少数民族非物质文化遗产资源目录清单 ………… 311

后　记 ………………………………………………………………… 335

第一章　非物质文化遗产概述

第一节　文化遗产

文化是人类的灵魂，文化遗产是一个国家和民族历史文化成就的重要标志。文化遗产不仅对于研究人类文明的演进具有重要意义，而且对于展现世界文化的多样性具有独特作用，它们是人类共同的文化财富。

一　文化遗产的定义与分类

（一）文化遗产的界定

文化遗产是指人类发展历程中积累的、被人们公认具有突出价值的、不可替代的文物古迹，主要是指具体留存在地面上或民俗中的古老文化信息传载事体。《世界遗产公约》对文化遗产的定义是：（1）文物：从历史、艺术或科学角度看具有突出的普遍价值的建筑物、碑雕和碑画，具有考古性质成分或结构、铭文、洞窟以及联合体；（2）建筑物：从历史、艺术或科学角度看在建筑式样分布均匀或与环境景色结合方面具有突出的普遍价值的单独或相互联系的建筑群；（3）遗址：从历史、审美、人种学或人类学角度看，具有突出的普遍价值的人类工程或自然与人联合工程以及考古地址等地方。

按照中国民间文化遗产抢救委员会的定义，"文化遗产是指人们所承袭的前人创造的文化或文化的产物。"[①]

（二）中国文化遗产的标志

2005年8月17日，国家文物局公布采用金沙"四鸟绕日"金饰图案为"中国文化遗产标志"（见图1-1）。

---

① 《民间文化名词解释》第二十八辑，《德化文史》，德化县政协网，2013年4月25日。

图 1-1　中国文化遗产标志①

"四鸟绕日"金饰 2001 年出土于四川成都金沙遗址，画面是四只神鸟围绕着太阳飞行，专家也将其命名为"太阳神鸟"。这是 21 世纪中国考古的一个重大发现。专家认为，"四鸟绕日"图案是中华先民崇拜太阳艺术表现形式的杰出代表之作，所表达的追求光明、团结奋进、和谐包容的精神寓意，彰显了中国政府和人民保护祖国文化遗产的强烈责任心和神圣使命感。以此作为中国文化遗产的标志体现了中华民族传统文化强烈的凝聚力和向心力，表现了中华民族自强不息、昂扬向上的精神风貌。②

（三）文化遗产的类别

根据联合国教科文组织的划分方法，世界文化遗产分为物质文化遗产和非物质文化遗产两大类。

物质文化遗产主要是指具有历史、艺术和科学价值的文物，包括可移动文物和不可移动文物，即古遗址、古墓葬、古建筑、石窟寺、石刻、壁画、近现代重要史迹和代表性建筑以及历史文化名城（街区、村镇）等不可移动文物和历史上各时代重要实物、艺术品、文献、手稿、图书资料等可移动文物。物质文化遗产分珍贵文物和一般文物。其中，珍贵文物又分为一级文物、二级文物、三级文物。

非物质文化遗产是无形文化遗产，其常常表现为看不见、摸不着、活态的遗

---

① 《国家文物局关于发布〈中国文化遗产标志管理办法〉的通知》，文物政发〔2005〕5 号。
② 《中国文化遗产标志》，百度百科，2005 年 8 月 17 日。

存。非物质文化遗产的范围包括：在民间长期口耳相传的诗歌、神话、史诗、故事、传说、谣谚；传统的音乐、舞蹈、戏剧、曲艺、杂技、木偶、皮影等民间表演艺术；广大民众世代传承的人生礼仪、岁时活动、节日庆典、民间体育和竞技，以及有关生产、生活的其他习俗；有关自然界和宇宙的民间传统知识和实践；传统的手工艺技能；与上述文化表现形式相关的文化场所等。

二 文化遗产的评判标准

世界文化遗产是人类不可再生的珍贵资源，凡提名列入《世界遗产名录》的文化遗产项目，必须符合一项或几项标准方可获得批准，如世界十大文化遗产（见表1-1）。文化遗产评判标准有以下六点：一是代表一种独特的艺术成就，一种创造性的天才杰作；二是能在一定时期内或世界某一文化区域内，对建筑艺术、纪念物艺术、城镇规划或景观设计方面的发展产生过大影响；三是能为一种已消逝的文明或文化传统提供一种独特的至少是特殊的见证；四是可作为一种建筑、建筑群或景观的杰出范例，展示出人类历史上一个（或几个）重要阶段；五是可作为传统的人类居住地或使用地的杰出范例，代表一种（或几种）文化，尤其在不可逆转之变化的影响下变得易于损坏；六是与具特殊普遍意义的事件或现行传统或思想或信仰或文学艺术作品有直接或实质的联系。

表 1-1 世界十大文化遗产

名　　称	国　　别
金字塔	埃及
宙斯神像	希腊
法洛斯灯塔	埃及
巴比伦空中花园	伊拉克
阿提密斯神殿	土耳其
罗得斯岛巨像	希腊
毛索洛斯墓庙	土耳其
万里长城	中国
法洛斯灯塔外传之亚历山卓港	埃及
秦始皇兵马俑	中国

第二节 非物质文化遗产的内涵与特点

自联合国教科文组织 2001 年公布首批"人类口头和非物质文化遗产"代表作以来，尤其是在 2006 年中国第一个"文化遗产日"问世，"非物质文化遗产"这一新的术语，在短短数年时间里成为中国社会的一个最热门的词汇。一场规模盛大的"中国民间文化遗产抢救工程"也同时启动。无独有偶，一个不起眼的民间绳结，受到中外人士的青睐，赢得"中国结"的称誉，走红中国市场；唐装的兴起，使冷落数十年的中式服装走出低谷；奥运会会徽以甲骨文和印章的古风，组成现代最前沿的象征图像（见图 1-2）；昔日原始的制陶工艺，如今成为时尚的陶吧；情人节送香草开始在中国时兴。这种过往而复归的社会现象，说明民俗性的风物比某些物质产品具有更为坚韧的传承力量。民俗事物的红火，证明了一个预测：早在 20 世纪末，未来学家就断言，21 世纪是高扬人文精神的世纪，这就是突出以人为本的主题，一切与人类生命、生活、发展、休闲、娱乐有关的商品和文化产业，都将在新世纪获得高度的重视和长足的发展，民俗风物的兴起就是一个有力的例证。

图 1-2　2008 年奥运会会徽

一　非物质文化遗产的内涵与分类
（一）非物质文化遗产概念的演变
非物质文化遗产，即人类口头和非物质遗产，又称无形文化遗产，是相对于有形遗产，即物质遗产而言的概念。"非物质文化遗产"（以下简称"非遗"）这个概念早在20世纪五六十年代就已在一些国家兴起，随着联合国教科文组织将其正式纳入世界文化遗产保护名目，它如今已成为当今世界关注的焦点。口头和非物质遗产的概念源于两点：一个是1950年日本在《文化财保护法》中，从"有形文化财"的概念延伸出的"无形文化财"的概念，这在世界上是首创性的，极大地拓展了文化遗产的保护范围；另一个是1989年联合国教科文组织召开的第25届巴黎大会上通过的《保护民间创作建议案》，该议案对民间创作（或传统民间文化）曾下了一个经典性的定义，即民间创作是指来自某一文化社区的全部创作，这些创作以传统为依据，由某一群体或一些个体所表达并被认为是符合社区期望的作为其文化和社会特性的表达形式，其准则和价值通过模仿或其他方式口头相传。它的形式包括：语言、文学、音乐、舞蹈、游戏、神话、礼仪、习惯、手工艺、建筑术及其他艺术。对民间创作（传统民间文化）的定义其实就是今天所指的"非物质文化遗产"的概念范畴，有人曾把这个概念译为"无形文化遗产"。

1997年11月，联合国教科文组织第29次全体会议通过了《人类口头及非物质遗产代表作宣言》，界定了"人类口头与非物质遗产"的含义，基本上沿用了对"民间传统文化"的定义。可以说，非物质文化遗产概念的提出，就是在"民间创作"的基础上进行的。

2001年3月，联合国在都灵召开了第31届成员国大会，在会议的文件中，以"非物质文化遗产"代替了"民间传统文化"的概念，并通过了对"非物质文化遗产"的界定。

（二）非物质文化遗产的界定

2003年10月17日，联合国教科文组织颁布《保护非物质文化遗产公约》（以下简称《非遗公约》）。它总结和概括了此前有关民间创作和口头与非物质遗产的研究成果，并详细地界定了非物质文化遗产的概念及范围。《非遗公约》中将非物质文化遗产的定义和内涵界定为："非物质文化遗产（Intangible Cultural Heritage，英文缩写为ICH）指被各群体、团体或个人视为其文化遗产的各种实践、表演、表演形式、知识和技能以及有关的工具、实物、工艺品和文化场所。各个群体和团体随着其所处环境、与自然界的相互关系和历史条件的变化不断使这种代代相传的非物质文化遗产得到创新，同时使他们自己具有一种认同感和历史感，从而促进了文化多样性和人类创造力的发展。"

（三）非物质文化遗产的分类

非遗是联合国世界遗产家族的新成员，其范围广泛，涉及人类全部历史和全部形态的文化样式。联合国教科文组织对非遗的类别也做了具体规定，这就是目前被各国广泛使用的五大类的分类方法：一是口头传说和表述，包括作为非遗媒介的语言；二是表演艺术；三是社会风俗、礼仪、节庆；四是有关自然界和宇宙的知识和实践；五是传统的手工艺技能。

二 非物质文化遗产的特点

（一）文化性

毫无疑问，非物质文化遗产首先是一种文化，具有文化性。一个民族的文化，是那个民族存在的标志。它是那个民族全体成员的社会生活赖以建立、继续和发展的不可缺少的条件。非遗是民族或群体文化的基础部分，蕴含着该民族或群体最深的传统文化根源，反映了他们的生活、生存方式，保留着形成该民族或群体身份的原生状态，以及该民族或群体特有的思维方式、心理结构和审美观念等，体现出该民族或群体独具特色的历史文化发展踪迹。因此，非遗具有重要的文化价值，是一个民族或群体宝贵的文化资源。而不同的民族或群体具有不同的文化模式，共同丰富、充实和维系着人类文化的多样性，更强化了非遗的文化价值。任何民族或群体都有通过非遗维系自己的特性、形成相互认同感的需要。正如卡迈尔·普里博士所说："寻根的愿望是人类的一种基本需要。与过去的联系是任何社会的支持力量。"[1]实际上，非遗的保护传承，就是塑造共同社会记忆的一个部分。

（二）传承性

非物质文化遗产的传承性是指它具有人类集体、群体或个体一代接一代享用、继承或发展的性质。非遗的传承一般是通过师带徒、父传子、母传女、婆传媳来进行的。如剪纸艺术、戏剧表演、美术工艺等，往往由老一辈的艺术家以口传心授的方式来传承艺术、发展艺术。因此，传承性是非遗的一种共性特征。

（三）活态性

无论是语言、戏剧，还是传统手工艺制作或民间习俗，它们都需要借助人们

---

[1] 李墨丝，《非物质文化遗产法律保护路径的选择》，《河北法学》，2011 年第 2 期。

的行为活动直接表现。在这些特殊的行为活动中，语言的使用、口头传说的传播是动态的；音乐、舞蹈、戏剧的表演是动态的；同技艺紧密结合在一起的器物制作是动态的；民俗习惯的表现也是动态的。这种动态性贯穿于非遗的整个存在过程中，赋予它们以活态的特征与生命力，从而与静态形式存在的文物区别开来。

（四）无形性

非物质文化遗产是抽象的文化思维，它存在于人们的观念之中，且随着人们观念的变化而变化，如知识、技能、表演技艺、信仰、习俗、仪式等。一方面非遗不像物质文化遗产那样是有形可感的，如山西杏花村汾酒酿制技艺，人们可以感知的是一套完善精密的、无形的酒水制作工艺，而不是一台有形的酒水制造机器。另一方面非遗传承主要不是通过物而是通过人对"精神文化"进行传递，载体与对象是分离的，它的传承是通过人与人的精神交流，如口述、身体示范、观念和心理积淀等形式进行，因而是抽象的、无形的。

（五）民众性

非物质文化产生于民间，也主要在民间流布。以民俗为例，仅从字面上就可以知道，它是指官方以外的有某种共同社会关系的群体，主要是直接创造物质财富和精神财富的中下层民众，在社会生活中世代传承的、一定自然与文化环境的产物。并不包括官方的法律规章制度，也不包括上层社会中特有的生活习惯，尽管二者对民间风俗都会产生或多或少的影响。非遗这种鲜明的民众色彩给人留下了深刻的印象，以至于现在仍有许多人将其称为民间文化艺术，称这类传承人为民间艺人。

（六）地域性

非物质文化遗产与其他文化遗产一样，是一定自然与文化环境的产物，也只有在适宜的生态环境中才能传衍，因此带有深深的民族和地域烙印。以民俗的民族性和地域性为例，如果说民俗民族性的获得，是受民族居住地自然条件、社会生活，以及语言、心理、信仰等文化传统制约的结果，那么，民俗的地域性更是与其所形成的区域环境，包括自然资源、生产生活方式以及价值观、审美观的特点密切相关。所谓"十里不同风，百里不同俗"，就是对民俗的区域特点的生动概括。再以民间曲艺和民间故事来看，内容大多取材于当地民间生活，说唱语言、审美情趣都带有浓郁的地方特色。再如舞蹈艺术，在我国东南西北也表现出不同的特征：新疆的歌舞热烈奔放，内蒙古的歌舞辽阔雄浑，西藏的歌舞高远空灵，朝鲜族的歌舞轻盈飘逸，西北的歌舞苍凉凝重，江南的歌舞清新典雅，等等。这就是同一种非遗因产生地不同而又有所差别。因此，地域的特色，是非遗的标志，离开了该地域，也就失去了其赖以存在的根基。

（七）多元性

非物质文化遗产的多元性主要表现在不同地区、种族、信仰、风俗、群体拥有的非遗外部差异，以及同一地区、种族、信仰、风俗、群体在不同时期的非遗的内部差异。此外，不同风格、素养的非遗传承者也造就了非遗的多元性。不同流派的表演艺术家常常以其个人的气质、文化修养和独特的艺术造诣丰富了本派艺术的风格，使之得以发扬光大。

（八）脆弱性

高度的个性化、传承的经验性、浓缩的民族性，决定了非物质文化遗产的脆弱性。在全球化、现代化及经济一体化的挤压下，非遗正面临着一个从来没有过的危险境地，仅就戏剧表演艺术来看，其消亡速度呈现出岌岌可危的现状。如广西在新中国成立初期有地方剧种18个，如桂剧、壮剧、彩调剧、粤剧、毛南戏等，到20世纪末，除壮剧、彩调剧、粤剧以外，其他剧种已难得一见。山西省的地方戏，20世纪80年代尚有52个剧种，现在却只剩下28个，短短的30年里，24个有着悠久历史、精彩艺术的古老剧种消失了。[①]

第三节　世界非物质文化遗产挖掘与保护趋势

一　与科技融合日渐加深的趋势

利用数字技术是各国非遗挖掘和保护工作中的一大趋势。在信息技术快速发展的知识经济时代，数字化技术进入物质文化遗产领域的同时，也逐步进入非物质文化遗产领域，科技正日益广泛地渗透到文化领域，对非遗挖掘与保护产生着巨大影响。利用计算机、网络技术、通信技术和多媒体技术等高新技术手段挖掘保护非遗，革命性地改变着文化的生产方式、传播方式和消费方式，赋予文化新的内涵、新的功能和新的业态，文化产品的艺术感染力进一步增强，科技与文化

---

① 《我国非物质文化遗产处境堪忧，人民难找精神家园》，《人民日报》，2007年4月28日。

的相互融合、相互促进从来没有像今天这样紧密。挖掘与保护非遗的方法和手段日益高科技化，使得非遗保护的能力和水平空前提高。一方面利用数字技术对非遗的信息进行采集、储存、管理，建立永不失真、可重复利用的数字化档案、信息数据库和网站，对保护情况进行监测，达到长期保存、重复利用的目的，并通过计算机网络为用户提供数字化的展示、教育和研究。另一方面利用高新技术对部分非遗项目进行创新性的开发利用，使之产生巨大的经济效益。因此，充分发挥高新技术在非遗挖掘与保护工作中的作用，提高保护、开发与利用的科技含量，是当今世界各国非遗挖掘和保护中的主要趋势。

二　与经济日益结合的趋势

在现代经济发展中，文化的含量日益提高，人类已进入"文化发展牵引经济"的时代，文化的经济功能越来越强，文化可变为直接的生产力。纵观国际发展趋势，许多国家和地区在保护文化遗产的同时，大力发展文化产业，不断提升国家软实力。文化产业作为一种新型的产业形态，其在国民经济中的比重逐渐加大，已成为地区经济发展的新的增长点和增强国家可持续发展能力的现实选择。借助市场机制，以非遗为生产资源，通过一系列的经济运作，赋予非遗经济内涵，使之成为文化产品与文化服务，以满足人民群众的精神文化需求，以此达到保护非遗、实现文化多样性、发展经济的目的。总之，文化与经济日益结合，实现产业化经营是非遗资源开发和利用的大势所趋。

三　文化人才竞争日益激烈的趋势

非物质文化是活态的文化，其突出特征是以人为载体、与人共存亡。非遗挖掘与保护成效的高低以及文化资源产业化水平的高低关键取决于人才。具有独门绝技的传承人才、掌握高新技术的文化人才、文化产业专业技术人才、管理人才以及各类保护人才是推动非遗挖掘与保护，实现文化资源产业化的决定性因素。当今社会，文化人才的竞争已成为世界各国竞争的焦点，各国纷纷采取措施加大对文化人才的保护和扶持力度。首先，杰出的民间文化人才受到更多的重视。如韩国为保证传统文化后继有人，政府特设奖学金，以资助那些有志于学习无形文化遗产的年轻人。其次，各类专业技术人才的竞争日趋激烈。非遗的普查、申报、保护、传承利用，会涉及历史、建筑、民俗、语言、艺术、经济、法律等方面的专业知识，需要专门的人才和机构进行智力支持，才能使非遗更好地得到挖掘、保护与利用。国外一些发达国家积极动员、吸收国内外各类文化人才参与非遗挖掘、保护、利用、研究等工作。目前，各类文化人才在全球范围的流动日益频繁，表明文化领域人才的竞争和争夺是十分激烈的。

四 法制化进程不断加快的趋势

重视非遗保护的立法工作，加快法制化进程，已成为目前国际社会和各国非遗挖掘与保护工作的重中之重。

联合国教科文组织为了在国际、区域和国家各个层面保护和促进世界文化多样性的发展，先后制定并通过了一系列国际法律文件。1972年通过了《世界遗产公约》，2003年通过了《非遗公约》，2005年通过了《保护和促进文化表现形式多样性公约》，这三项国际公约构成了保护文化多样性的国际法律体系。从物质文化遗产到非物质文化遗产的保护，再到文化表现形式多样性的保护，世界文化遗产保护在30多年的时间里走过了三个不同阶段，这表明世界各国保护世界文化的意识更加强烈、愿望更加迫切、观念更加深刻。另外，联合国教科文组织还编写了保护非物质文化遗产的标准文书，规定编制两份清单，一份是人类非物质文化遗产代表作清单，另一份是迫切需要保护的非物质文化遗产代表作清单。根据《非遗公约》，还将创建一个保护非遗的基金，这一基金的资金来自缔约国的捐款和其他来源。

第四节 亚洲各国非物质文化遗产保护的经验与做法

在亚洲，日本、韩国对非遗有着独特的、自成体系的保护办法。经过几十年的努力，两国非遗保护已经基本实现了法制化、体系化、规范化。

一 日本以立法的形式保护非物质文化遗产

在制定非遗保护法律方面，日本一直走在世界的前列。日本堪称是非遗保护的发祥地，是世界上最早关注非遗保护的国家。从明治三十年（1897）制定的《古社寺保护法》算起，日本的历史文化遗产保护已有一百多年的历史。日本对非遗进行有意识地保护始于 1950 年。日本人在当年确立的《文化财保护法》中首次提出"无形文化财"的概念，开始对本民族的民间文化遗产进行依法保护，并以法律形式规定了它的范畴，这是人类历史上第一次明确以法律形式为无形文化财（非遗）提供保护。1954 年修订《文化财保护法》时，明确规定了无形文化财持有者（即代表性传承人）的认定制度，建立"人间国宝认证制度"，并新增了无形民俗资料记录保存制度。1968 年、1975 年对《文化财保护法》分别进行了再次修订，将有特别重要价值的风俗习惯和民俗表演艺术指定为"重要无形民俗文物"加以保护，新增了"文物保护技术的保护"一节。1996 年对《文化财保护法》进行了第四次大修订，主要是制定文化财登录制度。为了实施这项制度，政府拨专款用于非遗的登录工作，使日本的非遗保护有了法律保障。如今，日本已有 1000 项国家级保护项目，其中能乐、歌舞伎、文乐、和食等已成功入选联合国教科文组织人类口头和非物质遗产代表作名录。[①]

二　韩国通过市场化、产业化开发来保护非物质文化遗产

韩国在对非遗的保护方面，除了实施有效的挖掘与保护政策，还借助商业炒作和旅游业的参与，实施非遗的"生产性保护"。通过生产销售等方式，将非遗资源转化为文化产品和服务，使其在生产实践中得到积极保护，实现与经济社会的良性互动。事实上，韩国的非遗早已商品化了，而且已经开始规模化发展。为了弘扬韩国的传统文化遗产，韩国政府精心组织，举办大型民俗活动，广播、电视、报纸、杂志等各种媒体进行了大规模的宣传活动。随着非遗活动的进一步拓展，韩国资本的触角也开始伸向这块前景诱人的领域，商人积极地将被指定为韩国非遗的项目开发成商品面具、戏装、玩偶和书刊，到处进行供应和销售，非遗的各种宣传广告在韩国也随处可见。韩国政府制定了金字塔式的文化传承人制度，最顶层被授予"保有者"的称号，一旦他们的才艺得到社会和政府的认可，其商业价值便会剧增，从而带动当地经济社会的大发展。为了吸引外来游客，那些被指定为国家级非遗的表演者，随时随地都会被搬上舞台。久而久之，韩国非遗保有者的表演逐渐变成了纯商业性的演出，各类非遗的传承人在媒体上露面，也都会

---

① 顾军、苑利，《文化遗产报告：世界文化遗产保护运动的理论与实践》，社会科学文献出版社，2005 年，第 108 页。

获得可观的出场费用。以2013年12月申遗成功的韩国泡菜来说,就是这款不起眼、据说是源自中国且与国人制作的泡菜大同小异的"一碟小菜",不仅在韩国人的现实生活中大行其道,而且成为韩国的一张文化名片,成为为韩国创汇增收的重要经贸商品。这么一款传统佐餐食品,早已被韩国人做成一个大产业,其不可阻挡的色香味几乎快要搅动全球数十亿人的味蕾,据称其不但出口到美国、日本、德国等发达国家,而且也向非洲国家出口,每年出口创汇都在7000万美元以上。①

韩国还十分重视利用非遗来加速旅游业的发展,通过现代观光旅游推动非遗的保护和发展,这是韩国旅游文化产业开发的主要目标。多姿多彩的非遗是吸引游客的重要旅游资源,为了保护、恢复传统礼仪节庆仪式,韩国十分注重将民俗节和祭祀活动作为主要展演的内容以此来吸引游客,宫廷宗庙祭祀礼乐、江陵端午祭、假面戏等国家级重要非遗项目的展演每年吸引了百万人次参与和观光,有力地助推了韩国旅游业的发展。

第五节 西方各国非物质文化遗产保护的主要做法

在西方,法国、意大利、德国等国家对非遗的保护是放在整体性保护之中进行的,特别是西欧国家更强调统一的、整体性的保护。

一 法国设立"文化遗产日"推动了欧洲各国非遗保护工作

"文化遗产日"是法国人的首创,始于1984年,定于每年9月的第三个周末为文化遗产日,迄今已举办了31届,其目的是为公民提供一个免费参观国家历史文化财富的机会,以增强民众保护民族文化遗产的意识。在"文化遗产日",全国所有博物馆向公众敞开大门,公立博物馆免门票,私立博物馆门票减价,全国的参观点达一万多个,法国民众走进博物馆,走向乡村田野的古迹遗址,去实现和祖国文化遗产的亲密接近,进而将这种热爱化为全民保护文化遗产的自觉行动。法国政府主导的"文化遗产日"活动,经过多年的实践,规模越来越大,内容越来越丰富,活动日臻完善。近年来,每年参加的人次大约有1000多万,占

---

① 严辉文,《珠算的申遗与韩国泡菜的申遗》,中国新闻网,2013年12月7日。

全国总人口的18%左右。通过设立"文化遗产日",一方面增强了法国民众保护民族文化遗产的意识,激发了高涨热情,使越来越多的人投身于文物保护事业,形成了可持续发展的良好局面;另一方面文化遗产也随之成为法国人生活环境的重要组成部分。

在法国"文化遗产日"活动的影响下,欧洲文化遗产保护活动也蓬勃兴起。在欧洲委员会的倡导下,如今绝大多数欧洲国家设立了"文化遗产日"。1991年,欧洲理事会确立了"欧洲文化遗产日",欧洲数十个国家陆续举办这项活动。从此,"文化遗产日"成为全欧洲的活动。1999年9月,欧洲委员会推出了主题为"欧洲,共同的遗产"的大规模宣传活动。由此可见,法国设立的"文化遗产日"不仅对法国,而且对整个欧洲社会加强历史文化遗产和非物质文化遗产的保护工作产生了巨大的影响。[1]

二 意大利实施有效的管理组织体系保护非遗

保护非遗必须有相应的机构设置,这是保护非遗重要的组织保证。意大利政府专门设有文化遗产部,文化遗产部在各地设置相应的文化遗产监督署,以垂直行政管理的方式,负责监管地方政府对中央文化遗产保护政策的落实情况,并挖掘保护和管理本地的文化遗产。经过多年的探索,意大利在文化遗产保护和利用方面已形成了独特的"意大利模式",即由公共部门负责保护古迹,私人和企业来经营管理和利用文化遗产,这种模式有利于调动私人和企业的积极性。社团的介入对非遗的保护也发挥了积极的作用,因为这些民间组织集中了众多的学界名流,他们具有广泛的社会影响力并掌握有专业性技能和知识,成为非遗保护运动的实践者和智囊团,在非遗挖掘和保护工作中发挥了关键性的作用。在动员民间团体参与文化遗产保护方面,意大利还设置了专门的研究机构,主要从事非遗项目的保护研究。[2]

三 英国文化遗产保护注重"从娃娃抓起"

英国伦敦的文化创意产业,是英国目前仅次于金融的第二大产业。为了培养创意产业人才,英国文化协会联同英国教育部门重点抓好三个阶段的教育:对幼

---

[1] 飞龙,《国外保护非物质文化遗产的现状》,百度文库,2010年11月27日。

[2] 《意大利文化遗产的保护与开发模式》,http://www.chla.com.cn,2007年9月12日。

儿园和小学的孩子,组织他们参观博物馆和文化遗址,激发他们对文化创意的兴趣;对中学生,主要培养他们对艺术的爱好和欣赏力,要求他们选学一至两门技艺,选修技艺多数与非遗有关;对大学生,重点培养艺术人才,从中发现创意文化新星。在大学阶段,企业和公司会及早介入创意人才的发掘和打造,并为其进行市场测试推广。英国文化协会为此设立了创意产业分部,其中进行的一个项目是 2007 国际青年音乐企业家精选,挑选了 12 个国家的青年创意家,主要是音乐和平面设计方面的人才,对他们进行重点培养和全球市场推广。英国的创意产业主要依托伦敦众多的博物馆,如大英博物馆、维多利亚和阿尔贝特博物馆等,这些堪称为世界文化遗产宝库的博物馆成为创意家创作设计灵感的源泉。[1]

四 丹麦利用媒体事件来提升大众对非遗保护的意识

在丹麦人看来,非遗的保护不是把它放在博物馆里完好地保存,应该作为活生生的历史通过持续的激活和改造完成。[2]

丹麦有三种文化遗产堪称经典:第一是安徒生文学作品,第二是丹麦重大历史事件,第三是丹麦美食和烹饪。这三种非遗之所以能成为经典,是因为它们渗透在丹麦的血液和基因里,但也正是因为它们的显著性和传统性,反而被束之高阁,逐渐淡出人们的视线,只有少数的专家学者才会问津。随着创意文化事件曝光率的增加,被遗忘的文化遗产逐渐回到人们的视野中,而且逐渐成了国家形象和品牌的代言。其中,互动媒体、新技术和前卫艺术家发挥了重要作用。因为只有加入时尚元素,才能让整个事件看起来新鲜有趣而且引人入胜。

如 2005 年安徒生的 200 年诞辰纪念活动的国际化宣传。这个活动持续了整整一年,还扩展到了其他 74 个国家。早在活动正式开始前两年,政府部门就牵头联合一些院校、艺术团体、艺术家、公关机构开始了对这个活动的筹划。庆祝纪念活动的目的之一是提升民众对安徒生的认知,这个活动主要围绕教育项目、文化艺术、旅游活动来进行。基金会邀请了超过 100 名国际当代著名艺术家,让他们以自己的方式来诠释安徒生,为安徒生提供一些当代艺术的注脚,使之更加时尚化。为了增加这个活动的知名度和互动性,丹麦还开办了 30 多个门户网站,

---

[1] 申再望,《国外保护非物质文化遗产各有"妙招"》,百度文库,2008 年 3 月 25 日。
[2] 刀文克,《丹麦如何保护三种非物质文化遗产》,第九届中国文化产业新年论坛,新浪财经讯,2012 年 1 月 8 日。

用 30 多种语言进行宣传，而且还在世界范围内任命了多名安徒生大使。[1]

再如哥本哈根的辉煌纪念日。它是每年秋季之前举行的活动。每项活动以一个中心历史事件为主题，通过各种新鲜的策划创意来加深民众对于历史事件的印象和了解。在为期一个月的活动期间，不仅是博物馆，还有一些文化机构会举办相关的活动，一些公共区域比如火车站、操场、商店、电台、电视台等这些地方都会举行相关互动性的活动。哥本哈根金色时光活动不仅仅为了纪念历史本身而创建，它的目的是把历史文化和大众连接起来，并且把学界和普通大众连接起来。在这个纪念日活动举办十年以来，25 岁以下的受众增加了 200%，强化了历史事件在年轻人群体中的集体记忆。[2]

此外，还有丹麦传统烹饪文化的再生。19 世纪末丹麦从原来的农业弱国成为农业强国，而且成为一个出口国，它的牛油和培根猪肉以高质和优价在国际市场取胜，但丹麦人没有享受到这个福祉。随着出口量的增加，好的产品都出口了，丹麦人就只能吃汉堡、比萨这样的食品，人均寿命在西方国家里是最短的。这种情况很快得到了改善，在 2008—2010 年丹麦被外国记者和国际专家评选为最新奇有趣的饮食目的地，这是在欧洲范围内的评选，丹麦超越了传统意义上的美食大国法国、意大利和西班牙，这是因为在文化部的扶持下，丹麦重拾传统烹饪技法。这也是通过有意识、有重点的文化活动来重振文化遗产的活动。[3]

---

[1] 刀文克，《丹麦如何保护三种非物质文化遗产》，第九届中国文化产业新年论坛，新浪财经讯，2012 年 1 月 8 日。

[2] 同上。

[3] 同上。

第二章 中国非物质文化遗产保护现状

　　我国历史悠久、幅员辽阔、民族众多，各地在历史演进的过程中积淀了丰富的非物质文化遗产，这些非物质文化遗产品种繁多、数量庞大、内容丰富、地方特色浓郁。例如，藏族的史诗《格萨尔王传》、新疆维吾尔族的十二木卡姆、蒙古族的长调民歌、广西壮族的"刘三姐"歌舞艺术、云南石林的"阿诗玛"传说、云南大理白族的"绕三灵"，还有汉族的剪纸艺术、昆曲艺术、古琴艺术、南音艺术、春节、元宵节、端午节、中秋节等节庆文化……色彩缤纷，不胜枚举。

第一节 中国非物质文化遗产的分类与特点

一 中国非物质文化遗产的界定与分类

（一）中国非物质文化遗产概念的演变

　　在我国，关于非遗概念的提出及其界定经历了长达数十年的曲折过程。不同时期对"非遗"的称谓也不尽相同。长期以来，我国一直在使用"民族民间文化遗产""民俗文化遗产""民间文化""民间艺术""民间传统""民间创作""口头遗产"等概念。为了实现与国际同步和方便国际对话，我国也采用了与国际相同的提法。近年来，我国学术界对非遗的界定颇有争议，但学术界大多数学者基本认可联合国教科文组织在《保护非遗公约》中对非遗所做的界定，在此基础上再根据我国的具体情况，进行补充和调整，最后形成了我国对非遗的概念定义，也即国务院办公厅颁布的《关于加强我国非遗保护工作的意见》的附件《国家级非遗代表作申报评定暂行办法》中的定义：所谓非物质文化遗产，是指各民族人民世代相承的、与群众生活密切相关的各种传统文化表现形式和文化空间。[1]

---

[1]《国务院办公厅印发关于加强我国非物质文化遗产保护工作的意见》（国办发〔2005〕18号）。

（二）中国对非物质文化遗产的分类

在分类上也充分考虑到我国非遗的实际情况和保护实践，制定出符合我国非遗保护体系和工作需要的具有中国特色的非遗类型。

1. 按照形式分类

在我国，《国家级非遗代表作申报评定暂行办法》把非遗分为两大类六个类别。两个大类是：（1）传统的文化表现形式，如民俗活动、表演艺术、传统知识和技能以及与之相关的器具、实物、手工制品等；（2）文化空间，即定期举行传统文化活动或集中展现传统文化表现形式的场所，兼具空间性和时间性。六个类别包括：（1）口头传统，包括作为文化载体的语言，即在民族民间流传的口传文学、诗歌、神话、故事、传说、谣谚等及相关濒危的语言；（2）传统表演艺术，即在民族民间流传的音乐、舞蹈、戏曲等；（3）民俗活动、礼仪、节庆，即反映某一民族或区域习惯风俗的重要礼仪、节日、庆典活动、游艺活动等；（4）有关自然界和宇宙的民间传统知识和实践，即天文、地理、自然、人文、医药等；（5）传统手工艺技能，即世代相传、技艺精湛、具有鲜明的民族风格和地区特色的传统工艺美术手工技艺，传统生产、制作技艺等；（6）与上述表现形式相关的文化空间，即集中体现或展现某种特定文化传统的区域、场所，如庙会活动、传统的节日庆祝活动、民间祭祀与信仰、民间花会、人生礼仪活动、文化生态保护区等等。这一分类体系在列举出与联合国《非遗公约》基本一致的五大类非遗形式之后，又列举了第六种即"文化空间"。这是完全符合联合国教科文组织文件定义的基本精神的，而且比之更为完整。

2. 按照级别分类

按照联合国教科文组织的申报标准，非遗可以分为五个级别类型：符合条件已经申报联合国非遗名录成功的，属于世界级；已经入选或符合国家申报标准，具有特殊价值和代表性的非遗，属于国家级；根据非遗申报的程序可以依次再分为省级、市级与县级。级别分类有助于非遗的普查、建档、开发与保护工作的开展。

3. 普查进行的分类

根据《中国非遗普查手册》，我国将非遗种类分为两层。第一层按学科领域大体分为以下 16 个大类：（1）民族语言及各地方言；（2）民间美术（包括绘画、雕塑、工艺、建筑等）；（3）民间文学（包括神话、传说、故事、歌谣、史诗、长诗、谚语、谜语等）；（4）民间音乐（包括民歌、器乐、舞蹈音乐、戏曲音乐、曲艺音乐等）；（5）民间舞蹈（包括生活习俗舞蹈、岁时节令习俗舞蹈、人生礼仪舞蹈、宗教信仰舞蹈、生产习俗舞蹈）；（6）戏曲（包括曲牌体制的戏曲剧种、板腔体制的戏曲剧种、曲牌板腔综合体制的戏曲剧种、少数民族的戏曲剧种、民间小戏剧种、傩及祭祀仪式的戏曲剧种、傀儡戏曲剧种）；（7）曲艺（包括说书、唱曲、谐谑等）；（8）民间杂技（包括杂技、魔术、马戏、乔妆戏、滑稽等）；（9）民间手工技艺（包括工具和机械制作、农畜产品加工、烧造、织染缝纫、金属工艺、编织扎制、髹漆、造纸、印刷和装帧等）；（10）生产商贸习俗（包括农业、林业、渔业、狩猎、饲养和畜牧业、商贸、副业等）；（11）消费习俗（包括服饰、饮食、居住、交通等）；（12）人生礼俗（包括妊娠、分娩、诞生、命名、满月、百日、周岁、成年礼、婚礼、寿诞礼、葬礼等）；（13）岁时节令（包括汉族节日、少数民族节日等）；（14）民间信仰（包括民间信仰、原始信仰、俗神信仰、祖先信仰、庙会、巫术与禁忌）；（15）民间知识（包括医药卫生、物候天象、灾害、数理知识、测量、纪事、营造等）；（16）游艺及传统体育竞技（包括室内游戏、庭院游戏、智能游戏、助兴游戏、博弈游戏、赛力游戏、技巧竞赛、杂耍竞技等）。第二层就是在这16个一级类的基本类别中，又细分出86个二级类和若干个小类。这一分类操作性较强，对非遗的普查、保护和利用具有一定的指导意义。

二　中国非物质文化遗产的特点

多样的自然环境、多民族的共荣、悠久的历史文化传统共同造就了中国非遗的独特性。

（一）形式多样，种类齐全

中国非遗项目涉及的种类涵盖了联合国教科文组织规定的全部类型。就表演艺术而言，它就涉及音乐、舞蹈、戏剧、曲艺、杂技、竞技等多个子类别。此外，中药知识是中国独有的非遗形式。总之，中国多姿多彩的非遗丰富了世界非遗的内容。

（二）文化内涵丰富而独特

中国非遗的文化内涵是独特而多元的。首先，从人类文化空间的布局考察，中国非遗在这个庞大的地球村中是一个多元一体的巨型混合文化圈，无论是表现中原文化的非遗，还是展现齐鲁文化、吴越文化的非遗，都深刻体现着中国在世界上独特的文化传统、文化背景。其次，中国非遗的文化内涵又是多元的，就汉民族为主体的聚居地区而言，根据其文化性质，大致可分为：中原文化、齐鲁文化、燕赵文化、三晋文化、三秦文化、吴越文化、晋楚文化、巴蜀文化、岭南文化、关东文化等；从民族的文化性质分类上看，可分为蒙藏族群、苗族、布依族、回族、维吾尔族等多个民族，这些不同民族都有各自独特的文化传统，都拥有着极为丰富的非遗。

（三）空间分布东密西疏，时间跨度大

我国非遗类型多样，结合地理区划及经济区划状况，从西部、中部、东部来阐述非遗分布的特点。在空间分布上呈现出东部密集、西部稀少集中的特点。全国非遗项目中，东部地区占全国总量的43.1%，且多分布在河北、江苏、浙江、广东、福建一带；西部地区占全国总量的36.0%，集中分布在四川、贵州、云南三省；中部地区仅占20.9%。[①]此外又呈现出明显的"大分散、小集中"的特点。

在时间上，跨度达千百年。就酿酒技艺而言，其历史就可追溯到春秋、战国时代。时间上的跨度反映了中华民族文化传统的延续性与持久性，这是许多国家难以相比的。

第二节 中国非物质文化遗产保护现状与难点

一 新中国非物质文化遗产保护的历程

我国历来十分重视非遗的挖掘与保护工作，只是对非遗的称谓不同，没有将其单独列出来加以保护。新中国成立以来，特别是改革开放以来，为了继承和弘扬优秀传统文化，各级政府做了大量工作并取得了显著成绩。概括起来大体经历了三个阶段：

（一）选择性保护阶段（20世纪中叶至1999年）

从20世纪50年代起，我国对民族民间文化尤其是各少数民族文化进行了大规模、有组织、有计划的采录和调查，新中国非遗挖掘、保护工作开始起步，之后出版了《国家民委民族问题五种丛书》和《中国少数民族社会历史调查资料丛刊》等，使许多濒临消亡的非遗得到抢救。为了保护和发展民族传统文化，1950年，

[①] 纪文静，《中国非物质文化遗产旅游开发研究》，中国优秀硕士论文网，2007年。

中国民间文艺研究会成立，并在挖掘、整理和研究民间文学、民间艺术等方面做了许多工作，为挖掘和保护我国的非遗做出了贡献。1979年文化部、国家民委、中国文联共同发起了由全国30个省市（区）文化厅、文联等有关部门共同参与编撰的"十部中国民族民间文艺集成志书"，开展了搜集、整理民间艺术的一项系统工程，这为我国非遗挖掘与保护工作奠定了坚实的基础。

为了加强国际间在非遗保护方面的交流与合作，我国于1985年12月12日加入《世界公约》，1986年开始向联合国教科文组织申报世界遗产项目。1989年，中国民间文艺家协会等单位呼吁政府通过立法的形式保护民间文化。1997年国务院颁布了《传统工艺美术保护条例》，积极扶持传统工艺美术行业生产，保护了一大批传统工艺美术品种，还命名了200余名"工艺美术大师"。此后，国家还成立了"振兴京剧指导委员会""振兴昆曲指导委员会"，实施京剧与昆曲艺术的抢救、保护和扶持工程。与此同时，为了更好地鼓励各地对非遗进行整理、研究和开发，国家命名了一批民间艺术之乡、特色艺术之乡，使一些具有悠久历史和浓郁民族风格、地方特色的乡、镇被命名，通过命名活动，增强了全社会对传统文化遗产的保护意识。另外，1998年文化部还成立了民族民间文艺发展中心，主要职责是全面承担中国民族民间文艺的搜集、整理、保护、研究、开发工作，多方位地宣传、保护传统民间民俗文化。

这一阶段标志着我国非遗的挖掘与保护工作由小范围的自发性保护过渡到全球性的协作保护，从单一要素的保护向多种要素的综合性文化空间的保护发展，从专家、政府保护到民众、社会保护相结合，从过去重视"静态保护"向重视"静态保护"和"动态保护"相结合的方向发展。

（二）综合性保护阶段（2000年至2005年）

这段时间，我国进一步加大了对非遗的挖掘与保护力度，积极参与联合国教科文组织的文化遗产保护活动，并取得成效，昆曲艺术、古琴艺术等被列入"人类口头和非遗代表作名录"，这在很大程度上鼓舞了非遗挖掘与保护的热情，有力地推动了保护工作的进程。

2000年，文化部、国家民委联合发布了《关于进一步加强少数民族文化工作的意见》。同年，云南省通过了关于非遗的地方性法规，开了我国最早对非遗进行地方立法保护的先例。为了对珍贵、濒危并具有历史、文化和科学价值的民族民间传统文化进行有效的保护，2003年年初，文化部、财政部等联合启动了"中国民族民间文化保护工程"，建立了一大批民族民间文化的生态保护区，为非遗保护搭建了良好的平台。2004年8月又颁发了《文化部财政部关于实施中国民族民间文化保护工程的通知》，制定了《中国民族民间文化保护工程实施方案》，全国范围内的民族民间文化保护工程开始实施。

党的十六大以来，我国将保护、发展文化遗产放到更加重要的位置，强调"扶持对重要文化遗产和优秀民间艺术的保护工作"。2004年8月，经全国人大常委会批准，我国正式加入了《保护非遗公约》，意味着中国在保护非遗的进程中又迈出了重要一步。2005年，国务院办公厅印发了《关于加强我国非遗保护工作的意见》，标志着我国非遗保护进入全面、科学、规范有序的发展阶段。之后国务院又出台了《关于加强文化遗产保护的通知》，决定设立"文化遗产日"（规定每年6月的第二个星期六为"文化遗产日"）。"文化遗产日"的设立对于增强全体民众的文化遗产保护意识起到了十分积极的促进作用，进一步凸显了文化遗产保护事业在国民经济与社会发展中的重要作用。根据国务院《通知》精神，国家还成立了国家文化遗产保护领导小组，专门研究解决文化遗产保护工作的重大问题，在推进非遗挖掘与保护中起到了很好的作用。之后，各地开始申报国家级非遗代表作和开展非遗普查这两项重要工作，很快在全国掀起热潮，我国非遗挖掘与保护工作进入系统性保护阶段。

（三）系统性保护阶段（2006年至今）

"2006年2月我国首次在国家博物馆举办了'非遗保护成果展'，展出了两千多项非遗项目，这意味着保护非遗正在成为国家的行动。"[①]2006年6月8日，"中国非物质文化遗产"标识出台（见图2-1）。

据介绍，"该标识是文化部委托中国艺术研究院非遗研究保护中心向海内外征集的；是通过网上征集、群众投票和数轮专家评议，最终选出的。'中国非遗'标识外部为圆形，象征着循环，永不消失；内部为方形，与外圆对应，天圆地方，表达非遗存在空间有极大的广阔性；图形中心造型为古陶最早出现的纹样之一的鱼纹，鱼纹隐含一'文'字，'文'指非遗，而鱼生于水，寓意中国非遗源远流长，世代相传；图形中心，抽象的双手上下共护'文'字，意取'团结、和谐、

---

① 朱奕，《2000多项中华文化瑰宝闪耀国家博物馆——我国首次"非物质文化遗产保护成果展"昨开幕》，《人民政协报》，2006年2月13日。

细心呵护和保护非遗、守护精神家园'的寓意。"①

图 2-1 中国非物质文化遗产标识②

"2006年、2008年、2010年、2014年，国务院先后公布了四批国家级非遗名录项目1681项。"③各地区积极开展省、市、县级非遗名录的申报、评定工作，国家、省、市、县四级非遗名录体系基本形成。与此同时，从中央到地方也先后建立了较为完备的非遗保护机构，为非遗保护工作的顺利开展奠定了基础。此外，文化部还制定了《国家级非遗保护与管理暂行办法》，加强对国家级非遗名录的保护与管理。"2007年、2008年、2009年、2012年，文化部先后公布了四批国家级代表性传承人1986人"④，极大地鼓舞了传承人的工作热情。

目前，"非遗节"成为推动我国非遗保护的重要举措和展示中华民族文化魅力的重要窗口。2007年，我国在四川成都举办了"首届中国成都国际非遗节"，现在已经举办了四届。这是我国也是世界上为非遗保护举办的第一个国际性节庆活动。与此同时，我国在国内外立法调研的基础上，于2011年6月1日颁布施行《中华人民共和国非物质文化遗产保护法》。期间，一些地方也制定了保护条例，对

---

① 朱奕，《2000多项中华文化瑰宝闪耀国家博物馆——我国首次"非物质文化遗产保护成果展"昨开幕》，《人民政协报》，2006年2月13日。
② 《"中国非物质文化遗产"标识揭晓》，新华社，2006年6月8日。
③ 《中华人民共和国文化部非物质文化遗产司副司长马盛德演讲》，新浪财经通讯，2012年1月7日。
④ 《文化部公布第4批国家级非遗项目代表性传承人名单》，文化部网站，2013年1月16日。

非遗进行针对性的地方性保护。政策法规的建设，为开展非遗挖掘与保护提供了有力的法律保障。"2007年6月9日，文化部正式批准设立泉州闽南文化生态保护实验区，这是我国第一个国家级文化生态保护区试点。到目前为止，我国共有16个国家级文化生态保护实验区。"①

此外，2009年，经国务院批准，文化部正式成立非遗司，各地的非遗保护机构和队伍也逐步建立健全。在各级政府、文化部门、民间社团、学术界和广大群众的积极参与下，非遗保护工作不断得到加强和改进，一批有历史文化价值的民族民间文化得到了有效挖掘与保护，从而使我国的非遗保护工作走在世界的前列。

二 中国非物质文化遗产保护的实践与经验

我国非遗保护虽然起步晚，但近年来，在国家的高度重视和全国各地文化部门及社会各界的积极支持下，非遗保护工作全面展开，并取得了突破性进展。

（一）全国性的非遗普查工作全面展开

普查摸底是对非遗进行有效保护、对濒危项目进行抢救的基础性工作。从1979年起，文化部会同国家民委发起"中国民族民间文艺集成志书"的编纂工作。文化艺术工作者足迹遍及各地，进行了全面、系统的普查，收集、整理了流传于各地各民族中民间文化的基础资料，后经精心编选出版，把流传于民间的无形文化资源变成有形的文化财富。据统计，在编纂过程中，共调查民歌30万首；收录戏剧剧种394个，唱腔17 402段；收录曲艺曲种591个，唱腔11 108段；收录器乐曲曲目20 698首；普查舞蹈节目26 995个；普查民间故事30万篇；收录民间歌谣44 941首；收录民间谚语576 546条。可以说，这是改革开放以来我国在民族民间文化抢救与保护方面所取得的标志性成果。该项目是对民族民间文艺进行的一次全面、深入的普查和抢救，约有10万文艺工作者参与了资料搜集、整理、编写工作，跨度近30年。截至2009年10月，10部"文艺集成志书"终于全部出版，共计4.5亿字、298部省卷（400册）。"中国民族民间文艺集成志书"的编纂是一项宏伟的文化系统建设工程，是我国文化史上规模最大、普查面最广、参与人数最多、成果最显著的伟大工程，它保存了大量的珍贵艺术资源，全面反映了各地各民族戏曲、曲艺、音乐、舞蹈、民间文学等状况，被海内外学者誉为

---

① 《青海非物质文化遗产的法律保护》，中国新闻网，2013年3月25日。

"民族民间文艺作品及有关史料的大百科全书"和民族文化建设的"万里长城"。此外,民族民间文化第一次全面进入了国家志书,这是中国文化史上的创举。[①]

为全面了解和掌握各地各民族非遗资源的种类、数量、分布状况、生存环境、保护现状及存在问题,从 2005 年起全国开展了非遗普查工作,这是我国 21 世纪初在全国范围内开展的一次大规模的非遗资源普查。为保障普查工作的科学性和规范性,加强业务指导,文化部发布了《中国民族民间文化保护工程普查手册》。各地区也都制订了普查工作方案和工作计划,明确了普查任务,确定了普查目标、方法、步骤,落实了人员配备,组织开展了对非遗的现状调查。普查工作主要侧重于对非遗实物资料的调查、征集、登记、摄像、录音、认定、建档等工作,运用文字、图片、录音、录像、数字化多媒体等多种方式,对非遗进行真实、系统和全面地记录,建立档案和数据库。至 2009 年年底,全国非遗普查工作已顺利完成。据不完全统计,"参与此次普查的有 50 万人次,走访民间艺人 115 万人次,投入经费 8 亿元,参与民众达上千万人次,收集珍贵实物和资料 29 万件,普查文字记录量达 20 亿字,录音记录 23 万小时,拍摄图片 477 万张,汇编普查数据 14 万册,非遗资源总量近 87 万项"[②],基本上摸清了我国非遗资源的家底。普查工作的全面扎实推进,进一步推动了我国非遗保护工作的开展。

(二)建立了比较完善的非遗保护体系

建立和完善非遗保护名录体系,实施分级保护制度,是我国保护非遗中具有开创性的重要举措。"国务院现已公布了 1681 项国家级非遗名录,各省区市公布了 8566 项省级非物质文化遗产名录项目,地市级非物质文化遗产名录项目 18 186 项,县级非物质文化遗产名录项目 53 776 项。"[③]国家、省、市、县四级非遗名录体系正在逐步形成,初步实现了非遗的分级保护。随着保护制度逐步形成,社会各界对非遗保护的关注度不断升温,我国非遗资源得到了较为有效的保护。"从联合国已经颁布的 7 批人类非遗名录类别看,截至 2013 年 12 月 4 日,我国已有 38 个项目入选非遗代表作名录和急需保护的非遗名录(详见表 2-1),

---

① 谌强,《一道新的文化长城》,中国新闻网,2010 年 4 月 16 日。
② 文化部,《全国非物质文化遗产资源总量共 87 万项》,国际在线专稿,2010 年 6 月 2 日。
③ 焦雯、李珊珊,《保护传统、接续文脉,我们一直在行动——文化部近年来非遗保护工作回顾》,国家数字文化网,2014 年 3 月 10 日。

成为世界上拥有联合国教科文组织非遗名录项目最多的国家。"[①]2012年，文化部对105个国家级非遗代表性项目保护单位做出了调整、撤销的决定，在国家级非遗代表性项目的动态管理上迈出了重要一步。

表2-1　中国的世界级非物质文化遗产名录

类　型	数　量	项目名称
代表作名录项目	30	昆曲、古琴艺术、新疆维吾尔木卡姆艺术、蒙古族长调民歌、中国传统桑蚕丝织技艺、福建南音、南京云锦织造技艺、安徽宣纸传统制作技艺、贵州侗族大歌、广东粤剧、《格萨尔》史诗、浙江龙泉青瓷传统烧制技艺、青海热贡艺术、藏戏、新疆玛纳斯、甘肃花儿、西安鼓乐、中国朝鲜族农乐舞、中国书法、中国篆刻、中国剪纸、中国传统木结构营造技艺、端午节、妈祖信俗、中国雕版印刷技艺、蒙古族呼麦、《京剧》、《中医针灸》、皮影戏、珠算
急需保护名录项目	7	羌年、黎族传统纺染织绣技艺、中国木拱桥传统营造技艺、《麦西热甫》、《中国水密隔舱福船制造技艺》、《中国活字印刷术》、赫哲族的"伊玛堪"民间说唱叙事长诗
优秀实践名册项目	1	福建木偶戏后继人才培养计划

（三）非遗项目传承人保护制度逐步建立

传承人是非遗的重要承载者和传递者，他们掌握并承载着非遗的知识和精湛技艺，既是非遗活的宝库，又是代代相传的代表性人物。加强对传承人的保护是非遗保护的关键环节。依据联合国教科文组织《关于建立"人类活珍宝"制度的指导意见》，我国将传承人纳入"人类活珍宝"的范围，对他们的传承进行档案登记、数字化存录，建立专门的图文影像数据库；组织专家对传承人的成就和传承方式进行学术性、专业性的分析和总结；为传承人出书立传或举办优秀成果展演和展示；鼓励和支持代表性传承人开展传习活动，通过授课、带徒等方式培养接班人，使其技艺得到较完好的传承。为了使传承人保护工作制度化，文化部公

---

① 丁栋,《中国非物质文化遗产项目达38个——总数居世界第一》,中国新闻网,2013年12月5日。

布了《国家级非遗项目代表性传承人认定与管理暂行办法》，对国家级非遗代表性传承人的认定标准、权利、义务和资助等做出具体规定。各省也先后制定了代表性传承人认定与管理办法，传承人得到有效保护。截至2013年年底，文化部已命名公布了四批国家级非遗项目代表性传承人共1986名。财政部专门设立了国家级代表性传承人传习活动经费，资助每位国家级传承人每年1万元传习经费，支持他们开展传承活动。各地也陆续开展了省、市、县级非遗项目代表性传承人的认定和命名工作，截至2013年，全国省级非遗项目代表性传承人共9564名。各地文化部门通过记录整理技艺资料、提供传习场所、资助他们开展传习活动、组织宣传与交流、征集并保管代表作品、建立档案等方式，积极帮助代表性传承人开展授徒传艺等传承活动。[1]

值得一提的是，在2013年，具有创新性的非物质文化遗产人才培养方式开始付诸实践。2013年6月，中国艺术研究院研究生院增设"传统技艺"和"非物质文化遗产保护实践研究"方向，招收国家级非遗名录中18个传统技艺项目的艺术硕士研究生。9月9日，中国艺术研究院研究生院举行导师聘任仪式，共有18名国家级非遗项目代表性传承人和工艺美术大师被聘为研究生导师，既满足了当代教育实践型人才培养的需要，也是培养非物质文化遗产高层次传承人的创举。[2]

（四）资金扶持力度逐渐加大

目前，加大对非遗资金扶持力度已成为各级政府和财政部门的共识。从中央到地方都给非遗保护工作提供了必要的资金支持。据统计，从2006年起，中央财政设立专项资金，截至2013年年底，8年来中央财政已累计投入非遗保护经费28.04亿元。[3] 此外，各地财政对非遗保护的投入力度也不断加大。2005年至2012年，地方省级财政共投入约13.3亿元，[4] 确保了非遗保护工作的顺利有效开展。江苏省目前每年的投入就有近5000万元。[5] 浙江省海宁市财政每年安排100万元

---

[1] 焦雯、李珊珊，《保护传统、接续文脉，我们一直在行动——文化部近年来非遗保护工作回顾》，国家数字文化网，2014年3月10日。

[2] 同上。

[3] 同上。

[4] 《中央财政投入17亿元保护非物质文化遗产》，《中国财经报》，2013年5月23日。

[5] 《各地财政积极支持非物质文化遗产保护工作》，江苏省网，2012年5月22日。

非遗保护专项资金，实行年度项目预算和审核审批制。[1]除了各级地方政府的财政投入外，社会资本、民间资本也不断进入非遗保护领域。有数据显示，仅中国民间文化遗产抢救工程运作到的各类资金就多达数10亿元[2]，非遗保护多元化的投融资体系逐步形成。

（五）非遗整体保护取得新进展

整体保护是我国非遗保护的重要内容。为了使民间原生态非遗存活下来，近几年，我国开始重视与其紧密相依的文化生态环境的保护。文化生态保护区的建设就是对非遗进行整体性保护的重要方式，为非遗保护设立安全的屏障，将民族民间文化遗产真实状态保存在其所属的环境中，使之成为"活文化"。从1988年开始，文化部开始命名"民族艺术之乡""特色艺术之乡"。20多年来，全国涌现出一大批具有浓郁民族特色和艺术特色的文化之乡，这说明我国开始重视非遗的整体保护工作。2003年年初，实施中国民族民间文化保护工程，确定了40个"保护工程"国家级试点，其中，区域性综合试点6个（如云南省、苏州市、湘西土家族苗族自治州等）、专业性试点34个（如新疆维吾尔木卡姆、西藏昂仁县迥巴藏戏、西安鼓乐、天津杨柳青木版年画等），标志着非遗保护工作跨入了历史性的全面保护的新时期。[3]之后，我国文化生态保护实验区的建设也逐步展开，截至目前共设立了闽南文化、徽州文化、热贡文化、羌族文化、（梅州）客家文化、武陵山区（湘西）土家族苗族文化、海洋渔文化、晋中文化、潍水文化、迪庆文化、大理白族文化、陕北文化、贵州黔东南州民族文化、青海格萨尔文化等16个国家级文化生态保护实验区。[4]各省、市、区也根据当地的民族和地域特点，积极探索文化生态保护区的有效方法，也相继确定了一批保护项目。如云南省用设立"云南省民族民间传统文化之乡"和"云南省民族传统文化保护区"的做法，营造非遗的生存空间。广西、海南、浙江等省区也在积极探索文化生态的整体性保护。与此同时，为推动文化生态保护区建设，我国又起草了《关于加强文化生态保护区建设工作的意见》和《国家级文化生态保护区申报暂行办法》。

---

[1] 《各地财政积极支持非物质文化遗产保护工作》，江苏省网，2012年5月22日。

[2] 李俊霞，《我国非物质文化遗产保护工作的实践与探讨》，《甘肃哲学社会科学学报》，2012年第3期。

[3] 《守护我们的精神家园》，人民网，2006年12月28日。

[4] 《青海非物质文化遗产的法律保护》，中国新闻网，2013年3月25日。

此外，作为整体保护项目的非遗专题博物馆、民俗博物馆和传习所建设也呈现良好的发展态势。为加强非遗基础设施建设规范管理，我国起草了《关于加强非遗基础设施建设的意见》和《非遗博物馆建设与管理暂行办法》。据不完全统计，目前各省（市、区）共建立非遗博物馆424个、展厅96个、民俗博物馆179个，传习所1216个。其中，广东省建成木雕艺术、粤剧等各类专题博物馆、民俗博物馆、传习所40个；江苏省苏州、无锡、扬州、南通、镇江等市建成专题博物馆、民俗馆、传习所共67个。[①]文化生态整体保护使珍贵、濒危并具有历史、文化和科学价值的非遗得到了有效保护，并得以传承和发扬。

（六）国际协作与交流进一步加强

作为全人类的共同财富，非遗保护问题已经引起国际社会的广泛关注。联合国教科文组织积极倡导文化的多样性，呼吁各国重视非遗的挖掘保护工作。近年来，我国积极参与国际间的非遗保护工作，日益关注和加强国际间的交流与合作，并赢得了国际社会的肯定。我国文化部与联合国教科文组织在非遗保护领域先后合作开展了"人类记忆""亚太传统文化保护数据库"等项目。在法国巴黎成功举办了"中国非物质文化遗产艺术节"，在四川成都举办了4届"中国成都国际非遗节"，发布了《成都宣言》《成都共识》《成都倡议》《成都展望》，在香港成功举办了保护非物质文化遗产"亚洲合作论坛"。还积极参与联合国教科文组织的人类口头和非遗代表作申报工作，已有38项入选代表作名录，其中"蒙古族长调"就是由我国与蒙古国联合申报的，说明加强国际合作对于非遗保护具有积极的助推作用。另外，我国积极参与了《保护非遗公约》制定工作的全过程，并发挥了积极的推动作用。2010年5月，中国艺术研究院挂牌成立了联合国教科文组织支持的亚太地区非遗国际培训中心，表明国际社会对我国非遗挖掘与保护工作的充分肯定。

三 中国非物质文化遗产保护的难点

随着世界经济一体化的发展趋势和现代化进程的加快，尤其是外来文化的冲击，世界文化的多样性和丰富性受到很大的挑战。城市化进程加快对文化生态和文化遗产的破坏，使我国非遗的生存、保护和发展遇到很多新的情况和问题。

---

① 《我国"非遗"保护工作不断推进》，《中国文化报》，2009年11月29日。

（一）宣传力度需进一步加强

我国非遗保护在宣传方面取得了较大的进展，保护的氛围越来越浓厚，领域不断拓展，社会参与越来越广泛。近年来，各级文化馆、博物馆、科技馆、图书馆等公共文化机构积极开展对非遗的传播和展示；各级教育部门将优秀的、能体现民族精神与民间特色的非遗内容编入各类学校教材；新闻出版、广播电视、互联网等媒体对非遗保护也进行了宣传展示和知识普及，越来越多的市民了解和参与到非遗保护中。但由于多方面的原因，宣传力度仍不够大，特别是新闻媒体的强势宣传不足，宣传发动工作还不够全面深入，容量和密度不足，广度和深度有限，尤其是落后、偏远地区的宣传发动工作比较薄弱，覆盖面不广，保护意识淡薄。此外，在社会上，非遗保护普遍被认为是文化部门之事，而一些文化部门对保护的重要性和紧迫性认识不足，"说得多，做得少"，因而其社会影响面不广。总体上说，人们对非遗保护的知晓率和参与度比较低，存在认识不清、了解不够或认识不到位、信心不足等问题，全社会还没有形成重视和保护非遗的广泛共识和自觉追求。

（二）资金投入需进一步加大

近几年，我国对非遗保护的投入不断加大，但与国外发达国家和地区相比明显滞后，投入相对较少。长期以来，国家对文化建设整体投入不足，非遗挖掘、保护和管理资金不足普遍存在。由于缺少足够的经费支持，多项指标仍停留在规划阶段，在一定程度上影响了保护工作的进展和成效。因政府出资保护非遗的能力有限，一些民间艺人因经济收益不明显而纷纷改行，致使许多重要的非遗因得不到及时的抢救和必要的保护而处于濒临灭绝的境地，一些非遗资源已慢慢淡出人们的视野。据一些地方报道，由于维护经费窘迫，早年收集的档案材料有些开始发霉变黄，录音、录像带也有一些报废，原定的抢救计划因没有资金而被迫搁置。[①] 此外，在一些经济落后、偏远贫困的地区，当地政府优先考虑发展经济，文化建设相对滞后，对文化的投入较少，使许多民间文化加速消失。

（三）传承人队伍需进一步壮大

非遗的挖掘保护凸显人的作用，非遗存活在众多杰出传承人的记忆和技艺里，传承人的口传心授是非遗传承最重要的渠道。传承人被称为漫漫岁月长河中的"提灯人"，传统文化在他们的手中不断传承发扬，然而，我国非遗传承人面临数量

---

① 《地方非物质文化遗产保护与传承调查》，中国新闻网，2010年10月23日。

少且年高体弱等困境，60岁以上的超过60%。比如文化部公布的四批国家级传承人中，首批226人中60岁以上（不包括60岁）的约占91%，第二批551人中60岁以上的约占71%，第三批711人中60岁以上的约占78%。其中，在第三批传统戏剧类的196位代表性传承人里，60岁以下的仅有19人。[1]有些已经无法履行传承义务，人死技亡的现象一再发生，给世人留下很多遗憾。另外，由于受现代大众流行文化的冲击，民间文化的市场逐渐萎缩，其从业者的收入普遍较低甚至无以为继，再加上没有相关的鼓励政策和激励机制，许多从业者纷纷改行，非遗项目陷入后继无人的境地，一些传统技艺面临失传的危机。比如辽宁省20名国家级传承人大多没有徒弟，这些民间手工技艺随着老艺人的逝去将面临失传。[2]此外，非遗挖掘与保护方面的专业技术人员和管理人员数量不足、整体素质不高等现象普遍存在，尤其是非遗研究人员的短缺，严重影响我国非遗保护工作的顺利开展。

（四）地方立法工作需进一步加强

加快立法进程是非遗保护的一项迫切任务。近几年，我国比较注重非遗保护法律法规建设，立法工作有了较大进展，陆续颁布了一系列法律法规，《中华人民共和国非物质文化遗产保护法》的颁布实施，对推进非遗保护起到重要的推动作用。但各省非遗的地方立法工作仍显滞后，法律法规建设的步伐不能及时跟上非遗保护的需要，法律法规还不够完善，尤其对知识产权保护力度不够，现有的部分条例操作性欠缺。立法的滞后，致使许多具有一定历史价值的文化遗产不能得到明确的法律保护。

---

[1] 赵孟元，《非遗传承人老龄化突出，多重原因导致后人缺乏》，中国新闻网，2012年7月3日。
[2] 陈映婕、张虎生，《民间文学类非物质文化遗产的传统性与传承力》，《民族艺术研究》，2011年第3期。

第三章 甘肃省少数民族非物质文化遗产保护现状

"丝绸之路三千里，华夏文明八千年"，这是甘肃省历史悠久、文化厚重的生动写照，也是对甘肃省历史文化地位和特色的最好诠释。甘肃的历史遗产、经典文化、民族民俗文化、旅游观光文化四类资源丰度排名全国前五位，[1]是名副其实的中华民族重要的文化资源宝库。

第一节 甘肃文化省情

一 甘肃概况

甘肃以古甘州（今张掖）、肃州（今酒泉）两地首字而得名，由于陇山在境内绵延又简称陇。东邻陕西省，南与四川省、青海省接壤，西与新疆维吾尔自治区相邻，北与内蒙古自治区和蒙古国交界，东北部与宁夏回族自治区连接。闻名中外的古丝绸之路和新亚欧大陆桥横贯全境，使甘肃成为西北地区连接中、东部地区的桥梁和纽带，成为贯通东亚与亚洲中部、西亚与欧洲之间的陆上交通通道。全省辖12个市、2个自治州、86个县（市、区），省会兰州是西北重要的交通通讯枢纽，陇海、兰新、包兰、兰青和正在建设的兰渝铁路在此交汇，也是石油天然气管道运输枢纽、国家级西北商贸中心。甘肃是一个多民族省份，拥有汉、回、藏、东乡、土、满、裕固、保安、蒙古、撒拉、哈萨克等55个民族，其中裕固、保安、东乡族是甘肃的独有民族。2013年年末，全省常住人口2582.2万人，其中少数民族人口200余万人。2013年，甘肃城镇居民人均可支配收入为18 964.78元，比上年增加1807.89元，增长10.54%。[2]

---

[1] 资料来源：甘肃省委宣传部内部资料。
[2] 甘肃发展年鉴编委会，《甘肃发展年鉴（2014）》，中国统计出版社，2014年，第1页。

二 甘肃自然环境

甘肃位于黄土高原、青藏高原、内蒙古高原三大高原和西北干旱区、青藏高寒区、东部季风区三大自然区域的交汇处，总面积为42.58万平方公里，地形呈狭长状，东西长1655公里，南北宽530公里。地貌复杂多样，山地、高原、平川、河谷、沙漠、戈壁类型齐全，交错分布，地势自西南向东北倾斜，大致可分为陇南山地、陇中黄土高原、甘南高原、河西走廊、祁连山脉、河西走廊以北地带六大地形区域。大部分地区气候干燥，属大陆性很强的温带季风气候。2013年，全省年平均气温为9.1℃，较常年偏高1.0℃，为近7年最高，近54年次高，仅次于2006年。年降水量为480.7毫米，较常年偏多20%，为近10年最多。甘肃是一个少林省区，据甘肃省第八次森林资源清查，全省森林覆盖率达11.28%。[①]

三 甘肃的历史文化

甘肃是华夏文明和中国古文化的发祥地之一，是传说中的三皇之首伏羲、五帝轩辕黄帝和女娲的生长地，故有"羲轩桑梓"之称。甘肃的大地湾文化距今约八千年，其后的仰韶文化、马家窑文化创造了彩陶文化的辉煌时代。周秦时期，甘肃的庆阳、天水又是周文化和秦文化的发祥地。汉武帝至昭帝间陆续设武威、张掖、敦煌、天水、安定、武都、金城诸郡，汉代的开边政策和张骞出使西域成功开通了丝绸之路。隋唐时期，贯穿甘肃河西走廊的丝绸之路进入了繁荣时期，甘肃成为我国联系西域各国和欧洲的重要通道，武威、张掖、敦煌成为经济文化繁荣的国际性贸易城市，整个河陇地区农桑繁盛、士民殷富，《资治通鉴》有"天下称富庶者，无如陇右"的记载。元代，全国创设省制，甘肃正式设省。明代长城由东向西穿越9省区后，抵达甘肃河西地区，嘉峪关成为大西北的重要关隘和前沿阵地，有"天下第一雄关"之称。海路开通后，随着全国经济、政治、文化重心的东移南迁，特别是气候和生态条件的变化，甘肃渐渐成为荒僻之地，晚清时期时任陕甘总督的左宗棠曾奏称"甘肃地处边陲，土旷人稀，脊苦甲于天下"。源远流长、底蕴深厚的甘肃历史文化，不断催生着时代精神，培育了《读者》《丝路花雨》《大梦敦煌》等一系列著名文化品牌。其中《读者》杂志成为全国发行量最大的期刊，被誉为"中国人的心灵读本"；舞剧《丝路花雨》《大梦敦煌》

---

① 甘肃发展年鉴编委会，《甘肃发展年鉴（2014）》，中国统计出版社，2014年，第2页。

享誉全球。

2013年，甘肃省"华夏文明传承创新区"建设获国务院正式批复。"华夏文明传承创新区"建设项目287个，总投资1932亿元。主要实施莫高窟保护利用工程、夏河拉卜楞寺文物保护工程、临洮马家窑文化产业园、庆阳民俗文化产业园、黄河石林风景旅游区开发建设、嘉峪关长城保护维修、张掖祁连玉文化产业园等项目。按照国家关于甘肃发展的战略定位和建设文化大省的总要求，甘肃确定了"华夏文明传承创新区"建设围绕"一带"、建设"三区"、打造"十三板块"的总体布局，简称"1313工程"。"一带"是丝绸之路文化发展带；"三区"是以始祖文化为核心的陇东南文化历史区、以敦煌文化为核心的河西走廊文化生态区和以黄河文化为核心的兰州都市圈文化产业区；"十三板块"是文物保护、大遗址保护、非物质文化遗产保护传承、历史文化名城名镇名村保护利用、民族文化传承、古籍整理出版、红色文化弘扬、城乡文化一体化发展、文化与旅游深度融合、文化产业发展、文化品牌打造、文化人才队伍建设、节庆赛事会展举办。"华夏文明传承创新区"是甘肃省继兰州新区之后，又一个摆到国家层面的战略平台，必将对中华民族文化传承创新和甘肃经济、社会、文化发展起到重大的推动作用和深远的影响。[①]

四 甘肃民族民间文化资源

甘肃节庆习俗丰富多彩：回族的古尔邦节、开斋节；藏族的正月十五晒佛节、五月采花节；哈萨克族的叼羊、"姑娘追"；土族的"纳顿"节、"二月二"跳神会等。饮食文化也异彩纷呈：兰州牛肉面是最具特色的大众化经济小吃，声名远扬；以手抓羊肉为代表的清真风味食品，独特可口；糌粑、酸奶、奶茶、蕨麻米饭等藏族风味的食物，值得品尝；还有各种地方小吃，更是独具特色。甘肃民族歌舞多姿多彩：社火歌舞是广泛流传于甘肃民间的一种艺术，尤以兰州的太平鼓舞、武威的"滚鼓子"、张掖的顶碗舞、陇东的秧歌、天水一带的扇鼓舞、腊花等著称，还有莲花山花儿、二郎山花儿、河湟花儿、裕固族民歌等。此外，兰州微雕葫芦，平凉纸织画，庆阳牛皮影、香包、剪纸、刺绣，保安腰刀，天水雕

[①] 甘肃发展年鉴编委会，《甘肃发展年鉴（2014）》，中国统计出版社，2014年，第2页。

漆漆器，酒泉夜光杯，卓尼洮砚，武威"铜奔马"等民间工艺品也久负盛名。[①]

五 甘肃旅游资源

甘肃的旅游资源既有石窟寺庙、长城关隘、塔碑楼阁、古城遗址、历史文物等文物古迹，又有青山绿水、高山草原、大漠戈壁、沙漠绿洲、丹霞奇观、冰川雪峰等独具特色的西部自然风光，还有以藏、回、裕固、保安、东乡等少数民族浓郁风情为特色的民族风情资源。丰富的文化遗产、独特的自然景观和多彩的民族风情，成为人们向往的旅游胜地，开发前景广阔。最具代表性的旅游景点有：被联合国科教文组织列为世界文化遗产之一、被誉为"世界艺术宝库"和"世界现存佛教艺术最伟大宝库"的敦煌莫高窟，被称为"人文始祖"的羲皇故里——天水伏羲庙，有"东方雕塑馆"之称的天水麦积山石窟，万里长城最西端的"天下第一雄关"——嘉峪关，有"中国彩陶之乡"之称的临夏，中国藏传佛教格鲁派六大宗主寺之一的夏河拉卜楞寺，道教第一山崆峒山，中国的旅游标志——武威出土的汉代铜奔马，世界最大的室内卧佛寺——张掖大佛寺，泾川西王母宫，永靖炳灵寺石窟，永登鲁土司衙门旧址等，它们构成了璀璨夺目的艺术长廊。近年发现的永靖恐龙足迹、和政古生物化石，是一两千万年前中生代白垩纪的遗址。[②]

第二节 甘肃非物质文化遗产保护现状

兼容高原农耕、牧猎文化为一体而形成的黄河文化，使周、秦文化发祥地甘肃更具广博的包容性；古代许多古老民族，在这里聚散、停留、迁徙和生息，使甘肃成为汉族文化与各少数民族文化之间的交融荟萃之地，孕育了丰富多彩的多民族文化；甘肃又是古丝绸之路的繁荣通道，以经济贸易为载体，东西方文化在这里交流并蓄，留下了种种优秀文化遗迹。以始祖文化、黄河文化、多民族文化和丝绸之路文化为四大源流，甘肃形成了独有的文化形态和内涵，并以博大精深、雄浑多姿的主体内涵，包罗了中国西部文化的种种素质，成为西部文化的典范。

---

① 甘肃发展年鉴编委会，《甘肃发展年鉴（2014）》，中国统计出版社，2014年，第4页。
② 同上。

在长期的民族交融中，既创造了举世闻名的"世界艺术宝库"敦煌莫高窟等物质文化遗产，同时创造了庆阳剪纸、河西宝卷等极具特色的非物质文化遗产。

一　甘肃非遗资源状况

甘肃省从2004年至2009年基本完成了非遗普查工作，投入的各类普查人员近万人次，填写普查表格300多万页，编辑、整理文字资料7833.74万字，征集或登记相关实物近10万件，拍摄相关照片100多万张，录制音像资料504 090分钟，走访、调查民间艺人和非遗项目传承人3万多人次。通过普查，全省境内已发现非遗线索27 075条，已确立的项目共17大类4133项。[1]其中，甘肃花儿、环县道情皮影戏已被列入联合国非遗代表作名录；兰州太平鼓等68个项目被列入国家级非遗名录；省人民政府还公布了三批省级非遗名录333项；各市（州）公布项目名录811项；县（区）级名录2422项。此外，省文化厅还公布了三批省级非遗代表性传承人450人，其中42人为国家级代表性传承人。[2]

这些非遗项目在国家、省、市、县各级政府的主导下，在社会的广泛参与中，项目资源得到进一步挖掘整理，传承人逐步得到有序保护，丰富的非遗资源也成为维系甘肃各民族情感的纽带和记忆的根之所在。更为重要的是，它们会持续为甘肃经济社会的发展注入民族的血脉，使甘肃的历史更加源远流长，文化底蕴更加深厚博大。

（一）资源的种类和数量

全省境内已确定的非遗资源为17类，其中民间文学815项，民间美术341项，民间音乐260项，民间舞蹈268项，戏曲113项，曲艺89项，民间杂技60项，民间手工技艺74项，生产商贸习俗75项，消费习俗243项，人生礼俗262项，岁时节令182项，民间信仰342项，民间知识80项，游艺、传统体育与竞技220项，医药29项，其他10项。[3]显然民间文学最多，占总数的19.72%，民间信仰、民间美术、民间舞蹈、民间音乐类资源也较为丰富。

（二）资源的分布状况

甘肃省非遗资源的分布呈现出以下几个特点：

---

[1] 甘肃省文化厅，《甘肃省非物质文化遗产保护情况》，2014年12月21日。
[2] 同上。
[3] 甘肃省非物质文化遗产保护中心，《甘肃省非物质文化遗产普查工作资源目录清单》，2009年。

1. 分布的普遍性。从行政区域的分布来看，项目遍布全省14个市（州）的86个县区，尤其是民间文学、民间手工技艺、人生礼仪、消费习俗、生产商贸习俗、民间信仰等门类遍布全省，香包刺绣、剪纸、民歌、雕塑、道教文化等各市（州）更是大同小异。

2. 地域的差异性。甘肃省不仅境内环境、气候相差比较大，而且是一个多民族省份，各民族信仰不同，加之各市（州）社会经济发展的不平衡，使得非遗的分布呈现出鲜明的地域差异性及民族性，正所谓"荞麦拢，燕麦捻，十里乡俗不一般"。这种差异主要表现在城镇、乡村及不同地域之间。不同区域、不同市（州）县（区）、不同村落（宗族）的民俗事象呈现出明显的差异性，这种差异性在各市（州）志、县志上均有记述，如镇原人素好书画，环县人喜听道情，秦安人喜好小曲，甘南人擅长舞蹈，河西一带精道宝卷，岷州一带爱唱花儿……

3. 资源的多样性。甘肃既是古丝绸之路的必经要道，又是新亚欧大陆桥的组成部分，自古到今具有十分重要的战略地位。这造就了甘肃独具特色而又丰富多彩的非遗，有农耕文化、丝路文化、茶马古道文化、道教文化、佛教文化、民俗文化、红色文化、黄土文化、游牧文化、黄河文化、民族文化、彩陶文化、祭祀文化等。不同的文化形态既有各自的独特性，又相互联系相互融合，从而显现出文化资源多样性分布的特点。

4. 广泛的群众性。乡村是非遗传承的重要阵地，由劳动人民传承发展的非遗内容不但与人民群众的日常生活密切相连，而且反映着人民群众的思想感情以及人生追求，所以是真正的群众性民间艺术瑰宝。

（三）甘肃非遗资源的特色

1. 始祖文化（黄土高原文化）

甘肃省的陇东一带是典型的黄土高原地貌，生活在黄土高原上的陇东人民千百年来，创造了与黄土风情紧密相关的各种非遗资源。

（1）庆阳市非遗资源

庆阳市历史悠久，文化底蕴深厚，其基本市情可以用"红、黑、绿、黄"四个字来概括：光辉的革命历史，丰富的石油、煤炭、天然气资源，丰富的绿色农产品和子午岭生态旅游资源，所以该地文化是以岐黄文化、农耕文化、民俗文化为代表的黄土地域文化。

周祖农耕文化历史悠久。庆阳市地处陇东黄土高原，是中华民族最早开发的地区之一，20万年前就有古人类生存，在六七千年前的新石器时代，庆阳的先民们已能熟练地烧制造型优美、工艺繁复、艺术价值极高的彩陶，展示了高度的智慧和精巧的技艺。上古时期，这里是黄帝活动的主要地区之一。殷商末期，周先祖公刘在此教民稼穑，辛苦劳作，开启了中华民族农业文明的先河。《诗经》中的《大雅·公刘》《大雅·生民》《豳风·七月》等对此均有生动的记载和描述。先周中期有十三代王的历史就发生在庆阳，先周第一代首领不窋因亡命求生存带领部落来到庆阳的庆城，其第三代传人公刘为了扩展壮大，从庆城南下豳地（今宁县新宁镇庙咀坪），建立邠国。[①]在庆阳民间，每年春耕开始的时候，还遗留有祈祷农业丰收的习俗。在《诗经》中被称为"陶复陶穴"的窑洞民居，至今仍是庆阳农民重要的民居形式之一，堪称黄土建筑之奇。这里常见的编牛笼嘴、打筐、拧绳、挖窑、打窖、编蓑衣、编草帽、锻石磨、酿黄酒、土方榨油等都是农耕文化的典型例子，"清明前后，点瓜种豆"等节令性谚语，更是人们在长期生产劳动中对农耕文化的总结。

　　庆阳非遗独树一帜。刺绣、剪纸、皮影、道情和民歌堪称庆阳"五绝"。在陇东道情的基础上孕育诞生的陇剧，是甘肃唯一的新剧种。庆阳剪纸巧夺天工，以香包为代表的民间刺绣源远流长，底蕴深厚，已蜚声海内外。目前，庆阳被中国民俗学会命名为中国香包刺绣之乡、徒手秧歌之乡、民间剪纸之乡、窑洞民居之乡、环县道情皮影之乡、温泉乡公刘庙——华夏公刘第一庙、周祖农耕文化之乡、荷花舞之乡、中国民俗文化及民间工艺美术调研基地、中国民俗艺术教研基地等。庆阳市现已公布了三批8类55项市级非遗名录，其中环县道情皮影作为中国皮影戏的一员在2011年被联合国教科文组织列为世界级非遗项目，庆阳窑洞营造技艺、香包刺绣、唢呐艺术、庆阳剪纸等5项被列入国家级非遗名录，荷花舞、陇东红色民谣、道情戏、公刘祭典、西峰泥塑、陶塑技艺、王氏正骨法、南梁说唱、镇庄兽雕刻艺术、周祖祭典、庆城徒手秧歌、马岭黄酒、合水面塑风俗、合水民间手工编结技艺、正宁木偶戏、王录拉板糖制作技艺、正宁谚语、宁县石雕艺术、宁县皮影雕刻技艺、宁县戏剧头帽制作技艺、镇原高粱秆灯笼制作技艺等27项被列入省级非遗名录。[②]

[①] 甘肃省庆阳志编纂委员会，《庆阳地区志》，兰州大学出版社，1985年，第48页。
[②] 资料来源：庆阳市文化局内部资料。

（2）平凉市非遗资源

平凉自古为屏障三秦、控驭五原的重镇，是中原通往西域和古丝绸之路北线东端的交通和军事要冲，也是中华文明的发祥地之一。三千多年前，周人的先祖就在泾河流域创造了先进的农耕文化，开启了农业文明的曙光。泾川牛角沟出土的晚期智人泾川少女头盖骨化石，距今5~2.8万年，早于北京山顶洞人1.2~3.2万年。西周历史文化名城——灵台的青铜器，闻名国内外。平凉境内已发现各个时期的文化遗址465处。公元358年，前秦王苻坚在这里厉兵秣马欲平定前凉，始以平凉之名置郡。泾川大岭上古人类遗址是迄今为止甘肃境内唯一的一处旧石器时代早期文化遗存，距今115~65万年。① 据考古发现，平凉拥有旧石器时代、新石器时代的仰韶、齐家文化遗址及各个历史时期的文化遗址465处，古墓葬55处，古城址12处，石窟8处，钟塔5处；国家、省、县级文件保护单位269处，其中国家级2处，省级59处，县级208处；各类文物藏品31 963件，其中三级以上文物5745件，国宝1件，国家一级文物198件，尤以灵台三级以上31件青铜器著名。②

平凉市历来重视文化资源的整理、开发与保护工作。近年来，提出了建设平凉特色文化名市的目标，把开发皇甫谧历史文化资源列入了全市经济社会发展的重点。现已公布市级非遗项目名录10类126项，其中泾川西王母信仰习俗、庄浪抬阁、华亭曲子戏3项被列入国家级非遗名录，平凉剪纸、平凉纸织画工艺、春官说诗、庄浪马尾编荷包、庄浪南湖曲子戏、华亭安口陶瓷制作技艺、华亭打乐架、灵台皇甫谧针灸术、灵台灯盏头戏、灵台唢呐、灵台木偶戏、崆峒春官歌演唱、崆峒派武术、崆峒笑谈、李天套中医骨伤治疗技艺、陇东民歌、静宁阿阳民歌、静宁打花鞭、静宁烧鸡制作技艺、崇信山梁走唱、崇信顶灯说唱等24项被列入省级非遗名录。③

（3）天水市非遗资源

天水是中国古代文化的发祥地，享有"羲皇故里"的殊荣，是海内外龙的传人寻根问祖的圣地。境内文化古迹甚多，现有国家和省、市级重点保护文物169处，

---

① 平凉市志编委会，《平凉市志》，中华书局，1996年，第12页。
② 同上。
③ 资料来源：平凉市文化馆内部资料。

第三章　甘肃省少数民族非物质文化遗产保护现状

其中大地湾遗址保存有大量新石器时代早期及仰韶文化珍品。国内唯一有伏羲塑像的天水伏羲庙，雕梁画栋，古柏森森。中国四大石窟之一、被誉为"东方雕塑馆"的麦积山石窟，荟萃了从公元4世纪末到20世纪约1600年间的7730余尊塑像，并与大像山、水帘洞、拉梢寺、木梯寺等共同组成了古丝绸之路东段的"石窟艺术走廊"。①

天水非遗普查发现线索2508条，调查项目755个，走访传承人6340人，收集录音资料377盘，录像资料长达56小时，照片资料7837张，制作分布图570张，登记珍贵实物5856件，抢救性征购珍贵实物517件，整理形成文字资料42册，约190多万字，建立了国家、省、市级名录体系。现已公布两批9类103项市级非遗名录，283个项目被列入县级名录，其中太昊伏羲祭典、天水雕漆制作技艺、武山旋鼓舞、秦安小曲、清水道教音乐、女娲祭祀大典、天水丝毯织造技艺、张家川花儿8项已入选国家级非遗名录；天水剪纸、天水皮影戏、木雕、天水鸿盛社秦腔脸谱、天水竹雕、秦州唢呐艺术、秦州夹板舞、秦州鞭杆舞、秦州小曲、天水泥塑制作技艺、天水丝毯制作技艺、武山夜光杯雕、秦安麦秆编技艺、秦安蜡花、秦安壳子棍、甘谷脊兽制作技艺、甘谷木雕、麦积高抬、甘谷道情、张川花儿等28项入选省级非遗名录。传承人保护机制亦初步建立，有2人为国家级代表性传承人，42人为省级传承人，283人为市级传承人。②

2. 多民族文化（河谷山川文化）

甘肃南部一带是典型的河谷山川地貌，属南北气候过渡地带。独特的地形特征形成了这一带独具特色的非遗资源。

（1）定西市非遗资源

定西曾经是古代丝绸之路的必经之地，悠久的历史和繁荣的文化使定西人几千年来一直保持着自己优秀的传统习俗。定西市现已公布了两批10类70项市级非遗名录，其中岷县二郎山花儿会、岷县巴当舞、岷县洮砚制作技艺、通渭小戏曲、岷县青苗会、通渭影子腔、定西剪纸7项被列入国家级非遗名录，剪纸、皮影戏、岷县木版窗花年画、岷县十八路湫神祭典、岷县宝卷、岷县青苗会、岷县九宫八卦灯会、岷县点心加工技艺、岷县铜铝铸造技艺、岷县传统织麻布技艺、

---

① 王明亚，《天水城市主题文化的确立及战略意义》，《天水行政学院学报》，2011年第2期。
② 资料来源：天水市文化馆内部资料。

通渭脊兽制作技艺、通渭草编技艺、通渭木雕、通渭砖雕技艺、通渭皮影戏、临洮拉扎节、临洮花儿、临洮傩舞、临洮貂蝉传说、临洮脊兽制作技艺、渭源麻家集高石崖花儿会、渭源羌蕃鼓舞、渭源首阳山伯夷叔齐祭祀、陇西民歌、陇西云阳板、陇西腊肉制作技艺、陇中小曲等31项被列入省级非遗名录。[1]而位于茶马古道上的岷县是定西、天水、陇南、甘南"三市一州"的几何中心，素有陇原"旱码头"和"千年药乡"之称，被命名为"甘肃省花儿之乡""中国花儿之乡""联合国民歌考察采录基地"。仅岷县一个县就有3项国家级、11项省级非遗项目，可谓资源丰富。[2]

（2）陇南市非遗资源

陇南是甘肃省唯一的长江流域地区，辖一区八县，总面积2.79万平方公里，总人口约283万，素有"秦陇锁钥、巴蜀咽喉、陇上江南"之称。陇南自然景观奇峻秀美，气候温和，雨量充沛，森林覆盖率高，生物种类繁多，矿产资源富集。陇南历史文化厚重悠久，是中国历史上第一个封建帝国秦王朝的发祥地。陇南红色文化资源富集，习仲勋等老一辈无产阶级革命家在此发动了两当兵变，宕昌哈达铺是红军长征的重要决策地和"加油站"。陇南民俗文化特色鲜明，在普查中共发现非物质文化遗产线索740多条，陇南市现已公布1批69项市级非遗名录，县级名录340项，其中武都高山戏、文县傩舞——池哥昼、西和乞巧节3项被列为国家级非遗名录，武都木雕、武都三仓灯戏、武都栗玉砚制作技艺、武都角弓哑杆酒酿制技艺、陇南影子腔、文县玉垒花灯戏、西和春官歌演唱、康县木笼歌、康县锣鼓草、康南毛山歌、康县唢呐艺术、康县寺台造纸术、两当号子、宕昌羌傩舞、礼县春官歌演唱、礼县井盐制作工艺、成县竹篮寨泥玩具制作技艺、徽县河池小曲等22项被列入省级项目。[3]

（3）甘南州非遗资源

甘南藏族自治州各县气候与自然条件各不相同，形成了"县县不同语，乡乡不同服，沟沟不同俗"的多元文化现象，这些不同的民俗孕育了州内丰富多彩的人文景观和文化资源。就语言来说，大致分为碌玛夏、临卓和迭舟三大方言区，

---

[1] 资料来源：定西市文化馆内部资料。
[2] 资料来源：岷县文化馆内部资料。
[3] 资料来源：陇南市文化局内部资料。

甚至一个县内乡与乡之间也有不同的方言土语。服饰的款式、质地，也因气候不同而大体分为碌玛夏（以皮子为主）、临卓迭（以棉袄为主）、舟曲（以棉布为主）三个迥然不同的片区，当然在片内也有明显的区别。甘南州现已公布了两批10类211项州级非遗名录，其中有8项国家级、30项省级项目。①

（4）临夏州非遗资源

临夏回族自治州历史悠久，文化积淀深厚，自古以来就是多民族聚居的地区。由于交通不便、文化闭塞，使这里丰富的民族民间文化得到了极大的保护，形成了临夏州具有地方特色的非遗。临夏现已公布了两批10类119项州级非遗名录，其中有国家级11项、省级24项。②

3.丝绸之路文化（沙漠戈壁文化）

在甘肃西部的河西走廊戈壁和沙漠广泛分布，形成了独具特色的沙漠戈壁文化。在汉武帝之前，河西走廊地区基本被游牧民族所控制，是当时北方游牧民族重要的牧场和前沿阵地，蕴含着丰富多彩的游牧文化。自张骞出使西域以来，中原通往西域的道路被打通，闻名世界的"丝绸之路"出现了驼铃声声，这里成为当时极为重要的国际贸易通道，促进了当时东西方经济、文化的交流。因此，在河西走廊一带，出现了多元文化的融合，积淀了许多风格独异的非遗资源。

（1）武威市非遗资源

武威是中国历史文化名城、中国优秀旅游城市，是天马之乡、五凉古都、西夏辅郡、佛教胜地、军事重镇，素有"银武威"之美誉。悠久的历史孕育了灿烂绚丽的地域文化，形成了以中国旅游标志马踏飞燕为龙头的优势品牌和以西域文化与中原文化相融为特点的"五凉文化"，以少数民族文化与汉文化交融发展为特点的"西夏文化"，以"凉州会谈"和把西藏纳入中国版图历史见证地白塔寺为标志的"祖国统一、民族融合文化"，以陇右学宫之冠武威文庙为标志的"儒学文化"，以佛教活动圣地天梯山石窟、鸠摩罗什寺、天堂寺为标志的"佛教藏学文化"，以凉州贤孝、攻鼓子为代表的"民间民俗文化"等历史文化资源。③武威现已公布了3批市级非遗名录，其中，河西宝卷（武威）、凉州贤孝、凉州

---

① 资料来源：甘南州文化局内部资料。
② 资料来源：临夏州文化馆内部资料。
③ 武威市志编纂委员会，《武威市志》，兰州大学出版社，1998年，第134页。

攻鼓子、天祝土族格萨尔、华锐藏族民歌5项被列为国家级项目,凉州半台戏、凉州皮影戏、凉州水陆画、凉州金塔黄河灯会、民勤唢呐艺术、民勤小曲戏、民勤苏武传说、民勤民歌、民勤毛毡制作技艺、民勤骆驼客、古浪王氏镰刀制作技艺、古浪《甘冬儿和杨达尔》、古浪童谣、古浪金瓜与银豆、古浪老调等27项被列入省级名录。①

（2）金昌市非遗资源

金昌是典型的资源型工矿城市,已探明的各类矿藏有50多种,其中有色金属资源得天独厚,是我国最大的镍钴生产基地、铂族贵金属提炼中心和全国资源综合利用三大基地之一,镍钴和铂族贵金属产量占全国总量的90%以上,被誉为"祖国的镍都"。②金昌又是古丝绸之路的必经之地。两千多年前,古罗马军团远征失利,数千名将士突围后几经辗转进入西汉版图,汉王朝在今永昌县焦家庄乡骊靬村,专门设置"骊靬县"安置他们。在漫长的历史长河中,骊靬人逐渐和汉族及其他民族相融合,现存的骊靬遗址成为中西文化交融的见证。永昌骊靬文化因其唯一性、独特性、国际性和神秘性,已成为金昌市的一张文化名片,既是见证古代中西方文化交流的"活化石",也是金昌文化旅游产业发展的宝贵财富。③金昌市现已公布了一批21项市级非遗项目,其中永昌"卍"字灯会为国家级项目,永昌节子舞、永昌曲子、永昌宝卷、永昌皮影戏、永昌木偶戏、永昌贤孝等7项为省级项目。④

（3）张掖市非遗资源

张掖取"张国臂掖,以通西域"而得名,是古"丝绸之路"上一颗璀璨的明珠。悠久的历史、灿烂的文化、秀丽的山川、淳朴的民风,构成了张掖独具西部特色的绚丽画卷。张掖市现已公布了两批10类74项市级非遗名录,其中河西宝卷（张掖）、裕固族民歌、裕固族服饰、裕固族传统婚俗4项被列入国家级名录,张掖剪纸、甘州邵家班子木偶戏、甘州小调、甘州社火、甘州黄河灯阵、山丹耍龙、民乐顶碗舞、民乐皮影戏、高台秦腔獠牙特技表演、高台民歌、高台通背捶

---

① 资料来源：武威市文化局内部资料。
② 金昌市志编委会,《金昌市志》,中国城市出版社,1995年,第21页。
③ 同上。
④ 资料来源：金昌市文化局内部资料。

与八虎棍、高台黄河灯阵等24项入选省级名录。①

（4）酒泉市非遗资源

酒泉市又名肃州，位于河西走廊西端。酒泉地区的历史最早可追溯至神话传说时代。多部古籍记载：酒泉地区是神农和五帝之一的颛顼的辖地，是九州之一的古雍州西界。大约四千年前，这里已有先民居牧游猎，繁衍生息。从夏、商、周、春秋战国到秦，古老的西戎、氐、月氏、乌孙、匈奴等游牧民族先后在这里游牧狩猎，互争雄长。西汉时霍去病大败匈奴后在河西走廊"列四郡据两关"，修长城，移民屯田，发展农耕，开通丝路，掀开了这里开拓发展的新篇章。从此，在这片神奇的绿洲上，孕育发展了辉煌灿烂的文化、艺术，关隘要塞、长城烽燧、大漠驼铃、画工青灯、石窟佛陀以及悲壮的征战、开拓的艰辛、传奇的故事、豪迈的诗篇，构成了一幅幅色彩斑斓的历史画卷，积淀了丰厚的文化底蕴。其中，最具代表性的就是敦煌艺术，它是世界上现存规模最宏大、保存最完好的佛教艺术宝库。从莫高窟藏经洞现世的四万多件珍贵文物，集建筑、雕塑、绘画、文学艺术为一体，从多方面反映了古代的社会现实生活，为研究我国古代社会历史、文化、政治、经济、军事、建筑、交通、服饰、乐舞和民俗提供了极其珍贵的史料，并由此产生了一门国际性显学——敦煌学。敦煌已成为全人类的敦煌，并被联合国教科文组织命名为"世界文化遗产"。悠久灿烂的历史文化，为酒泉地区留下了众多的历史遗迹、文物典籍、民间遗产和优秀的文化传统。全区境内分布着一千余个独具魅力的西部文化胜迹。②

酒泉市现已公布一批市级非遗名录136项，其中，河西宝卷（酒泉）、夜光杯雕、敦煌曲子戏、哈萨克族阿肯弹唱、肃北蒙古族服饰5项被列入国家级名录，酒泉"福禄车"、瓜州剪纸、瓜州木偶戏、瓜州民歌、肃州民歌、肃州赶驴、肃州二鬼打架、金塔木雕、甘地蹦子、敦煌民歌、敦煌彩塑制作技艺等27项被列为省级项目。③

（5）嘉峪关市非遗资源

嘉峪关市，是以明代万里长城西端起点——嘉峪关命名的城市，由于其地理位置特殊，秦汉以来的历代王朝都在这里派兵驻防。"天下第一雄关"嘉峪关关

---

① 资料来源：张掖市文化馆内部资料。
② 酒泉市年鉴编委会，《酒泉市统计年鉴（2014）》，第1页。
③ 资料来源：酒泉市文化馆内部资料。

城，楼阁高耸，巍峨壮观，与远隔万里的"天下第一关"山海关遥相呼应，名动天下。嘉峪关是古丝绸之路上的重要一站，留下了许多古迹和珍贵的文物：古拙粗犷的黑山石刻画像，反映魏晋时劳动人民的生产活动的新城魏晋壁画砖画墓，以及我国第一座全面、系统展示长城文化的专题博物馆——长城博物馆等。[①]古老的丝路文化、皑皑冰川和茫茫戈壁共同构成了当地丰富多彩的旅游资源。嘉峪关现已公布了两批9项市级非遗名录，其中嘉峪关故事传说、嘉峪关民间小调、嘉峪关地蹦子、嘉峪关石砚制作技艺4项入选省级名录。[②]

4. 黄河文化

黄河是一条历史的河，也是一条文化的河。农耕文化是黄河文化之根，民俗文化是黄河文化之脉。甘肃地处黄河文化的源头，底蕴丰富，民风淳厚，博大精深的黄河文化是甘肃省提升"软实力"又一开发不尽的宝藏。

（1）兰州市非遗资源

兰州始建于公元前86年。据记载，初次在这里筑城时挖出金子，故取名金城；还有一种说法是依据"金城汤池"的典故，喻其坚固。两汉、魏晋时在此设置金城县。十六国前凉时又移金城郡治于此。隋开皇三年（583），隋文帝废郡置州，在此设立兰州总管府，"兰州"之称始见于史册。[③]兰州作为黄河上游第一城、"丝绸之路"上的重镇、东西文化交流的要道，历史文化悠久，民族众多，地域特色鲜明，创造了无数璀璨瑰丽的历史文化遗产。对兰州最为形象的说法是"一本书、一台戏、一碗面、一条线……"。兰州也拥有十分丰富的非遗资源，现已公布两批7类55项市级非遗名录，其中，兰州太平鼓、兰州鼓子、苦水高高跷、黄河大水车制作技艺4项被列为国家级项目，兰州刻葫芦、兰州羊皮筏子、兰州太平歌、兰州"天把式"剪纸、兰州清汤牛肉面、西固军傩、西固铁芯子制作技艺、永登皮影戏、永登何家营滚灯、永登硬狮子舞、永登苦水下二调、榆中青城水烟制作技艺、榆中道台狮子、榆中马衔山秧歌、榆中太符灯舞、榆中西厢调、榆中七月官神、榆中古建筑模型制作技艺、红古刺绣、红古黑陶制作技艺、窑街

---

① 嘉峪关市志编纂委员会，《嘉峪关市志》，甘肃人民出版社，1990年，第36页。
② 资料来源：嘉峪关市文化馆内部资料。
③ 兰州市统计年鉴傩文化，《兰州市统计年鉴（2014）》，第1页。

"福"字灯会等26项被列入省级名录。①这些活态的文化,不仅构成了兰州深厚的文化底蕴,也是兰州文明渊源的承载,是兰州文化软实力的象征。

(2)白银市非遗资源

白银,是中国唯———座以贵金属命名的城市,有着"日出斗金"的辉煌历史。矿产是有限的,而文化是无穷的。正是文化资源的这种可持续性和永不枯竭的特点,在特定的历史和现实条件下,使白银这座城市形成了自身的鲜明文化特色。白银境内有伏羲、女娲的传说,有大禹治水的遗迹,有原始文明的彩陶和石器,有见证各民族纷争和交融的长城,有丝绸之路的渡口,有红军长征胜利会师的圣地,有震惊世界的露天矿大爆破,既有传统工业发展的辉煌,又有恢复建市后新一轮发展的转折和崛起,这一切共同构成了一道道绚丽风景,形成了白银丰富的文化内涵。黄河文明是白银文化之根。黄河流经白银258公里,占黄河甘肃段的58%。据考证,早在8000年至5000年前就有先民们在白银市黄河流域繁衍生息,他们从事畜牧农耕,并制作了在当时比较精美的彩陶,陶瓷在会宁的牛门洞、大地梁、靖远的糜滩等地多有发现。靖远吴家川岩画、景泰永泰龟城、平川汉墓群等都是黄河文明的历史见证。水是生命的源泉,尤其对于严重干旱的白银地区来说,更像乳汁一样珍贵。从古代农业、畜牧业的发展,到现代工业的崛起;从黄河水车的轮转,到文明世界的高扬工程提灌,无不与黄河紧密相连。治理黄河、开发黄河的过程,有数不尽的可歌可泣的英雄故事,这些共同演绎出黄河历史的美妙音符。②

白银市现已公布了两批12类98项市级非遗项目,其中西厢曲小调和会宁剪纸2项入选国家级名录,白银曲子戏、背鼓子舞、跳鼓舞、太平鼓(五穷鼓)、白银寿鹿山道教音乐、会宁皮影戏、会宁民歌、会宁曹氏中医正骨法、黄河战鼓等11项被列为省级项目。③

二 甘肃非遗保护的实践与探索

(一)不断加大非遗保护专项经费投入力度

2006年以来,文化部和财政部对甘肃省国家级非遗名录项目给予了很大的

---

① 资料来源:兰州市文化局内部资料。
② 白银年鉴编委会,《白银市统计年鉴(2014)》,第1页。
③ 资料来源:白银市文化馆内部资料。

资金支持：为加强资金管理，保证专款专用，根据甘肃省文化主管部门《财政部、文化部关于印发〈国家非遗保护专项资金管理暂行办法〉的通知》（财教〔2006〕71号），严格按照通知要求，与省财政厅协调，及时将资金下拨到各项目保护单位。在资金使用过程中，要求项目所在地文化主管部门加强监管，落实责任，有效地保证了资金使用效益。2012年，文化部对甘肃省23个国家级代表性项目保护给予了专项经费资助。

各级政府把非遗保护作为重要任务来抓，财政投入逐年增长。2004年甘肃省政府颁发了《甘肃省非遗保护实施方案》，省财政从2005年开始每年列支150万元专项经费，支持全省非遗保护工作，共争取到中央财政保护非遗专项资金2151万元，省财政保护经费783.5万元，建立了省级非遗项目代表性传承人经费补助制度，为各项保护工作顺利进展提供了有力保障。兰州市从2007年开始，市财政每年安排100万元专项资金，支持全市非遗保护工作，此外还投资40余万元完善了4个国家级项目基地建设。① 其他市（州）也不同程度地落实了非遗保护专项经费。

（二）分级管理，重点保护，建立完善非遗名录体系

全省各地围绕"保护为主、抢救第一、合理利用、继承发展"的方针，开展了非遗普查工作，均已公布了两批以上市、县级名录，使保护工作更加系统规范。非遗数据库建设工作不断推进，对所有非遗项目的影像资料、文字资料进行认定、记录、建档，实现了普查资料的数字化管理。

对于每个具体国家级名录项目，实行项目保护单位、市州文化局、省文化厅三级负责制，逐级签订了保护责任书，明确了各自的责任和任务。根据每个项目的不同内容，细化项目的年度保护任务，规定任务完成的要求和时限；在下拨国家项目补助资金时，明确当地文化主管部门为项目资金监管单位和完成任务的督促单位，项目保护责任单位根据年度具体任务开展保护工作。

（三）培养扶持代表性传承人

为加强对代表性传承人的保护，2008年，甘肃省制定了《甘肃省非遗项目代表性传承人认定与管理办法》，对传承人的认定、管理、权利和义务做了明确规定。省文化厅为每个省级传承人每年发放传承补助5000元。部分市（州）通

---

① 资料来源：甘肃省文化厅内部资料。

过不同的方法与传承人签订《技艺传承保护协议》，为传承人发放传承经费，极大地调动了各级传承人的积极性，增强了传承人对非遗的保护意识和文化自觉。兰州市自2006年起，对部分代表性传承人每年给予3000元至4000元的补助。环县制定、出台了《保护传承暂行规定》《传承人管理办法》和《戏班管理办法》等政策、法规，分两批把长期从事表演、雕刻的135名艺人确定为县级传承人，并给60岁以上、从艺30年以上的66名传承人每年发放400元的生活补助。每教出一名前台、后台和雕刻徒弟，分别给师傅奖励3000元、1500元和800元，[①]道情皮影传承人和相关民间皮影艺人的积极性得到调动和保护，使得皮影戏班近几年增加到50多个，对当地道情皮影戏的传承起到了很好的促进作用。

传承活动进一步开展。兰州市以传承人为主体，建成10个代表性项目传习所，每个传习所每年给予5000元的补助资金，鼓励传承人进行传承活动。[②]平凉成立了华亭曲子戏剧团、灵台灯盏头戏剧团、平凉纸织画社、崆峒文武学校，"西王母信俗""庄浪高抬""平凉春官歌演唱"利用每年春节文化活动和祭奠活动予以传承演示，"陇东民歌""崆峒笑谈""灵台木偶戏""庄浪马尾编荷包""平凉剪纸"等以民间社团为形式进行展演、制作和传承。[③]

传承人积极性显著提高。"松鸣岩花儿会"国家级传承人马金山在当地自办学校开展花儿教学活动，培养花儿歌手50多人，[④]为花儿艺术的传承弘扬和群众性活动的开展提供了阵地保障。"酒泉夜光杯雕"代表性传承人黄越肃建立了"酒泉夜光杯雕"传习所，编纂了"酒泉夜光杯雕"工艺教材，通过授课传承夜光杯制作工艺及加工技巧。[⑤]

（四）大力开展非遗生产性保护

2011年，文化部公布了"第一批国家级非遗生产性保护示范基地名单"，甘肃省环县道情皮影保护中心（皮影雕刻）和庆阳祁黄文化传播有限公司（庆阳香包绣制）入选，标志着甘肃省非遗生产性保护工作已进入了新的发展阶段。

全省积极探索非遗项目生产性保护新途径，部分项目初步形成产业化。目前，

---

① 资料来源：甘肃省文化厅内部资料。
② 资料来源：兰州市文化局内部资料。
③ 资料来源：平凉市文化馆内部资料。
④ 资料来源：临夏州文化馆内部资料。
⑤ 资料来源：酒泉市文化馆内部资料。

庆阳市从事香包刺绣、剪纸、皮影、石刻等民俗产品开发的从业人员达15万人，年生产量900多万件，产值1.5亿元；1000万元以上的香包产业支柱企业5个，"企业+农户"的各类生产销售公司154个，产品达20多个大类、5000多个品种，远销全国56个大中城市及美国、日本、欧盟、东南亚等20多个国家和地区；在上海、北京、深圳、西安等大中城市设立庆阳代办处、代销点、展览馆235处，组织参加旅游景点零散直销的达上万人（次）。① 环县启动实施皮影产业开发"八个一"工程，已开发出皮影产品十大系列600多个品种、5万多件。现有的4家文化产业公司，年创收320万元；50家皮影戏班，表演艺人285人，年演出突破5000场次，创收300多万元；皮影雕刻艺人达到200多人，年创收200万元。② 临夏州成立了永靖县古城铸造协会，通过协会开展技术交流、对外宣传、联系业务等工作，据粗略估计，7家铸造厂总产值达1000多万元，纯收入近200多万元。③ 酒泉市把夜光杯雕产品与敦煌彩塑、敦煌剪纸、瓜州皮影等文化产品引入旅游市场，年经济效益20余万元。④ 兰州市非遗陈列馆自2010年8月建成后，集挖掘、整理、收藏、交流、教育、研究等多种功能为一体，成为兰州市非遗项目的展示展演中心和收藏交流中心，取得了较好的经济收益。

（五）逐步实施非遗基础设施建设

为了有效收藏、展示普查成果，全省各地根据本地实际情况建成了一批专门的传承基地、专题博物馆、民俗博物馆、传习所。目前全省建成非遗博览馆87个，年接待观众近200万人次；建成各类传习所487个，年培养传承人6.6万人；建立各类项目保护基地69个，开展收集、整理、挖掘和保护工作，专、兼职保护人员达到380人，为非遗保护奠定了坚实的基础，使优秀民族文化传统得到有效弘扬。⑤

值得一提的是张掖市甘州区党寨镇，投资50万元，收集20世纪70年代以前张掖市的农耕用具、生活用具、文化用品、民间工艺品及反映民俗、民风的大量实物共计1300多件，建成了全省首家乡镇级农耕文化陈列馆。该馆总面积

---

① 资料来源：庆阳市文化馆内部资料。
② 资料来源：环县文化馆内部资料。
③ 资料来源：永靖县文化馆内部资料。
④ 资料来源：酒泉市文化馆内部资料。
⑤ 《甘肃省保护非物质文化遗产：守望精神家园》，《甘肃日报》，2013年3月20日。

360平方米，设3个展厅：1号展厅是民俗文化展示区，2号展厅布置了反映当时农家生活的院落，3号展厅是传统农业生产的展示区，分别以实物和文字展板的形式进行布展，已接待观众3万多人。[①]

（六）举办大型展演展示活动

为加强宣传，展示甘肃省的非遗项目，一方面组织各类项目积极"走出去"，不断扩大普查成果的影响力。不仅组织环县道情皮影、庆阳香包绣制、二郎山花儿会、莲花山花儿会、松鸣岩花儿会等项目通过实物、文字、图片等参加了文化部在国家博物馆举办的"中国非遗保护成果展"，还组织参加成都国际非遗节、浙江文化博览会、深圳文博会、西部文博会等各省举办的有关非遗活动，重点宣传展示了普查成果。省文化厅也举办了甘肃非物质文化遗产摄影展、中国非遗生产性保护成果大展、第三届国际文化产业大会暨第七届甘肃省文博会。另一方面，充分利用省内各类宣传平台，向全省群众宣传展示普查成果。如利用"文化遗产日"和"文化春节"，先后举办民俗艺术品展览、民间音乐舞蹈表演比赛、非遗展演活动、"文化遗产进社区"系列活动，集中展现了甘肃非遗保护工作成果，为人民群众了解、珍视甘肃瑰丽多彩的非遗，自觉参与依法保护工作营造了良好氛围。

全省各地深入挖掘非遗资源，积极打造代表区域文化特色的地方节会。庆阳市自2002年以来，连续举办了十二届"中国庆阳端午香包民俗文化节"和三届"中国庆阳周祖农耕文化节"，环县举办了三届"中国环县道情皮影民俗文化节"，和政县连续举办了六届"中国西部花儿（民歌）歌手邀请赛"，康乐县先后举办了12次花儿艺术演唱会和中国传统音乐第十三届年会及第一届花儿国际艺术研讨会，永靖县承办了"甘肃永靖·全国傩文化艺术展演"活动，西和县年年举办乞巧文化节，成为当地的活动品牌，形成特色。[②]

（七）整理出版普查成果

通过收集、整理普查得来的资料，对国家级和省级名录项目和传承人进行了详细记录，在省非遗保护中心建立了详尽的纸质档案，对全省各级名录项目的文字、图片、音像资料以及代表性传承人资料进行了数字化存储管理。省文化厅先后编辑出版了《庆阳香包》《大师祁秀梅》《甘肃省国家级非遗名录项目图文集》《甘

---

① 《张掖建成农耕文化陈列馆》，《甘肃日报》，2008年11月28日。
② 甘肃省文化厅，《甘肃省非物质文化遗产保护工作总结》，2014年12月5日。

肃省省级非遗名录项目图文集》《甘肃省非遗名录项目分布图集》《甘肃省非遗普查资料汇编》等。全省各级文化部门和非遗保护机构也相继编印、出版了本辖区非遗普查资料汇编及各种相关书籍、刊物、画册、音像制品 7000 余套（种）。[①]截至目前，全省共出版非遗保护成果专著 199 部，字数达到 4450 万字，拍摄视频专辑 795 部，时长为 6.12 万分钟。[②]目前正在准备为每个国家级非遗名录项目编辑出版一本专集和一部项目专题片，将普查成果制作成甘肃非遗保护丛书和系列专题片。

（八）逐步健全非遗保护机构，加强保护队伍建设

甘肃非遗保护工作启动后，建立了由省政府主管领导为召集人，省发改委、财政厅、文化厅、民委等为成员单位的甘肃省非遗保护工作部门联席会议制度，组建了甘肃非遗保护专家委员会。各市（州）也相应建立了非遗保护联席会议制度和保护工作领导小组，组建了当地非遗保护专家委员会。

非遗保护工作机构基本建立。2008 年，省编制办公室批复成立了甘肃省非遗保护中心，机构加挂在省文化馆。目前正在积极争取在省文化厅成立非遗处，落实省非遗保护中心编制，筹备成立甘肃省非遗保护协会。各市（州）成立了非遗保护中心，部分县区也成立了非遗保护中心。部分市县配备了非遗保护专职人员，落实了编制。目前，以市、县、乡文化馆、文化站为依托的三级非遗保护网络已具雏形。

第三节　甘肃少数民族非遗资源的存量与价值

甘肃是个少数民族省份，现辖民族自治地方包括甘南藏族自治州的 8 个县（市），临夏回族自治州的 8 个县（市），酒泉市的肃北蒙古族自治县、阿克塞哈萨克族自治县，张掖市肃南裕固族自治县，武威市天祝藏族自治县，天水市张家川回族自治县，共计 21 个县（市），另有 24 个民族乡（甘肃共 39 个民族乡）。本书所称的甘肃民族地区，即指这 21 个县（市）。甘肃民族地区面积约 18 万平

---

① 甘肃省文化厅，《甘肃省非物质文化遗产保护工作总结》，2014 年 12 月 5 日。
② 《甘肃省保护非物质文化遗产：守望精神家园》，《甘肃日报》，2013 年 3 月 20 日。

第三章　甘肃省少数民族非物质文化遗产保护现状

方公里，占全省总面积的 40%；总人口 339 万，占全省总人口的 13.4%。民族地区生产总值年均增长 12.6，全社会固定资产投资年均增长 30.6%，地方财政收入年均增长 26.6%，社会消费品零售总额年均增长 19.4%，民族地区生产总值占全省比重的 6.1。城镇居民人均可支配收入达到 9555 元，年均增长 14.5%；农、牧民人均纯收入达到 2456 元，年均增长 11.3%，增长幅度高于全省平均水平。有 14 个县是国家扶贫开发工作重点县，贫困人口 69.6 万人，占民族地区总人口的 20.9%。[①] 民族地区又是黄河、长江、黑河的重要水源涵养区，对保障国家生态安全，促进民族团结和边疆稳固，具有不可替代的重要作用。

一　甘肃民族地区非遗资源的种类与数量

（一）甘肃民族地区非遗资源的存量

甘肃省现已确立非遗项目 17 大类 4133 项，民族地区有 17 大类 456 项（详见书末附表），占总数的 11.01%。其中民间文学 46 项，传统音乐 21 项，传统舞蹈 31 项，传统戏剧 7 项，曲艺 25 项，杂技 16 项，传统美术 46 项，传统技艺 69 项，生产商贸习俗 4 项，消费习俗 28 项，人生礼俗 35 项，岁时节令 9 项，民间信俗 77 项，传统体育、游艺与竞技 36 项，民间医药 11 项，其他 1 项。[②] 民间信俗数量最多，占总量的 17%；传统技艺次之，占总量的 15.3%；传统美术、民间文学数量也不少，各占总数的 10.09%。

（二）甘肃民族地区已公布的非遗种类与分布

甘肃民族地区已公布的市（州）级以上非遗名录中，国家级 26 项，占全省（68 项）的 38.3%；省级 95 项（含国家级），占全省（333 项）的 28.5%；市（州）级项目 379 项（含国家级、省级），占全省已公布的市级项目（811 项）的 46.7%。现已公布的项目包括民间文学、民间音乐、民间舞蹈、民间美术、传统戏剧、曲艺、传统手工技艺、民间杂技与竞技、民间医药、民俗等十个大类。以下分别介绍各个民族地区市（州）以上级别非遗项目。

---

① 《甘肃省人民政府办公厅关于印发甘肃省"十二五"民族地区经济和社会发展规划的通知》，甘政办发〔2011〕189 号。
② 资料来源：根据甘肃省非物质文化遗产清单整理。

1. 民间文学（共29项）

序号	地 区	数 量	国家级	省 级	市（州）级
1	甘南州	10项	玛曲藏族《格萨尔》、藏族民间故事、藏族民间谚语		甘南藏族方言、歌谣（卓尼童谣）、《格萨尔王传》传说、民间传说、歌谣（大地之歌、幸福之歌、男儿之歌）、谜语、祝词
2	临夏州	7项	米拉尕黑	东乡族口头文学与语言、东乡族小经文与民间叙事长诗、保安族口头文学与语言、《马五哥与尕豆妹》	永靖告比文化、《火者阿姑》
	肃南县	1项	——	肃南裕固族口头文学与语言	——
3	肃南县	1项		肃南裕固族口头文学与语言	
4	阿克塞县	5项			哈萨克族传说、哈萨克族故事、哈萨克族长诗、哈萨克族谚语、哈萨克族谎歌
5	肃北县	3项		蒙古族祝赞词	肃北蒙古族民间文学、肃北蒙古族民族语言文字
6	天祝县	2项	天祝土族《格萨尔》		华锐藏族谚语
7	张家川县	1项			张家川民间神话

2. 民间音乐（共33项）

序号	地 区	数 量	国家级	省级	市（州）级
1	甘南州	15项	甘南藏族民歌、拉卜楞寺佛殿乐——道得尔	卓尼土族民歌、玛曲藏族扎木聂琴弹唱、新城花儿会	迭部苯教僧乐，藏鹰笛演奏技艺，藏铜箫演奏技艺，口弦演奏技艺，藏族拉依（山歌），花儿，劳动号子，唢呐、锣、鼓、钵演奏技艺，藏鹰笛演奏技艺，民歌（酒歌、山歌、情歌、民谣、婚礼颂歌、节庆颂歌、立房颂歌）
2	临夏州	8项	莲花山花儿会、松鸣岩花儿会		河州民间乐器咪咪、五月端阳寺沟花儿会、六月二十三日半苍岭花儿会、河州小唱、牙塘酒曲、积石山盖新坪花儿
3	肃南县	3项	裕固族民歌	肃南蒙古族民歌	肃南藏族民歌
4	阿克塞县	1项			哈萨克族乐器
5	肃北县	1项			肃北蒙古族长调民歌
6	天祝县	2项	华锐藏族民歌		天堂花儿会
7	张家川县	3项	张家川花儿	张家川花儿会	张家川回族口弦

55

3. 民间舞蹈（共32项）

序号	地 区	数 量	国家级	省级	市（州）级
1	甘南州	24项	舟曲多地舞、卓尼巴郎鼓舞	甘南南锅庄舞、尕巴舞、拉卜楞民间舞、"哈钦木"、摆阵舞	钦木(法舞)、桑钦木(狮舞)、拉哇钦木（巫舞）、迭部阿嘉舞、迭部将然舞、舟曲马铃舞、舟曲师家舞、突谷舞、阿迦、纸马舞、霸王鞭、正月十五灯会舞、社火、秧歌、邦谐舞、迭鲁舞、都牙赛舞
2	临夏州	5项		和政秧歌、河州北乡秧歌、永靖七月跳会	河州羊皮鼓舞、积石山县秧歌
3	阿克塞县	1项			哈萨克族舞蹈（黑走马、狗熊舞）
4	天祝县	2项		天祝土族安召	华锐则柔

4. 传统戏剧（共10项）

序号	地 区	数 量	国家级	省级	市（州）级
1	甘南州	5项	"南木特"藏戏		南峪戏会、武土关小品（小戏）、舟曲民间小戏、琼琼
2	临夏州	4项	永靖傩舞傩戏		赵氏麻布戏、李家坪村眉户戏、鳌头傩戏
3	阿克塞县	1项			尔铁克沃（傀儡戏）

5. 传统手工技艺（共72项）

序号	地 区	数 量	国家级	省 级	市（州）级
1	甘南州	37项	洮砚制作技艺	舟曲县织锦带、夏河金属饰品制作技艺、擦擦佛像印版制作技艺、榻板房制作技艺	帐篷制作技艺（分牛毛和布两种），羊毛毡制作技艺，马叉子制作技艺，马鞍垫制作技艺，牦牛绳编织，青稞酿酒工艺，舟曲民间制酒技艺，藏袍藏鞋制作技艺，夏河藏式帽子制作工艺，下迭藏式布鞋制作工艺，临潭铜箫制作技艺，拉卜楞烤箱制作工艺，竹编，编制扎制技艺，麻布制作技艺，书画装裱技艺，牛角琴制作技艺，拉卜楞藏式面包制作工艺，民间器乐制作技艺，金属加工技艺，道食合制作技艺，曲拉制作技艺，藏式点心制作技艺，羊毛、丝线织带，木制背水桶制作技艺，铁器制作技艺，木犁（二牛抬杠）制作技艺，扎油坊，手推磨，水磨，牛皮制绳，手工制土麻布

57

（续表）

序号	地区	数量	国家级	省级	市（州）级
2	临夏州	26项	保安族腰刀锻制技艺、东乡族擀毡技艺、永靖古典建筑技艺、永靖生铁铸造技艺	刻葫芦、东乡族钉匠工艺、永靖白塔乡古建筑艺术、河州黄酒酿制技艺、王氏铜铸技艺、临夏穆斯林建筑艺术	河州木雕技艺、马鞍具制作、河州糖瓜制作技艺、八坊民居建筑艺术、河州白塔寺木雕技艺、东乡族传统织褐子工艺、东乡族传统皮匠工艺、临夏竹柳编工艺、孟氏木头旋艺、羊皮筏子制作技艺、摞麦垛子技艺、传统榨油技艺、尕擦瓦制作技艺、民间泥塑工艺、河州水磨磨面技艺、甜麦子酿造技艺
3	肃南县	1项		裕固族织褐子	
4	阿克塞县	1项			皮具制作技艺
5	肃北县	3项		肃北县蒙古族马头琴制作技艺、肃北雪山蒙古族马上用具制作技艺	肃北蒙古族银饰品加工制作技艺
6	天祝县	3项			藏酒酿制技艺、土族酩馏子酒酿制技艺、华锐藏族服饰制作技艺
7	张家川县	1项			回族清真食品制作工艺

6. 民间曲艺（共17项）

序号	地　区	数　量	国家级	省　级	市（州）级
1	甘南州	12项		藏族民间弹唱、甘南"则肉"演唱	说唱、夏河白格尔说唱、牛角琴、藏族扎宁（弹唱）、卓尼换帽子、卓尼嘎尔、咔西合（相声）、通俗弹唱、藏族相声（单口相声）、龙头琴
2	临夏州	4项	河州平弦、河州贤孝	回族宴席曲	河州小唱
3	阿克塞县	1项	阿肯弹唱		

7. 民间杂技与竞技（共47项）

序号	地　区	数　量	国家级	省　级	市（州）级
1	甘南州	23项		万人扯绳赛	朗钦沙西合（大象拔河）、骑马捡哈达、打切刀、打秋千、藏棋、举重（举沙袋）、投石袋比赛、摔跤、拔腰、板棍、乌尔多（抛尕）、赛马、赛牦牛、尼玛龙乘马"砸冰"、倒立"叨糖"、捡"台盖"、玩缇格、口技、射箭、拔河、举沙包
2	临夏州	14项		天启棍	临夏赛马、跳方、回族驯鹰、河州木球、打流星、打炮嘎、下方、临夏赛马、东乡族平伙、河州压走骡、保安族"夺腰刀"、对棍、拔腰
3	肃南县	2项			顶杠子、裕固族拔棍

（续表）

序号	地区	数量	国家级	省级	市（州）级
4	阿克塞县	3项		叼羊、姑娘追	赛马
5	肃北县	2项			蒙古象棋、草原那达慕大会
6	天祝县	3项			八一赛马大会、六月六松山、抓西秀龙赛马会、二月二岔口驿赛马会

8. 民间美术（共32项）

序号	地区	数量	国家级	省级	市（州）级
1	甘南州	24项	甘南藏族唐卡	木雕	临潭民间画棺艺术，壁画，藏族彩绘技艺（藏族建筑装饰），酥油花，玉雕，石雕，石壁浮雕，临潭东路的木板窗花，剪纸（窗花），临潭民间油漆艺术，刺绣，洮绣，香包工艺，木偶艺术，夏河藏族印染艺术，面具制作，屏灯，纸艺制作，藏式建筑技艺，搭板房，寺院建筑，绘画（藏式绘画），建筑（修栈道、修伸臂木桥、修吊桥、修便桥）
2	临夏州	4项	临夏砖雕		麦秆贴画、河州民间刺绣、和政剪纸
3	肃南县	2项		裕固族刺绣、裕固族皮雕	
4	阿克塞县	1项			阿克塞哈萨克族刺绣

（续表）

序号	地区	数量	国家级	省级	市（州）级
5	肃北县	1项			蒙古包
6	天祝县	1项		唐卡绘画	

9. 民间医药（共8项）

序号	地区	数量	国家级	省级	市（州）级
1	甘南州	6项	藏医药		手工藏药、民间接骨技术、拔火罐、针灸、藏医
2	临夏州	1项		北原金氏接骨术	
3	天祝县	1项		华锐藏医藏药	

10. 民俗（共99项）

序号	地区	数量	国家级	省级	市（州）级
1	甘南州	41项		夏河县香浪节、博峪采花节、插箭节、巴寨朝水节、正月十九迎婆婆、甘南藏族婚礼、天干吉祥节、东山转灯、毛兰木法会、迭部藏族服装配饰、藏族服饰	跳神节、瞻佛节、弥勒环寺节、酥油灯节、娘乃节、坪定跑马节、临潭搬场节、辟邪节、达久滩赛马节、元宵松棚楹联灯会、长川羊升村的提灯会、庙会、藏民族头饰、藏族葬礼、成年礼（上头）、煨桑、萨迦派宗教文化、新堡乡资堡抢年果、陈旗乡王旗村的烤擺擺、扁都的哈尔滩烟火、古战打施食、新城营（集市）、藏文春联、燃灯节、祭拜黑多婆婆、庙会（农历四月十三到十五日在寺庙里念嘛呢、闭斋）、僧人服饰、才吉贡巴服饰、正月寺院法会（跳法舞、瞻佛、展酥油花、布施）、赛马节

（续表）

序号	地区	数量	国家级	省级	市（州）级
2	临夏州	23项		拉扎节	河州回族婚俗、插牌习俗、砸酒习俗、元宵送火把习俗、唱满月习俗、赶旱魔习俗、吃八宿习俗、喊哈来目习俗、珍珠空心汤、保安族饮食、正月十三秧歌节、东乡族婚俗、回族葬俗、永靖财宝神、和政丧葬礼仪、和政酒俗、河州捏手交易习俗、保安族饰、保安族婚礼、保安族饮食、临夏穆斯林民居、临夏穆斯林面食技艺
3	肃南县	9项	裕固族服饰、裕固族传统婚俗	裕固族人生礼仪、裕固族剪马鬃、裕固族祭鄂博	裕固族春节待客礼俗、裕固族剃头礼俗、裕固族神羊祭礼、裕固族留头羊
4	阿克塞县	10项		阿克塞哈萨克族毡房	哈萨克族服饰，风干羊肉，哈萨克乳制品，纳吾热孜节，哈萨克族婚礼，哈萨克族葬礼，哈萨克族宗教信仰，部落系谱（族谱、族徽与呼号），狩猎
5	肃北县	7项	肃北雪山蒙古族服饰		敖包祭祀、肃北蒙古族洗娃娃习俗、肃北蒙古族献哈达礼节、肃北蒙古族婚礼、肃北蒙古族过年习俗、剪胎发习俗

第三章　甘肃省少数民族非物质文化遗产保护现状

（续表）

序号	地区	数量	国家级	省级	市（州）级
6	天祝县	5项		天祝土族婚俗、华锐藏族服饰、华锐藏族婚俗	祭峨博、哈溪端午浪山会
7	张家川县	3项			回族婚礼、张家川"社火"、张家川庙会

二　甘肃民族地区非遗资源的价值

随着社会对非遗认知度和关注度的不断提高，其潜在的价值逐渐被发掘。甘肃民族地区非遗资源的价值主要体现在社会价值和经济价值两个方面。

（一）社会价值

甘肃民族地区非遗的社会价值可以从历史、艺术、科学、教育及社会和谐等不同的角度去认识。

1. 历史价值

历史价值是非遗价值体系中的核心价值。非遗是活态的历史遗存，具有不可忽视的历史价值。甘肃民族地区非遗是甘肃少数民族世代相传的精神文化活动及其成果，首先每个项目都有其形成、发展、演变和兴衰的过程，这已成为甘肃民族地区历史的一个缩影。如在安多藏区所流传的"南木特"藏戏，18世纪始发于藏传佛教格鲁派六大寺院之一的拉卜楞寺，主要集中在甘南州夏河县、碌曲县、合作市等地，多以历史上的吐蕃国王、高僧大德的传记、民间故事中的传奇人物、民族英雄为素材。该戏剧从产生以来就寓含浓厚的宗教意义，历史价值突出，其表演活动是祈福的心愿行动。每年6月，当地民众便将祈祷亲友平安和畜牧业、农作物丰收的朴素心愿，附加于藏戏这一形式上。为保护这一古老的民族艺术瑰宝，文化部已投资162万元保护资金，计划将在碌曲县建立南木特藏戏传承基地示范点。

再从项目的起源和内涵看，非遗也是甘肃各个少数民族历史的重要组成部分，

63

是追溯历史、了解那个时代经济、社会发展和民风民俗的重要历史依据。比如东乡族的民间文学《米拉尕黑》，是在古代传说、故事、民间歌谣、谚语等的基础上产生的，融汇了东乡族人的集体智慧，结构宏伟，篇幅较长，表达了东乡族人民不屈不挠的斗争精神，歌颂了忠贞的爱情和对理想执着的追求，不仅在东乡族文化史中占有非常重要的地位，而且在中国少数民族文学史上亦有一席之地。发掘、保护《米拉尕黑》，对研究东乡族的历史、文化、语言、音乐、艺术有重要的学术价值，同时对中国少数民族民间文艺史的丰富完善也有拾缺补遗、填补空白的价值。

2. 艺术价值

甘肃各个少数民族的非遗中包含着丰富的表演艺术、口头文学、生活习俗、服饰礼仪、传统手工技艺等，这些古老的非遗历经几百年甚至上千年历史长河的冲刷和锤炼，每个作品既具有精致的艺术构思和高超的艺术表现力，又充满着浓郁的生活气息和深厚底蕴，具有极高的艺术价值。如久负盛名的传统工艺品临夏刻葫芦堪称一绝，取材广泛、多样，一般多为中国吉祥图案、历史典故等。还有各个少数民族民间美术中的剪纸、神像、服饰、泥塑、砖雕、木雕、玉雕、荷包等等，构思巧妙，且常用人们熟悉的寓意谐音手法，富有浪漫主义色彩；民族民间舞蹈中，藏族的巴郎鼓舞、多地舞、锅庄舞、尕巴舞、拉卜楞民间舞、"哈钦木"、摆阵舞以及回族的秧歌，质朴自然，声势浩大，气氛欢快，热闹非凡，一些专业舞蹈创作就大量地吸收了其中的精华。

3. 科学价值

甘肃各个少数民族的非遗凝聚了民众的知识和智慧，具有多学科的性质，是探索、研究甘肃民族地区民俗文化演变规律的理想标本。如蒙古包和哈萨克族的毡房的搭建，看起来用的东西不多，但所有的建材全部是用手工加工而成的，体现了牧民们利用自然、适应环境的认识水平和思维能力。

甘肃各少数民族的有些非遗本身就具有相当高的科学含量和内容，有较多的科学成分和因素。如北原金氏接骨术，与西医手术治疗相比，它有肌肉无创伤、骨折愈合期短、患者疼痛小等优点。金氏接骨经过一百多年的发展，在几代人的不懈努力下，借助现代科技手段，技术日臻完善，金氏接骨膏对骨折的神奇疗效也得到患者的肯定，赢得了人们的一致赞誉。

4. 教育价值

非遗对人们文化生活有巨大的调节作用，具有极高的教育价值。非遗中包含了丰富的历史、科学、伦理、语言、文学等知识，是开展学校教育、社会教育，获取知识的重要来源，潜移默化地影响和规范着人们的行为，教育价值突出。如甘南藏族民歌、裕固族民歌、华锐藏族民歌，不仅是独具特色的民间艺术，而且它们与族人在各个社会时期的整体民族生存状态息息相关，尤其在缺乏文化教育的时代里它肩负着文化思想的启蒙作用，并通过久远历史的传承，推动了社会的发展与思想的进步。保护和挖掘民歌不仅是丰富人们自身文化生活的需要，更重要的是传承和学习这些民族的传统歌曲，向社会大众不断地普及非遗知识，可以帮助人们更加鲜活、生动地了解优秀的民族文化，从而增强民族自豪感，让人们更加热爱自己的民族和家乡。

5. 社会和谐价值

联合国教科文组织在《保护非遗公约》中指出，"非遗是密切人与人之间的关系以及他们之间进行交流和了解的要素"。如"花儿"在现代传媒出现之前是广大民众主要的娱乐方式，曾经是沟通人与神之间的一种媒介。"花儿会"最初是与农业祭祀和民间信仰有关系的，后来"花儿"和"花儿会"逐步从祭祀神灵转变为民间娱乐。现在的莲花山花儿会、松鸣岩花儿会盛大的规模、丰富的民俗事项，成为临夏广大群众交流思想、联络感情、增强凝聚力、构建和谐社会的有效载体。即使是回族的捏手交易，也体现了人与人之间交易的公平合理、文明自愿原则。

（二）经济价值

非遗是一种重要的文化资源，也是一种经济资源。在全球经济一体化背景下，经济资源日益趋紧，文化的多样性快速消亡、存量锐减，非遗的经济价值更加显现出来。经济价值是非遗的一种重要的价值形态，表现为由文化资源向文化资本的转换。

1. 商品附加价值

目前，我国非遗中的一些老字号，如云南白药、同仁堂中药、张小泉剪刀、全聚德烤鸭、贵州茅台等，均已成为驰名商标或服务商标。而贵州蜡染、苏州刺绣、潍坊风筝、安塞腰鼓、吴桥杂技等更是享誉世界。甘肃民族地区也不乏这样的品牌，如卓尼的洮砚、东乡的手抓羊肉、广河的甜麦子、临夏的砖雕、积石山的腰刀、裕固族的服饰等等，因其独有的民族民俗特征，在文化价值之外，也附加潜在的商品价值，既可以观赏，也可以流通、交换，产生经济效益。

2. 服务价值

非遗资源与旅游业、博展业、现代传媒业、演艺业等相结合，其服务价值前景广阔，蕴含巨大的经济效益。甘肃民族地区的民间文化、民俗风情资源就是重要的旅游资源。比如临夏刻葫芦、哈萨克族的刺绣、裕固族的皮雕、藏族的银饰、张家川的荷包等，随着旅游业的兴起，具有了旅游纪念品的特征。同时这些非遗以其独特的形状、精美的图画、超绝的表现形式给人们带来了艺术价值；以其纯天然质料、纯手工制作、不可复制的特点，获得了很高的观赏和收藏价值及经济价值，得到了游客的青睐。

3. 技术价值

目前，甘肃工艺品开发的触角已触及雕刻、绘画、图书、博展、旅游、体育、休闲娱乐、音像、民俗风情、工艺品收藏、书画、服饰、文学艺术等广大领域。比如甘南藏区的木雕是僧工高超雕刻技艺的生动反映，通过画面设计、捏、编、折叠、泥塑、木刻等手工工艺，就能制作出雄伟壮观、富丽堂皇、外型美观考究、造型奇特的"经堂"模型。再如临潭的洮砚、临夏的麦秆贴画、哈萨克族的刺绣、甘南的唐卡、保安族的腰刀等手工艺品，市场广阔，发展潜力巨大。

三　甘肃民族地区非遗的生存状况

产生于甘肃民族地区古老土地上的众多非遗，随着农耕、畜牧等生产生活方式传承发展，也因宗教、民俗等活动的兴盛而存在，已有几千年的历史，其传承主体几乎全部是广大的劳动人民。在生产生活中，通过家庭承袭、师徒传带等方式不断传承发展，在流传的过程中不仅加入了传承者的思想感情和艺术才能，也表现着劳动人民的遭遇和理想。几乎所有的非遗传承都是口传心授，所以当以农耕、畜牧文化为主的生产生活方式逐渐萎缩时，很多非遗也逐渐成为记忆。除岁时节令习俗、民间信仰、消费习俗、人生礼俗等传承人相对较多外，其他类型的非遗的传承人已经很少，人生礼俗、商贸习俗等虽然普遍存在，但形式和内容都发生了较大变异。随着时代的进步、社会的转型、影视传媒业的不断发展，许多著名老艺人故去，出现了传承人断档、口传艺术和传统技艺失传的局面。

从甘肃民族地区非遗资源普查清单可见，甘肃民族地区非遗项目几乎全部濒

第三章　甘肃省少数民族非物质文化遗产保护现状

危，有的甚至严重濒危或失传。就民间文学而言，仅剩一位传承人的就有：甘南藏族方言、卓尼童谣、肃南县的藏族传说、裕固族的故事、华锐藏族谚语、天祝土族格萨尔、临夏的王尚书与仁义巷、《马五与尕豆》、天子山的传说、临夏谚语、五山池的传说、临夏民间故事、东乡族叙事长诗《米拉尕黑》、东乡族口头文学与语言。①占民族地区民间文学资源总数45项的31.11%。民间文学之所以出现这样的严重濒危现象是因为：一是随着科学技术的进步、人类社会的发展，人与人之间的交流不断趋于国际化，人类语言的演变进程及规律也发生了前所未有的变化，裕固族方言、蒙古族方言、藏族方言几尽失传。二是使用汉语和书面语的人越来越多，规范的现代汉语使各少数民族只有语言而无文字的方言濒临灭绝。即使现在还使用的藏文和蒙文由于过度强调规范，使得传统语言文字之间的差别缩小了，丢失了许多传统藏语、蒙古语中的形象词汇和丰富的术语、格言等。三是大部分少数民族的年轻父母让孩子从小学汉语，所以孩子们从小就掌握不了本民族语言，传统语言难以得到传承。

民间音乐的境遇也同样严峻，从附表可见，仅剩一位传承人的有：拉卜楞寺佛殿音乐"道得尔"、卓尼土族民歌、迭部苯教僧乐、藏鹰笛演奏技艺、藏铜箫演奏技艺、口弦演奏技艺、玛曲的叙述歌、临潭及舟曲的花儿、天祝的土族民歌。②占甘肃民族地区民间音乐资源总量的45%。

即使是人们节庆时必须要穿的民族服饰也出现了严重的濒危，像甘南藏族服饰、卓尼藏族配饰、裕固族服饰、肃北蒙古族服饰、华锐藏族服饰等已被列入国家级和省级名录予以保护。虽各级政府大力扶持，做了许多发掘、抢救、继承、弘扬工作，但仍存在不少难以解决的问题：一是民族服饰赖以生存、发展的社会基础发生了变革。一些传统民俗日益淡化，特别是在生活中现代流行服饰的渗入以及礼节、礼仪从简，提倡注入新的文化元素，民族服饰的主要使用阵地逐渐缩小。二是一些颇有造诣的民族民间缝纫师因年事已高逐步退出缝纫行业，有的相继谢世，有些绝技难以得到传承。三是随着科学技术的进步和市场经济的发展，人们的文化生活日益丰富，审美需求提高，对民族服饰文化的兴趣愈来愈淡漠，这些服饰文化甚至被人们遗忘。民族服饰的发展举步维艰，濒危状况很难改变。

---

① 资料来源：《甘肃省非物质文化遗产统计清单》。
② 同上。

总体来讲，甘肃民族地区的非遗已呈现出十分严重的濒危趋势，抢救工作迫在眉睫，保护任务十分艰巨。

四 甘肃民族地区非遗保护中存在的主要问题

（一）年轻民众对本民族文化缺乏认同感

民族地区是甘肃非遗的富集地，在现代化和全球经济一体化的冲击下，正面临着前所未有的挑战。比如，建设性破坏严重，一些民族地区对非遗认识不足，片面强调经济发展，许多具有科学和艺术价值的建筑、村落被破坏，拆旧城建新城、拆旧村建新村的现象较为普遍。非遗与传统的有形遗存是相辅相成的，如果承载非遗的特定空间荡然无存，也就难以实施有效的保护。同时，由于大量的传统文化是在农村萌芽、壮大，而近二三十年，随着城市化进程的加快和西方强势文化的影响，人们热衷于所谓"现代的""时兴的"生活方式，却常常认识不到自己的美，对本土的传统习俗或技艺越来越缺乏文化自信心，很多前人的生活习俗被逐渐淡忘或遗弃。翻开本地的非遗名录，像回族擀毡、临夏砖雕、保安族腰刀锻造、藏族唐卡绘制、裕固族服饰制作、蒙古族马头琴制作、哈萨克族阿肯弹唱、传统民族歌舞乐器等技艺，人们往往是知之甚少甚至非常陌生。首要的一个原因就是人们对它的认知程度不高，或者根本就没有意识到这是本民族传统文化的基因，是祖先留下的历史痕迹和精神宝藏。在多元文化的冲击下，一些族人特别是年轻一代不愿意再秉承其民族的传统，视外来为"先进"、本土为"落后"，致使一些依靠口传心授加以传承的文化遗产正在不断消失，许多传统技艺濒临消亡，大量有历史、文化价值的珍贵实物与资料遭到毁弃或流失。

（二）文化传承后继乏人

非遗是一种"活文化"，必须由人去延续，传承是非遗保护的核心，传承的本质是文化的延续，传承人是保护的重点。在联合国教科文组织相关文件中有"传承观"的强调，我国也把"继承"改为"传承"，而在互联网上关于"文化传承"的词条多达141万条，这都表明了传承的重要性。而非遗的传承方式主要有两种：一种是集体传承，如社会风俗、节庆等；另一种是个人传承，如某些特殊的技艺，一般只有极少数人掌握，大多是由个人传授知识。在集体传承方面，传统的传承主要靠家庭教育和村社教育，使社会成员受到熏陶，而当代的教育主要是学校教育，教育领域对非遗缺乏重视，使得年轻一代对本民族的传统文化不熟悉或不感兴趣,越来越远离本民族的文化,丧失了对民族文化的关注与热爱,造成传承脱节。在个人传承方面,后继乏人问题更为严重,部分遗产项目的技艺面临大多年轻人不愿意学而原传承人又年事日高甚至相继谢世的局面,致使部分非遗生存的文化生态环境日益恶化。联合国教科文组织非遗处处长塞西尔·杜维勒就曾担忧地说:"当年轻一代失去对传统文化的兴趣,这些非遗就有走进档案室、博物馆、图书馆,从活态变成历史记忆的危险。"[1]因此,正确理解传承,建立科学有效的传承机制,对非遗的研究及保护有重要的理论和实践意义。

（三）机器生产代替手工劳动,削弱了民族文化的内涵和艺术价值

工业革命以来,机器生产逐渐代替手工劳动,将人们从繁重的体力劳动中解脱出来,机器所代表的大工业生产成为生产力进步的象征;但另一方面,大工业生产却使得产品单一、趋同,缺乏个性,没有特色。甘肃的一些民族地区只是一味地追求产品数量、经济效益,甚至大肆开发非遗产品,以满足人们强烈的物质欲望和经济利益的获取。这些行为,完全忽视了对非遗核心技艺和文化内涵的认识,忽略了非遗项目的手工艺生产实践环节,从而也丧失了产品所特有的民族文化内涵和艺术价值。如近年来市场上出现了一些成本和价格低廉、工艺粗糙、加工生产又很快捷的印刷品唐卡,严重冲击了传统手工绘制、以珍贵的天然矿物质为原料的唐卡艺术市场。前者的特点是周期短、成本低、生产快,但毫无收藏价值;而后者则周期长、投入精力很大、成本高,有很高的艺术审美价值和收藏价值。特别指出的是,手工绘制的唐卡,在绘制前画师们要举行祭拜、洗礼等仪式,同时在绘制过程中体现着人们对民族文化的虔诚之心和敬畏之感。这一点恰恰是唐卡艺术十分重要的民族文化内涵,也是它作为非遗代表性项目最核心、最有价值的地方,更是在非遗保护中最值得珍视和关注的东西。而在机械生产下的唐卡则完全丧失了这些文化意义,彻底成为一味追求经济利益的行为。如果我们对这样一种现象熟视无睹、不加以制止和及时予以规范,必将对这一古老而技艺精湛的藏族绘画艺术的传承与发展带来不利影响,最终也背离了非遗自身的发展规律和保护初衷。诸如此类的例子还有许多。

---

[1] 吴晓颖、海明威、余里,《"非遗"保护存三大误区》,虚拟化网,2011年6月3日。

（四）政府包揽包办，民众主体地位严重缺失

目前各级政府都在花大力气申报各级非遗名录，而在部分项目终于被列入各级名录后，一些政府部门理所当然地认为应该由自己来主导和利用这些资源，于是非遗成为实现他们政绩和个人价值的又一个平台。这是基于利益驱动的行为，其主要动机，不是保护非遗，而是扩大地方知名度、打造旅游产品、增加地方财政收入，甚至是争取中央财政支持的功利行为。

依照国际社会的共识，政府应主要处于决策、组织、统筹的地位。但在日常生活中处处可见这种越俎代庖的做法。"很多本来应该由民间组织的传统节庆活动，由于各级政府的'积极参与'，仪式的主人由寨老变成官员，而原本的主人变成了看客；仪式内容也从传统的迎神赛会，变成了来宾介绍、领导讲话、政府颁奖、嘉宾剪彩的仪式。"[①]政府这种过度干预，使非遗的内容官俗化，变成了政府的工程。比如临夏"长期以来，州、县宣传文化部门把发掘各民族民间花儿歌手、提高专业花儿歌手的综合素质作为发展花儿文化的关键措施"，并"采取专家讲课、举办座谈会、集中学习培训等各种形式，加强对专业花儿歌手的培训，举办培训活动近百次，培训歌手1000多人"。[②]像这种由政府宣传、文化部门采取"专家讲课、座谈会、集中学习"的方式来组织培训专业花儿歌手的做法，是"集中改造老艺人"，完全背离了保护的初衷。是把原本活泼、自由、奔放、即兴创作的花儿内容标准化、官方化了，其实是违背了人们公认的非遗本真性的保护原则。

（五）资金、设备短缺

由于民族地区非遗资源十分丰富，搜集整理中需要一定的专业设备（如数码照相机、摄像机、电脑等）才能完成资料申报。但甘肃民族地区各县大多为国家贫困县，财政困难，经费投入少，无力购置必要设备，严重制约着非遗保护工作的有效开展，也难以完成高质量的音像、图片等资料的制作，在申报效果上受到很大的影响。许多需要挖掘整理的项目，无从着手，活动无法展开。甘肃民族地区的非遗相当一部分是民间节庆活动，比如甘南州的正月法会、二月插箭节、四

[①] 苑利、顾军，《非物质文化遗产学》，高等教育出版社，2009年11月，第3页。
[②] 陈元龙《秉承传统，面向未来，保护发展"花儿"文化》，见郝苏民，《抢救保护非物质文化遗产：西北各民族在行动》，民族出版社，2006年。

月娘乃节、五月庙会、六月采花节、七月赛马节、九月尕巴节，临夏州的松鸣岩花儿会、莲花山花儿会，肃南裕固族祭鄂博，肃北蒙古族敖包祭祀，天祝藏族赛马大会等。这些项目时间性非常强，必须要按时间下乡普查、搜集、拍摄第一手资料，才能较完整地收集到翔实的资料，此时民间艺人也相对集中，这对了解项目的历史渊源和文化背景、传承谱系等较为便捷，但需要一定的经费开支，否则无法完成。

（六）旅游开发中出现了普遍的用"他文化"误读"己文化"的现象

在非遗旅游开发中，不少民族地区自作主张地对民族非遗进行大量的文化改造。如为藏族民歌、裕固族民歌加入美声唱法，组织专业人员为花儿歌手设计民族服饰，电脑合成年画图案，苏绣代替陇绣，印刷唐卡等诸如此类的问题在民族地区随处可见。联合国《保护非遗公约》第二条第三项指出："'保护'指的是确保非遗生命力的各种措施，包括这种遗产各个方面的确认、立档、研究、保存、保护、宣传、弘扬、传承和振兴。"非遗保护的核心是保护现状与维护传承机制。假如运用行政力量将非遗人为地改造，使其"现代化"或刻意"复古"，而忽视通过吸纳大众的全方位参与以激发与维持其生命力，均有可能适得其反，导致对文化遗产的直接或间接破坏。因为外来的保护或变味了的保护往往是一种更大的破坏。如果将非遗看作一棵移栽植物，那么政府的"输血性保护"只是给植物施肥，只有民众发自内心地认同本土、本民族文化，才是非遗在新时代背景下生存发展的土壤和空气。

第四章 甘南州藏族非物质文化遗产资源与保护现状

甘南藏族自治州地处青藏高原的东端，这里自古就是内地通往藏区的主要通道，是内地与藏区经济、文化交流的重要桥梁，也是安多藏区的政治文化中心。独特的地理位置和多样的自然环境，形成了甘南州丰富多彩的民族民间文化和人文景观。

第一节 甘南州非物质文化遗产概况

一 甘南州州情

（一）甘南州概况

甘南州是全国10个藏族自治州之一，地处青藏高原与黄土高原的结合部、黄河流域与长江流域的结合部、藏汉文化的结合部和游牧文明与农耕文明的结合部。东西长360.7公里，南北宽270.9公里，土地总面积4.5万平方公里。自治州海拔1100～4900米，大部分地区在3000米以上。辖7县1市、99个乡镇（街道办），总人口73.07万，有藏、汉、回、蒙、土等24个民族，其中藏族占54.2%。[①]

（二）甘南州自然资源

甘南复杂的地形构造和独特的气候条件，造就了丰富的自然资源。广阔的草场、茂密的森林、充足的水力、丰富的矿藏、多姿多彩的旅游景观构成了自治州的五大优势资源。全州有天然草场4085万亩，占土地总面积的70%以上，其中可利用面积3848万亩，占草地总面积的94.2%。大部分草地集中连片，草质优良，是青藏高原天然草地中自然载畜能力较高、耐牧性最大的草地。畜禽品种繁多，有闻名遐迩的河曲马、欧拉羊和甘加羊，有肉质鲜嫩、肥而不腻的合作猪，有被

[①] 甘南州年鉴编委会，《甘南藏族自治州年鉴（2014）·概述》，第1页。

誉为"高原之舟"的牦牛等许多优良畜种,为发展草原畜牧业提供了得天独厚的自然条件。州域的千山万壑,莽莽苍苍,覆盖着丰富的森林资源。全州林地面积1326万亩,占总面积的22.82%,其中有林地590万亩,占林业用地的44.52%。森林主要分布在白龙江、洮河、大夏河流域,森林覆盖率为20.57%,远远高于全省、全国水平。①

自治州境内"一江三河"及其120多条干支流纵横分布,黄河流经433公里,径流量占黄河源区总径流量的58.7%,白龙江年均径流量占嘉陵江总径流量的60%,是"黄河蓄水池""中华水塔"的重要组成部分,是维系黄河、长江中下游地区生态安全的天然屏障。

甘南地域辽阔,地下矿藏很多,共发现各种矿产地260处。其中,能源矿产地56处,有色金属矿产地129处,非金属矿产地18处。已探明储量的矿种有22种,其中大型12处,中型33处,小型27处。优势矿种有铀、泥、碳、砷、铅、锌、铁、金以及水泥灰岩、铜、锑等,有较广阔的开发价值。

自治州文物古迹星罗棋布,风土人情各异,形成了丰富多彩的旅游资源。有藏传佛教格鲁派六大宗主寺之一的拉卜楞寺,盛名藏区的古刹禅定寺及有"虎穴仙女"之称的郎木寺等100多处佛教寺院;有红军长征途经的天险腊子口、俄界会议遗址、新城苏维埃旧址等革命遗迹;有达力加山溶洞奇观、尕海湖候鸟自然保护区和有小桂林之称的则岔石林等许多优美的自然风景区;还有独具地方民族特色的宗教节日、民间歌会、赛马角力等群众性传统文化活动及人文景观,有4A、3A级景区景点10多处,被国内外权威旅游评级机构评定为"让生命感受自由的世界50个户外天堂""梦幻之旅·人一生要去的50个地方"。②

甘南自古以来,是多民族繁衍生息的地方,先后有被称为羌、氐、戎的土著民族及从东北远徙陇上的吐谷浑以及来自西藏的吐蕃等民族居住。西汉之后,汉族开始迁入甘南,唐代之后西藏吐蕃族军人、部族东进州域,元、明以后,逐渐有回族迁入。在历史发展长河中,各民族和睦相处、共同开拓,创造了甘南的历史文明,推动着甘南的社会进步,并逐步建立了共同发展、共同繁荣的"谁也离不开谁"的关系。但在新中国成立之前,甘南长期处于封建奴隶制社会,深受阶

---

① 甘南州志编纂委员会,《甘南州志·概述》,民族出版社,1999年,第3页。
② 甘南州年鉴编委会,《甘南藏族自治州年鉴(2014)·概述》,第2页。

级压迫和民族压迫，经济文化落后，人民生活十分贫困。中华人民共和国成立后，在中国共产党的领导下，坚决执行民族平等团结政策，民族关系和各少数民族地位发生了质的变化。

（三）甘南州历史文化

甘南历史悠久。新石器时代在三河一江流域就有人类开发这块亘古荒原，自从中华民族有了文字，甲骨片上就已刻上了"羌"字。羌人部族众多，随着历史的进程，甘南的羌部逐渐建立起自己的部落联盟或依附中原王朝，民族间的交流便逐渐频繁起来。秦时部分地方已属临洮管辖。西汉时，东部属陇西郡，北部属金城郡，设白石、羌道二县。隋时的临洮郡、枹罕郡、宕昌郡分别管辖今甘南的西北和东南部部分地区。唐朝初年废郡置州，甘南境内曾为洮州、芳州、迭州的全部和河州、宕州的部分，西北部属吐谷浑、吐蕃的范围。元代属宣政院管辖，吐蕃等处宣慰司统领。明代属陕西都司管辖，清乾隆时州境大部属巩昌府，夏河由循化抚番厅管辖。1913年废府设道，临潭县属兰山道，西固县（今舟曲县）属渭川道。1928年建立夏河县，改属甘肃管辖，1937年成立卓尼设治局。1949年9月至12月，临潭、卓尼、夏河、西固相继解放。1952年7月设立甘南藏区委员会，1953年10月甘南藏族自治区成立，1955年7月1日改为甘南藏族自治州。州府设在合作镇，是全州政治、经济、文化中心。[①]

二 甘南州非遗的种类与数量

甘南州民族民间文化保护工程于2005年正式启动，因为非遗资源种类多、分布区域广（见图4-1），故以县（市）为单位展开普查工作。各县（市）抽调文化馆骨干人员下乡进社、走村串户，到农、牧民家中摸底，实地调查、采访、录像，通过各种渠道，进行深入调查研究，取得了项目名录第一手原始文本、图片、视频资料。经过普查共统计文字出版物20余本，如《洮州花儿散论》《格萨尔史诗》等，音像出版物30余套，如《甘南锅庄舞曲》1、2、3套和《甘南拉卜楞民间舞》《拉卜楞寺佛殿乐——道得尔》等。[②]目前，全州各县（市）已公布了县（市）级非遗名录518项，两批州级非遗名录10大类211项（详见表4-1、表4-2、表4-

---

① 甘南州志编纂委员会，《甘南州志·概述》，民族出版社，1999年，第4页。
② 资料来源：甘南州文化馆内部资料。

3），其中已成功申报省级名录30项（见表4-4），国家级名录8项（见表4-5）。[①]

表4-1　甘南州第一批（州级）非遗名录[②]
（共计149项）

一　民间文学（共7项）

序号	编号	项目名称	申报地区或单位
1	Ⅰ－1	藏族神话故事	夏河县、卓尼县、玛曲县、碌曲县、舟曲县、迭部县、合作市
2	Ⅰ－2	藏族民间故事	夏河县、卓尼县、玛曲县、碌曲县、舟曲县、迭部县、临潭县、合作市
3	Ⅰ－3	藏族民间谚语	州文化艺术研究室、夏河县、卓尼县、玛曲县、碌曲县、舟曲县、迭部县、临潭县、合作市
4	Ⅰ－4	甘南藏族方言	舟曲县、迭部县、卓尼县
5	Ⅰ－5	歌谣（卓尼童谣）	卓尼县
6	Ⅰ－6	《格萨尔王传》传说	州文化艺术研究室
7	Ⅰ－7	民间传说	舟曲县、临潭县、卓尼县

二　民间音乐（共11项）

序号	编号	项目名称	申报地区或单位
8	Ⅱ－1	佛殿音乐"道得尔"	州文化馆、夏河县
9	Ⅱ－2	迭部苯教僧乐	迭部县
10	Ⅱ－3	藏鹰笛演奏技艺	碌曲县、夏河县、玛曲县
11	Ⅱ－4	藏铜箫演奏技艺	卓尼县
12	Ⅱ－5	口弦演奏技艺	舟曲县、迭部县
13	Ⅱ－6	藏族民歌	碌曲县、夏河县、卓尼县、玛曲县、迭部县

---

① 资料来源：甘南州文化馆内部资料。
② 同上。

（续表）

序号	编号	项目名称	申报地区或单位
14	Ⅱ－7	藏族拉依（山歌）	夏河县、卓尼县、玛曲县、碌曲县、舟曲县、迭部县、合作市
15	Ⅱ－8	土族民歌	卓尼县
16	Ⅱ－9	叙述歌	玛曲县、夏河县、碌曲县
17	Ⅱ－10	劳动号子	舟曲县
18	Ⅱ－11	花儿	临潭县、舟曲县

三　民间舞蹈（共21项）

序号	编号	项目名称	申报地区或单位
19	Ⅲ－1	钦木（法舞）	夏河县、卓尼县、玛曲县、碌曲县、舟曲县、迭部县、合作市
20	Ⅲ－2	桑钦木（狮舞）	迭部县、夏河县
21	Ⅲ－3	哈钦木（鹿舞）	州文化馆、州歌舞剧院
22	Ⅲ－4	拉哇钦木（巫舞）	卓尼县
23	Ⅲ－5	锅庄舞	州文化馆、玛曲县、夏河县、碌曲县
24	Ⅲ－6	拉卜楞民间舞	夏河县
25	Ⅲ－7	卓尼巴郎鼓舞	卓尼县
26	Ⅲ－8	迭部尕巴舞	迭部县
27	Ⅲ－9	迭部阿嘉舞	迭部县
28	Ⅲ－10	迭部将然舞	迭部县
29	Ⅲ－11	舟曲多地舞	舟曲县
30	Ⅲ－12	舟曲马铃舞	舟曲县
31	Ⅲ－13	舟曲师家舞	舟曲县
32	Ⅲ－14	突谷舞	舟曲县
33	Ⅲ－15	阿迦	卓尼县

（续表）

序号	编号	项目名称	申报地区或单位
34	Ⅲ—16	纸马舞	临潭县
35	Ⅲ—17	摆阵舞	舟曲县
36	Ⅲ—18	霸王鞭	舟曲县
37	Ⅲ—19	正月十五灯会舞	临潭县
38	Ⅲ—20	社火	舟曲县、临潭县、合作市
39	Ⅲ—21	秧歌	舟曲县、临潭县

四　传统戏剧（共4项）

序号	编号	项目名称	申报地区或单位
40	Ⅳ—1	"南木特"藏戏	州文化艺术研究室、夏河县、卓尼县、玛曲县、碌曲县、舟曲县、合作市
41	Ⅳ—2	南峪戏会	舟曲县
42	Ⅳ—3	武土关小品（小戏）	舟曲县
43	Ⅳ—4	舟曲民间小戏	舟曲县

五　曲艺（共8项）

序号	编号	项目名称	申报地区或单位
44	Ⅴ—1	说唱	夏河县、玛曲县
45	Ⅴ—2	夏河白格尔说唱	夏河县
46	Ⅴ—3	则肉	州文化馆、夏河县
47	Ⅴ—4	牛角琴	玛曲县
48	Ⅴ—5	藏族扎宁（弹唱）	玛曲县、夏河县、碌曲县
49	Ⅴ—6	卓尼换帽子	卓尼县
50	Ⅴ—7	卓尼嘎尔	卓尼县
51	Ⅴ—8	咔西合（相声）	州文化馆

六　民间杂技与竞技（共17项）

序号	编号	项目名称	申报地区或单位
52	Ⅵ—1	万人扯绳	临潭县
53	Ⅵ—2	朗钦沙西合（大象拔河）	夏河县、卓尼县、合作市
54	Ⅵ—3	骑马捡哈达	玛曲县、碌曲县、夏河县
55	Ⅵ—4	打切刀	临潭县
56	Ⅵ—5	打秋千	临潭县
57	Ⅵ—6	藏棋	夏河县
58	Ⅵ—7	举重（举沙袋）	玛曲县、碌曲县、卓尼县、夏河县
59	Ⅵ—8	投石袋比赛	玛曲县
60	Ⅵ—9	摔跤	玛曲县、碌曲县
61	Ⅵ—10	拔腰	卓尼县
62	Ⅵ—11	板棍	卓尼县
63	Ⅵ—12	乌尔多（抛尕）	玛曲县、夏河县、碌曲县
64	Ⅵ—13	赛马	玛曲县、卓尼县、碌曲县、夏河县
65	Ⅵ—14	赛牦牛	玛曲县、卓尼县、碌曲县、夏河县
66	Ⅵ—15	尼玛龙"乘马砸冰"	夏河县
67	Ⅵ—16	倒立"叨糖"	夏河县
68	Ⅵ—17	捡"台盖"	夏河县

七　民间美术（共22项）

序号	编号	项目名称	申报地区或单位
69	Ⅶ—1	唐卡	州文化馆、夏河县、卓尼县、碌曲县
70	Ⅶ—2	洮砚制作技艺	卓尼县、临潭县
71	Ⅶ—3	临潭民间画棺艺术	临潭县
72	Ⅶ—4	壁画	卓尼县
73	Ⅶ—5	藏族彩绘技艺（藏族建筑装饰）	夏河县、舟曲县、合作市

（续表）

序号	编号	项目名称	申报地区或单位
74	Ⅶ—6	酥油花	夏河县、玛曲县、碌曲县、迭部县、卓尼县
75	Ⅶ—7	木雕	卓尼县、舟曲县、迭部县
76	Ⅶ—8	石雕	舟曲县
77	Ⅶ—9	泥塑	夏河县、舟曲县
78	Ⅶ—10	石壁浮雕	碌曲县
79	Ⅶ—11	临潭东路的木板窗花	临潭县
80	Ⅶ—12	剪纸（窗花）	临潭县、卓尼县、夏河县、舟曲县
81	Ⅶ—13	临潭民间油漆艺术	临潭县
82	Ⅶ—14	刺绣、洮绣	临潭县、卓尼县、舟曲县
83	Ⅶ—15	香包工艺	迭部县
84	Ⅶ—16	木偶艺术	迭部县
85	Ⅶ—17	夏河藏族印染艺术	夏河县
86	Ⅶ—18	面具制作	夏河县
87	Ⅶ—19	屏灯	舟曲县
88	Ⅶ—20	纸艺制作	舟曲县
89	Ⅶ—21	藏式建筑技艺	卓尼县、迭部县、合作市
90	Ⅶ—22	搭板房	卓尼县、舟曲县、迭部县、碌曲县

八 传统手工技艺（共22项）

序号	编号	项目名称	申报地区或单位
91	Ⅷ—1	帐篷制作技艺（分牛毛和布两种）	夏河县、玛曲县、碌曲县
92	Ⅷ—2	羊毛毡制作技艺	夏河县、玛曲县、碌曲县
93	Ⅷ—3	马叉子制作技艺	夏河县、玛曲县、碌曲县
94	Ⅷ—4	马鞍垫制作技艺	碌曲县
95	Ⅷ—5	织锦带	舟曲县

（续表）

序号	编号	项目名称	申报地区或单位
96	Ⅷ—6	牦牛绳编织	夏河县
97	Ⅷ—7	青稞酿酒工艺	迭部县
98	Ⅷ—8	舟曲民间制酒技艺	舟曲县
99	Ⅷ—9	藏袍藏鞋制作技艺	玛曲县
100	Ⅷ—10	藏族服饰制作工艺	夏河县、舟曲县、碌曲县
101	Ⅷ—11	夏河藏式帽子制作工艺	夏河县
102	Ⅷ—12	下迭藏式布鞋制作工艺	迭部县
103	Ⅷ—13	临潭铜箫制作技艺	临潭县
104	Ⅷ—14	金属加工技艺	临潭县、夏河县
105	Ⅷ—15	拉卜楞烤箱制作工艺	夏河县
106	Ⅷ—16	竹编	临潭县、舟曲县
107	Ⅷ—17	编制扎制技艺	卓尼县
108	Ⅷ—18	麻布制作技艺	临潭县
109	Ⅷ—19	书画装裱技艺	卓尼县
110	Ⅷ—20	牛角琴制作技艺	玛曲县
111	Ⅷ—21	拉卜楞藏式面包制作工艺	夏河县
112	Ⅷ—22	民间器乐制作技艺	舟曲县

九　传统医药（共3项）

序号	编号	项目名称	申报地区或单位
113	Ⅸ—1	藏医药	碌曲县
114	Ⅸ—2	手工藏药	玛曲县、碌曲县
115	Ⅸ—3	民间接骨技术	夏河县

十　民俗（共34项）

序号	编号	项目名称	申报地区或单位
116	X—1	毛兰木（法会）	夏河县
117	X—2	跳神节	玛曲县、碌曲县
118	X—3	瞻佛节	玛曲县、碌曲县、夏河县
119	X—4	弥勒环寺节	玛曲县
120	X—5	酥油灯节	玛曲县、碌曲县
121	X—6	娘乃节	玛曲县、碌曲县、夏河县
122	X—7	香浪节	夏河县
123	X—8	插箭节	州文化馆、玛曲县、碌曲县、夏河县、卓尼县
124	X—9	巴寨朝水节	舟曲县
125	X—10	坪定跑马节	舟曲县
126	X—11	天干吉祥节	舟曲县
127	X—12	博峪采花节	舟曲县
128	X—13	临潭搬场节	临潭县
129	X—14	辟邪节	玛曲县
130	X—15	达久滩赛马节	夏河县
131	X—16	新城花儿会（龙神赛会）	临潭县
132	X—17	元宵松棚楹联灯会	舟曲县
133	X—18	长川羊升村的提灯会	临潭县
134	X—19	庙会	卓尼县、舟曲县
135	X—20	藏族服饰	卓尼县、迭部县、临潭县、夏河县
136	X—21	藏民族头饰	迭部县
137	X—22	迭部藏族服装配饰	迭部县
138	X—23	藏族婚礼	舟曲县、卓尼县

第四章　甘南州藏族非物质文化遗产资源与保护现状

（续表）

序号	编号	项目名称	申报地区或单位
139	X－24	藏族葬礼	舟曲县、卓尼县
140	X－25	成年礼（上头）	夏河县
141	X－26	正月十九迎婆婆	舟曲县
142	X－27	煨桑	夏河县
143	X－28	萨迦派宗教文化	迭部县
144	X－29	东山转灯	舟曲县
145	X－30	新堡乡资堡抢年果	临潭县
146	X－31	陈旗乡王旗村的烤摆摆	临潭县
147	X－32	扁都的哈尕滩烟火	临潭县
148	X－33	古战打施食	临潭县
149	X－34	新城营（集市）	临潭县

表4-2　甘南州第二批（州级）非遗名录[①]
（共计32项）

一　民间文学（共2项）

序号	编号	项目名称	申报地区或单位
1	Ⅰ－1	谜语	迭部县
2	Ⅰ－2	祝词	迭部县

二　民间音乐（共1项）

序号	编号	项目名称	申报地区或单位
3	Ⅱ－1	唢呐、锣、鼓、钵演奏技艺	迭部县

---

① 资料来源：甘南州文化馆内部资料。

三 民间舞蹈（共3项）

序号	编号	项目名称	申报地区或单位
4	Ⅲ—1	邦谐舞	迭部县
5	Ⅲ—2	迭鲁舞	迭部县
6	Ⅲ—3	都牙赛舞	迭部县

四 传统戏剧（共1项）

序号	编号	项目名称	申报地区或单位
7	Ⅳ—1	琼琼	迭部县

五 曲艺（共1项）

序号	编号	项目名称	申报地区或单位
8	Ⅴ—1	通俗弹唱	合作市

六 民间杂技与竞技（共3项）

序号	编号	项目名称	申报地区或单位
9	Ⅵ—1	玩缇格	玛曲县
10	Ⅵ—2	口技	迭部县
11	Ⅵ—3	射箭	迭部县

七 民间美术（共3项）

序号	编号	项目名称	申报地区或单位
12	Ⅶ—1	寺院建筑	迭部县
13	Ⅶ—2	绘画（藏式绘画）	迭部县、合作市
14	Ⅶ—3	建筑（修栈道、修伸臂木桥、修吊桥、修便桥）	迭部县

八 传统手工技艺（共12项）

序号	编号	项目名称	申报地区或单位
15	Ⅷ—1	擦擦佛像印版制作	夏河县
16	Ⅷ—2	道食合制作技艺	夏河县、玛曲县
17	Ⅷ—3	曲拉制作技艺	玛曲县
18	Ⅷ—4	藏式点心制作技艺	玛曲县
19	Ⅷ—5	羊毛、丝线织带	迭部县
20	Ⅷ—6	木制背水桶制作技艺	迭部县
21	Ⅷ—7	铁器制作技艺	迭部县
22	Ⅷ—8	木犁（二牛抬杠）制作技艺	迭部县
23	Ⅷ—9	扎油坊	迭部县
24	Ⅷ—10	手推磨	迭部县
25	Ⅷ—11	水磨	迭部县
26	Ⅷ—12	牛皮制绳	迭部县

九 传统医药（共2项）

序号	编号	项目名称	申报地区或单位
27	Ⅸ—1	拔火罐	迭部县
28	Ⅸ—2	针灸	迭部县

十 民俗（共4项）

序号	编号	项目名称	申报地区或单位
29	Ⅹ—1	藏文春联	迭部县
30	Ⅹ—2	燃灯节	迭部县
31	Ⅹ—3	祭拜黑多婆婆	迭部县
32	Ⅹ—4	庙会（农历四月十三到十五日在寺庙里念嘛呢、闭斋）	迭部县

表 4-3 甘南州第一批非遗扩展项目名录
（共计 30 项）

一 民间文学（共 1 项）

序号	编号	项目名称	申报地区或单位
1	Ⅰ—1	歌谣（大地之歌、幸福之歌、男儿之歌）	迭部县

二 民间音乐（共 2 项）

序号	编号	项目名称	申报地区或单位
2	Ⅱ—1	藏鹰笛演奏技艺	迭部县
3	Ⅱ—2	民歌（酒歌、山歌、情歌、劳动号子、民谣、婚礼颂歌、节庆颂歌、立房颂歌）	迭部县

三 民间舞蹈（共 2 项）

序号	编号	项目名称	申报地区或单位
4	Ⅲ—1	哈欠木（鹿舞）	合作市、碌曲县
5	Ⅲ—2	摆阵子舞	迭部县

四 曲艺（共 2 项）

序号	编号	项目名称	申报地区或单位
6	Ⅴ—1	龙头琴	碌曲县
7	Ⅴ—2	藏族相声（单口相声）	合作市

五　民间杂技与竞技（共5项）

序号	编号	项目名称	申报地区或单位
8	Ⅵ—1	赛马	迭部县
9	Ⅵ—2	摔跤	迭部县
10	Ⅵ—3	拔河	迭部县
11	Ⅵ—4	举沙包	迭部县
12	Ⅵ—5	大象拔河	玛曲县

六　民间美术（共4项）

序号	编号	项目名称	申报地区或单位
13	Ⅶ—1	木雕	碌曲县
14	Ⅶ—2	石雕	碌曲县
15	Ⅶ—3	剪纸	迭部县
16	Ⅶ—4	刺绣	迭部县

七　传统手工技艺（共2项）

序号	编号	项目名称	申报地区或单位
17	Ⅷ—1	竹编技艺	迭部县
18	Ⅷ—2	手工制作土麻布	迭部县

八　传统医药（共1项）

序号	编号	项目名称	申报地区或单位
19	Ⅸ—1	藏医	迭部县、合作市

九　民俗（共11项）

序号	编号	项目名称	申报地区或单位
20	Ⅹ—1	藏族婚礼	合作市、迭部县、夏河县、玛曲县、碌曲县
21	Ⅹ—2	藏族葬礼	合作市、迭部县、玛曲县、碌曲县

（续表）

序号	编号	项目名称	申报地区或单位
22	X—3	毛兰木（法会）	合作市、碌曲县
23	X—4	香浪节	合作市、迭部县
24	X—5	插箭节	合作市、迭部县
25	X—6	僧人服饰	迭部县
26	X—7	才吉贡巴服饰	迭部县
27	X—8	娘乃节	迭部县
28	X—9	正月寺院法会（跳法舞、瞻佛、展酥油花、布施）	迭部县
29	X—10	赛马节	玛曲县
30	X—11	合作藏族服饰制作技艺	合作市

表4-4　甘南州省级非遗名录[①]

（共计30项）

序号	项目列别	项目名称	分布区域
1	民间文学	藏族民间故事	迭部县
2	民间文学	藏族民间谚语	迭部县
3	民间音乐	卓尼土族民歌	卓尼县
4	民间舞蹈	甘南"锅庄"舞	甘南州
5	民间舞蹈	拉卜楞民间舞	夏河县
6	民间舞蹈	迭部尕巴舞	迭部县
7	民间舞蹈	摆阵舞	舟曲县
8	民间舞蹈	哈钦木	合作市
9	曲艺	甘南"则肉"演唱	甘南州
10	曲艺	格萨尔说唱	玛曲县

① 资料来源：甘南州文化馆内部资料。

(续表)

序号	项目列别	项目名称	分布区域
11	曲艺	玛曲藏族民间弹唱	玛曲县
12	曲艺	牛角琴演奏	玛曲县
13	民间杂技	临潭"万人扯绳"赛	临潭县
14	民间美术	卓尼木雕	卓尼县
15	传统手工技艺	擦擦佛像印版制作技艺	夏河县
16	传统手工技艺	夏河县金属饰品制作技艺	夏河县
17	传统手工技艺	舟曲织锦带	舟曲县
18	传统手工技艺	藏族服饰	甘南州
19	传统手工技艺	卓尼藏族服饰	卓尼县
20	传统手工技艺	榻板房制作技艺	迭部县
21	民俗	毛兰木法会	夏河县
22	民俗	甘南州插箭节	甘南州
23	民俗	藏族婚礼	甘南州
24	民俗	夏河县香浪节	夏河县
25	民俗	巴寨朝水节	舟曲县
26	民俗	舟曲博峪采花节	舟曲县
27	民俗	东山转灯	舟曲县
28	民俗	正月十九迎婆婆	舟曲县
29	民俗	天干吉祥节	舟曲县
30	民俗	新城花儿会	临潭县

表4-5 甘南州国家级非遗名录[①]

(共计8项)

序号	项目列别	项目名称	分布区域
1	民间音乐	拉卜楞寺佛殿音乐"道得尔"	夏河县

① 资料来源:甘南州文化馆内部资料。

（续表）

序号	项目列别	项目名称	分布区域
2	民间音乐	甘南藏族民歌	甘南州
3	民间舞蹈	卓尼巴郎鼓舞	卓尼县
4	民间舞蹈	舟曲多地舞	舟曲县
5	传统戏剧	甘南"南木特"藏戏	甘南州
6	民间美术	甘南藏族唐卡	夏河县
7	民间美术	卓尼临潭洮砚制作技艺	卓尼县
8	传统医药	甘南藏医药	碌曲县

三 甘南州非遗保护现状

（一）启动了非遗保护工程

国务院《关于加强我国非遗保护工作意见》颁发后，州委、州政府从甘南实际出发，把非遗保护纳入政府工作重要议事日程，以确保保护工作的顺利开展。成立了非遗保护领导小组，全面负责全州非遗保护工程有关政策、实施规划和方案的制定，协调有关部门、单位和社会各界参与非遗保护工程，切实加强对全州非遗保护工作的组织领导；成立了甘南州非遗保护中心，办公室设在州文化馆，主要承担全州非遗保护工程的组织实施、培训和联络，以及信息的搜集、整理、上报工作；成立了甘南州非遗保护专家委员会，负责为全州非遗保护提供专业指导和论证，并评审各级申报项目。初步形成了甘南州非遗保护机制，为保护工作提供了有力的组织保障。

（二）开展了全州非遗普查工作

甘南州非遗普查分两个阶段进行。普查准备阶段：第一步，制订翔实的普查计划、拟定普查提纲、制作登记表格等；第二步，集中培训基层非遗保护业务骨干，并根据普查任务和个人专长对参加普查人员进行合理分工，做到各司其职、互相配合。实地调查阶段：根据普查计划和提纲要求，因地制宜、因时制宜地开展工作。从2005年开始，州普查办抽调专业人员，分别深入各县（市）开展普查工作。不仅利用节庆活动时间集中进行现场调查，观摩体察非遗的原生态，而且对那些高龄和濒危的非遗传人，优先安排调查采访和抢救搜集，以免造成"人亡艺绝"

的遗憾。目前，甘南州已建立了非遗资料库。

（三）积极申报，建立保护名录

根据《甘肃省民间民族文化保护工程实施方案》的总体要求，结合甘南实际，全面部署，突出重点，以县（市）为主，认真进行了名录建立工作。先后申报国家级、省级、州级、县级名录项目。2013年2月21日，"南木特"藏戏国家级非遗保护传承基地——碌曲县双岔乡二地村正式命名，这是甘南州命名的首个国家级非遗保护传承基地，获得国家文化部162万元的保护资金。此后还相继命名了"舟曲博峪乡多地舞""拉卜楞寺佛殿音乐'道得尔'""卓尼洮砚制作技艺"等7个非遗传承保护基地。[1]标志着甘南州非遗保护进入一个崭新的阶段。

（四）积极开展非遗展演宣传活动

甘南州在州非遗保护中心布置了固定展区，制作了30余块展板，相继在"文化遗产日"上进行展出，并在剧院、广场等地举办了"南木特"藏戏、民歌演唱等形式多样的大型宣传活动，累计发放宣传材料30000余份，各县（市）紧密配合，积极开展宣传活动。[2]另外，还通过九色甘南"香巴拉"旅游艺术节、各县（市）举办的大型民俗活动、重大节日活动，大力进行非遗宣传、展演。如在夏河拉卜楞寺每年举行的正月、二月、七月大法会上，酥油花、桑钦木、哈钦木、佛殿音乐"道得尔"等得以集中展示，参演人员达200余人，每年吸引观众近20万人。临潭万人扯绳活动参与人数多达几万人，中央电视台等多家知名媒体都曾进行过专题报道，宣传效果十分明显。[3]州、县（市）政府相继出版发行了《梦幻香巴拉》《卓尼影像》等多部饱含浓郁民族特色的宣教片，向国内外游客全方位展示了甘南州异彩纷呈、独具民族特色的非遗资源。通过开展这些行之有效的宣传活动，不但增强了社会民众参与的热情，而且还提高了非遗在社会民众中的影响力，为保护工作提供了坚实的群众基础。

---

[1] 资料来源：甘南州文化馆内部资料。
[2] 同上。
[3] 同上。

第二节　合作市非物质文化遗产

一　合作市概况

合作市位于甘南州北部，是州府所在地，是全州政治、经济、文化中心，也是甘肃、青海、四川3省的交汇处，距临夏州105千米，距省府兰州市267千米。全市总面积2670平方千米，其中草场面积16.45万公顷，耕地面积1.02万亩，林地面积1.33万亩，城区面积11.4平方千米。由北部向南部倾斜，大部分地区海拔在3000～4000米之间。

合作市因其特殊的地理位置，自古以来就是中原和西蜀与安多藏区连接的重要枢纽，历史上是藏汉交流、东进西出、南来北往的著名商贸集散地。据史料记载，远在春秋战国时期，合作就是古西羌首领无戈爰剑建立羌族政权的北塞重镇。中唐时期，西北游牧民族吐谷浑在北距合作80千米的枹罕地区建都立国，并开辟了历史上著名的西连西域、西藏和印度，南接中原和西蜀的"丝绸南路"。清代以后，合作曾一度被称为"黑措"，系藏语音译，又称"羚城"，意为羚羊出没的地方。清雍正朝时属兰州府循化厅管理下的南番二十一寨中的黑措寨。清道光二十六年（1846），黑措四沟的藏族人民在当地土官洪布刚究、束奴突巴的率领下起义，失败后，黑措和美武被划入洮州厅辖区，中华民国时才被划归夏河，编为夏河设治局第四区。1953年，甘南藏族自治区（后改为州）成立时，就选定了四周岗阜罗列、低山环抱、地势平坦宽阔的沉积盆地黑措为州府驻地。

合作市是一个以藏族为主体的多民族聚居区和多宗教并存区。全市有藏、汉、回、撒拉、东乡、保安、满、土、蒙古、裕固、朝鲜等民族。各族群众在生产生活中形成了丰富的民族文化和不同的宗教信仰，市辖区佛教、道教、伊斯兰教、基督教并存，有宗教活动场所19处，藏传佛教寺院13座，伊斯兰教清真寺4座，道教庙宇1座，基督教堂1座。全市现辖6个乡4个街道办事处，总人口9.2万。

合作市地处拉卜楞、则岔石林、郎木寺及九寨沟旅游干线上，境内主要旅游景点有米拉日巴九层佛阁，是安多地区藏传佛教名刹之一，还有省级森林公园和当周生态文化旅游开发区。传统的晒佛节、插箭节、香浪节、民族运动会、香巴拉旅游艺术节等构成了合作市独特靓丽的民俗风情线。民族体育运动项目有赛马、赛牦牛、大象拔河、乘马捡哈达、藏式摔跤、藏棋、拔腰、射箭、绳索套马、民间举重、火枪射击、骑术表演等。①

二 合作市的非遗资源

合作市现已有21项非遗被列入州级名录，其中哈钦木被列入省级名录。②

（一）甘南藏族民歌

藏族是一个能歌善舞的民族，甘南藏族民歌（藏语称"勒"），是广大农、牧民群众喜闻乐见、男女老少皆适宜的一种歌唱形式（见图4-1）。2008年入选第二批国家级非遗名录。

图4-1 家庭聚会上的藏族民歌演唱③

甘南藏族民歌的曲调节奏自由、热情豪放，歌词内容丰富，以喜庆和祝福为主。在演唱风格上牧区表现为自由、辽阔、粗壮、高亢；农区表现为豪放、细腻、活泼、流畅。主要有"拉伊"、"勒"两种形式。"拉伊"，"拉"意为"山坡"，"伊"意为"歌"，是放牧、行程、打猎、田间劳动时唱的爱情歌曲，以表达青年男女的爱慕之情，感情奔放，音调或高亢辽阔或柔和细腻，在甘南藏族民歌中独具风格。"勒"一般可分为颂歌、悲歌、对歌、酒歌、吉祥歌等。其中酒歌，藏族称"强勒"。一般在逢年过节、盖新房、办喜事等喜庆之际演唱。歌唱形式

---

① 甘南州年鉴编委会，《甘南藏族自治州年鉴（2014）》，第41~43页。
② 资料来源：合作市文化馆内部资料。
③ 同上。

有一人单独演唱或二至多人联合演唱两种,以独唱为主,还有趣味性对答式演唱,目前这种民歌歌唱形式在甘南藏族自治州七县一市均有分布。[①]

这些民间音乐的歌词和乐曲以前没有文字传承,均系民间艺人心记、口传,并通过歌唱、伴奏而传给后辈。在长期的历史发展中,经过熔注、加工、创新,逐步形成了其独特的民间艺术。

(二)哈钦木

哈钦木,本意为鹿舞,包含圣者劝化猎人不要杀生的意思,是藏族寺院"七月法会"(柔扎)的一个组成部分,也称"米拉劝法会"。源自夏河县拉卜楞寺,已有三百余年历史。拉卜楞寺自1709年创建后,逐渐成为甘、青、川藏区政治、宗教、文化的中心。寺内丰富的佛教文学艺术和藏区独特的民间歌舞,奠定了哈钦木产生的文化基础,也使这样舞蹈承载了驱除魔怪,祈求当地风调雨顺、五谷丰登、人畜兴旺、吉星高照的象征意义。主要流传于合作市区域范围内。2008年被列入甘肃省第二批非遗名录。

哈钦木综合了歌舞和其他艺术形式,是有说唱、有歌舞、有较完整故事情节的戏剧形式(见图4-2)。哈钦木中虽只有米拉日巴和贡保多吉两个角色,但表演中却力求体现人物性格特点,如米拉日巴的庄严、慈爱,猎人贡保多吉的剽悍、洒脱等等。在长期的演出过程中,形式上几乎没有大的变动(贡保多吉是传说中的猎人,他对寺院和僧众不良行为的揭发和嘲讽的内容,每年是不同的),有许多固定的舞蹈套路、技巧和音乐曲调。作为一种具有个性特征的表现手段,既可表现神、佛、圣者,也可表现世俗中的人物。同时,这种长期的积累,也使其在表现内容上形成了一种规范,即演出不仅仅是单纯为了娱乐,而是以宣扬佛法、劝善戒恶为宗旨,具有教育意义,是藏传佛教思想和藏族传统文化相结合的产物。[②]

---

① 资料来源:合作市文化馆内部资料。
② 同上。

图 4-2　哈钦木表演①

(三) 甘南插箭节

甘南藏族插箭习俗是藏族民间流传古老的由祭祀仪式衍化而成的节日是藏族宗教文化的一个典型代表。(见图 4-3)。

图 4-3　甘南插箭节现场②

---

① 资料来源：合作市文化馆内部资料。
② 同上。

传说很久以前，藏区原始部落间经常争战不休，本部落出征作战的人，为了不在陌生的地方返回时迷路，一路插箭作为路标，后又演变为战士英勇战死之地的标志和祭祀地点，因而流传下来。还有一种传说，拉卜楞一带过去各村寨人家很少有生男孩的，法师们发现是地方护法山神没有了武器，无法有效镇妖驱邪所致。于是，拉卜楞寺的活佛就派两个小孩将一支神箭插到山上，山神和战神得到了这支神箭，重新发威，除掉了妖魔，从此地方复归安宁，人丁很快兴旺起来。

甘南地区的插箭节没有固定的日期，由各部落、村寨按宗教方式择定，一般多在每年春暖花开的农历五六月间，它既是一个民俗活动又是一个宗教仪式。在有些地区，插箭的人们还在山根举行赛马会、射箭比赛，来取悦山神，认为这是在受山神的检阅。

插箭节上的神箭作为山神保卫村落的武器，将要经受风吹日晒，伴随着神灵度过 365 个日日夜夜，同时它象征着山神的威严，象征着一个民族、一个部落不可欺凌、不可战胜。插箭节举行期间，参与者不分男女老幼，都会在本村择定的日子里自发地完成整个仪式的各项程序内容，共同祈求山神使当地风调雨顺、五谷丰登、人畜兴旺。[①]

随着藏族牧民群众产业结构的改变和生产水平的不断提高，藏区人民生活方式有了较大改变，传统节日逐步由现代节日代替，年轻人对参加插箭节的兴趣愈来愈淡漠。这一古老的宗教礼俗，面临逐渐衰弱的危机。

（四）甘南藏族服饰

甘南藏族是在大约 6 世纪前后同西藏吐蕃长期交往、分化、融合而形成的。甘南州一直以游牧和农业为主要生产方式，在长期生产实践中逐步掌握了手工纺织技术，沿袭至今就形成了甘南各县独特的藏族服饰。甘南藏族服饰在合作、夏河、卓尼、舟曲、迭部、碌曲、玛曲六县一市均有分布。

甘南藏族服饰在州内有很大的差异，不同的区域、气候、性别、年龄、地位的人，有不同的款式、色泽。甘南州境内男女穿着基本相似，为上下连属式样藏袍，只是在束腰后女服下摆与脚踝齐平，而男服下摆提高到膝部的位置。藏袍在藏语中有"然拉""嚓曰""仔花"之分。"然拉"用布料和绸缎做成；"仔花"用羊皮经手工揉搓熟化缝制而成，不挂里外面料，即内有长毛、外为光板的皮袄；

---

① 资料来源：合作市文化馆内部资料。

"嚓曰"用羊羔皮或短毛皮作里，外罩毛料或布料而制成。

甘南藏族女式帽子有"狐皮帽""礼帽""羊羔皮帽"等。项链多用珍珠、玛瑙、珊瑚等制成，耳环多用金、银、珊瑚配合制作，式样大小均有别。"热瓦"为妇女发套，是牧区妇女独有的发饰。妇女常把头发梳成小辫，再将发套套在发辫上，发套一为护发，二为美观。发套用红布包裹毡片缝制，分上下两部分：上部分宽三寸、长二尺，呈竖条形，上面有十四五个银制碗形饰物，藏语叫"欧当"；下部分宽一尺许、长三尺许，呈长方形，上面缀银元五十块，最下端还缀有红缨络。耳环上挂耳坠，耳坠层层叠叠，长达六七十厘米，垂及前胸，造型多种多样。妇女除耳坠等首饰之外，还有排珠、银盘、项链等胸饰。一些妇女的颈部上佩戴由20至40颗珊瑚、玛瑙等串起，少则两三串、多则十几串的项链。牧区藏族妇女喜欢在腰带上系一皮带，名"恰玛"，上扣一节银制圆形或长方形的饰物，上刻精致花纹，正前方嵌红、黄珊瑚等。①

甘南藏族服饰广泛吸取了多种文化养料，表现为服饰上的形式多样。用料精美、做工精细、种类较多、花纹图案构思的精巧，能衬托出藏族特有的气质，具有浓郁的民族特色，反映了甘南藏族在不同时期物质文化的发展水平，以及他们追求强烈、豪放、大胆的审美特点。

（五）甘南藏族葬俗

甘南藏族的传统丧葬形式大致可分为墓葬（土葬）、天葬、水葬、火葬和塔葬五种。墓葬的习俗产生比较早，当时平民也多习于墓葬，墓葬到11世纪仍为人们所崇尚。此后葬俗发生变化，这与佛教中的一些观念相关。塔葬是一种高层次的葬仪，只限于地位崇高的大活佛，灵塔质地有金、银、泥之分，装藏类型有肉身塔、骨灰塔之别。火葬多用于一般活佛和高僧。水葬在甘南民间的普及性仅次于天葬。天葬是甘南最为普遍的葬式，也称鸟葬，即由鹫鹰将尸体啄食。各种葬仪的规模因人而异。习惯上要请僧侣为亡者举行追荐超度法事，通常讲究七七四十九日。周年祭日还要搞纪念活动。②

---

① 甘肃省文化厅、甘肃省非物质文化遗产保护中心，《甘肃省省级非物质文化遗产项目文图录》（下），2009年，第184~186页。

② 资料来源：甘南州文化馆内部资料。

（六）甘南"则肉"表演唱

甘南"则肉"演唱是藏族民间一种古老的自娱自乐表演唱的形式，意译为"玩耍"，在拉卜楞一带也叫"格尔"，含有"圆舞歌"之意，是一种表达赞美和祝福的娱乐活动。这种表演唱多半是从康巴、西藏和其他藏区以口头传承的方式遗留下来的，没有明确的文字记录。

"则肉"表演唱在牧区或半农半牧区非常盛行，几乎人人会唱会跳（但敬酒时不唱）。大多数地区由男子表演，在拉卜楞一带也有女子表演的。其表演带有非常强烈的民族意识和鲜明的民族个性；以独有的形式与农、牧民群众的日常生活相伴相承，是藏族人民历史、生活、性格及审美观的再现。"则肉"表演唱具有两人或多人参与的特点，多半是以喜庆宴席中的表演形式为主，具有广泛的群众性；"则肉"无伴奏，男女老少都能扮演；说笑、杂耍、模拟酒醉等都是表演唱的艺术手法，具有明显的娱乐性；同时载歌载舞，象征着藏族人民幸福美满的生活。[①]它是藏族民间文化不可缺少的一部分，对生活在藏区的农、牧民增进团结友爱具有十分重要的意义。

第三节　夏河县非物质文化遗产

一　夏河县概况

夏河县位于甘南州西北部，地处青藏高原的东部边缘，处于甘南高原和黄土高原的过渡地带。全县总面积为6274平方千米，场面积502580亩，牧、旅游、藏医藏药是夏河县的主要资源。共辖10乡3镇，总人口8.8万，有藏、汉、回、撒拉、蒙古、朝鲜、土等少数民族，其中藏族人口约占总人口的79.2%，农、牧业人口占80.6%。[②]

县境内既有高山雪峰，又有河谷流川；既有高山湖泊，又有草原牧场。旅游资源丰富，得天独厚，发展前景十分广阔。县境内有五大景区36处景点，风光秀丽，

---

① 甘肃省文化厅、甘肃省非物质文化遗产保护中心，《甘肃省省级非物质文化遗产项目文图录》（上），2009年，第214~215页。

② 甘南州年鉴编委会，《甘南藏族自治州年鉴（2014）》，第44页。

文物古迹众多，佛教文化独特，民俗风情浓郁，以"世界藏学府·中国拉卜楞"旅游品牌享誉国内外。

二 夏河县独具藏族风情的非遗资源

夏河县有46项州级非遗项目，其中香浪节、夏河金属饰品制作技艺、拉卜楞民间舞、甘南藏族婚礼、擦擦佛像印版制作技艺、毛兰木法会等8项入选省级项目，拉卜楞寺佛殿音乐"道得尔"、甘南藏族唐卡2项入选国家级项目。[①]

（一）拉卜楞寺佛殿音乐"道得尔"

拉卜楞寺佛殿音乐是专门为寺主嘉木样大师起居和举行盛大典礼时的奏乐，在安多地区俗称"道得尔"（见图4-4）。现今拉卜楞寺佛殿音乐因其神秘色彩和浓郁的宗教氛围，已走出寺院，深受僧俗群众之喜爱，并在美国、加拿大、法国、英国、比利时、中国台湾、中国香港、中国澳门及内地参加邀请和访问演出，引起了强烈反响，成为安多藏区佛教文化中的突出代表。

图4-4 道得尔乐队表演[②]

---

① 资料来源：夏河县文化馆内部资料。
② 同上。

拉卜楞寺佛殿音乐"道得尔"的主要演奏乐器有：主管（2人）、笙（2人）、管子（2人）、九音云锣（2人）、钹（2人）、海螺（2人）、骨笛（1人）等，乐队组成共21人，从拉卜楞寺院的六大学院僧人中选调，即闻思学院（大经堂）10人，其他五大学院各2名，除此之外，再从技艺高超的僧人中选出第二十一人。

1980年11月，为迎接十世班禅大师，领六世嘉木样活佛法旨，组建了新乐队。主要演奏曲目有《姜怀希索》《万年欢》《五台山》《喇嘛丹真》《智钦嘉居》《投吉钦宝》等，这些曲子总称为"道得尔"。其中大多源自西藏，属纯粹之宗教乐曲，另有部分为内地寺庙和殿廷音乐，如《万年欢》与《五台山》。①

（二）甘南藏族唐卡

"唐卡"，也叫唐嘎，系藏文音译，是用彩缎织物装裱成的卷轴画（见图4-5）。唐卡的画芯和装裱都离不开棉、麻、丝、帛这些农业文明的成果。

图4-5 唐卡画作品《南木赛》（局部）②

---

① 资料来源：夏河县文化馆内部资料。
② 同上。

唐卡画源于寺院，故其传承历史与甘南拉卜楞寺院喜金刚学院传授有直接联系，属纯宗教事务类的师徒相传。唐卡多在纯棉布上绘制，也有在羊皮上绘制而成的，有丝绣和绸贴丝缝的，也有版印的单色唐卡，用各色绸缎镶边，面上罩有薄绸和装饰飘带，下端有黄铜和白银装饰的木轴，以便卷展。画幅大小不一，大者几十平方米，小者不足0.1平方米。它的绘画颜料多为矿物质和金银等。

唐卡画的构图也极为别致，整个画面不受太空、大地、海洋、时间的限制，即在很小的画面中，上有天堂、中有人间、下有地界。还可以把情节众多、连续性强的故事，巧妙地利用变形的山石、祥云、花卉等构成连续图案，将情节自然分割开来，形成一幅既独立而又连贯的生动有趣的传奇故事画面。①

唐卡具有鲜明的民族特点、浓郁的宗教色彩和独特的艺术风格，对研究藏民族民间和宗教艺术均有一定的社会价值和学术价值，同时具有可供世人观赏和收藏的价值。

（三）甘南"南木特"藏戏

甘南"南木特"藏戏产生于19世纪，是在西藏藏剧影响下滋生出的具有地方风格的一个剧种，是藏族文化艺术形态中占重要位置的一门融歌、舞、说唱、音乐、文字于一体的综合性艺术。"南木特"传承着各种传统表演艺术形式（见图4-6），其内容和选材，大部分来源于民间故事、历史传说、佛经故事以及世事人情几个方面。

图4-6 草原上表演的"南木特"藏戏

---

① 资料来源：夏河县文化馆内部资料。

20世纪初，第五世嘉木样·丹贝坚参曾赴西藏学法，期间对优美的藏戏产生了浓厚的兴趣。返回拉卜楞寺后，授意该寺高僧琅仓活佛创编剧本排练。琅仓活佛等以藏王松赞干布的传记为题材，在借鉴"哈羌姆"（劝法神舞）剧的表现手法基础上，参照西藏藏戏的表演形式，吸收民间歌舞和地方说唱艺术，配以小型乐队，于1946年编导、演出了第一部甘南"南木特"藏戏——《松赞干布》。该剧的演出在拉卜楞乃至安多地区都产生了强烈反响。

甘南"南木特"藏戏大都以歌颂正面人物为主，用丰富的想象、浓郁的神话色彩、大胆的浪漫主义手法表现戏剧情境。甘南"南木特"藏戏在剧目创作上，以题材的丰富性和艺术处理上的独特性，展现着自己的特有风姿。[1]

（四）香浪节

"香浪"是藏语采薪之意。因藏语称木柴为"香"、樵采为"浪"，故名"香浪"。香浪节是流行在甘南藏区的一个民间夏游节日，从夏河拉卜楞地区开展并逐步扩展。2006年入选省级非遗名录。

香浪节最早是拉卜楞寺四世嘉木样大师尕藏图丹旺季之时所创。当时，由于拉卜楞寺附近没有柴薪市场，各学院、各府邸所需的柴薪，一律由本寺僧人到郊外自行采伐。每年规定三、四、五、六、八、九月为进山砍柴日期，过了规定的"香浪"日，一律不准进山，所以僧人们每到风和日丽、鸟语花香的夏季，便带上丰盛的食品，到山上砍拾木柴，逐渐约定俗成。后来，这一习惯又从寺院流传到了民间，由僧人劳动采薪转变成俗人夏游娱乐的项目，每年到盛夏农历六月，满山遍野扎满了帐篷（见图4-7），开始了狂欢的香浪节。

农牧民们平日里从劳动中积累、创造的技能，在香浪节上能得到展示的机会。届时，会开展村与村、家庭与家庭之间的赛马、赛牦牛、大象拔河、马背拔河、射箭、跑马、打靶、赤脚赛跑、摔跤、讲故事、打牌、"殷尕"（甩石）、跳绳、手球等娱乐活动。[2]

---

[1] 资料来源：夏河县文化馆内部资料。

[2] 同上。

第四章　甘南州藏族非物质文化遗产资源与保护现状

图 4-7　香浪节上的美丽帐篷①

（五）拉卜楞民间舞

拉卜楞民间舞（藏语意为"卓"），是广大藏族人民在漫长的历史岁月中集体创造、世代相传下来的，藏族群众对其反复琢磨、不断加工、日益完善，在艺术上达到了完美的程度，在风格上具备了鲜明的高原特色（见图 4-8）。

图 4-8　在聚会上表演的拉卜楞民间舞②

---

① 资料来源：夏河县文化馆内部资料。
② 同上。

103

藏族群众在逢年过节、迎宾送客、宗教祭祀、结婚典礼与劳动之余均跳拉卜楞民间舞，跳时少则数人，多则几十人甚至几百人，男女老少都可参加，场面壮观、奔放豪迈、气势宏大。参加者相互拉手扶肩，边唱边舞，可伴奏也可无音乐伴奏，动作丰富。基本步伐和手势有：优滑步、双甩手、踏踢步、斜拖手、拉手舞步等。

"卓"的舞蹈动作自由灵活，不拘规则，"卓"的音乐结构一般由慢歌段与快歌段两部分组成。但有的乐曲在慢歌段之前增加了散板领唱，使乐曲成为三个部分。"卓"的慢歌段音乐浑厚深沉，附点音符、三连音、五连音使用较多，音乐豪爽而富动力；快歌段旋律简单，多是慢歌段旋律的简化，节奏鲜明，音乐矫健而富有弹性。①

拉卜楞民间舞是一种抽象的肢体语言，但这种语言中所包含的不只是美，对于该民族来说，民族记忆无疑是舞蹈的灵魂和情感构成的重要组成部分。

（六）毛兰木法会

毛兰木又称祈愿法会，俗称传昭大法会，藏语称之为"毛兰木钦木"。毛兰木法会仅限于在寺院内举行，属宗教佛事活动（见图4-9）。

图4-9 毛兰木法会现场②

---

① 资料来源：夏河县文化馆内部资料。
② 图片来源：甘南州文化馆内部资料。

毛兰木法会源于宗喀巴大师1409年为纪念释迦牟尼在拉萨举办的祈愿法会。后来二世达赖根敦嘉措又恢复了这一法会，传入甘南藏区沿袭至今。

毛兰木法会分正月法会、七月法会、九月法会。其中正月法会历时最长，进行的宗教活动内容最多。毛兰木法会具有祈求吉祥和消灾的象征意义。参加法会的有寺院的尚书楼、医学院、哲学院、续部学院、天文历算学院、法舞学院及大法台，还有成千上万的信教群众。七月法会具有广场剧的特点。九月法会法舞表演形式独特，动态造型性强，有一种震撼心灵的宗教文化境界。

毛兰木中的法舞表演与藏戏中的歌舞段落极其相似，有些动作和藏戏中的完全一样，法舞中大多数段落只有打击乐伴奏，而仅有少数加入伴唱，舞曲与藏戏较为相近，但节奏较明快，速度也较快，旋律进行中夹杂一些神秘的喧叙调成分。它对发展藏戏艺术起到了推动作用。①

毛兰木法会是藏族古老宗教文化的遗存，在宗教氛围浓厚的甘南地区具有凝聚人心、维护正义和稳定社会的积极作用。它作为宗教法舞对研究少数民族神秘宗教文化史同样具有不可替代的重要作用。

（七）夏河金属饰品制作技艺

夏河金属饰品制作技艺分布于拉卜楞镇及周边地区。拉卜楞是藏语"拉章"的变音，意为僧侣的宫殿。拉卜楞建寺以来，从印度和内地运输了大量建筑所需材料及金属佛像和器具，特邀有经验、主要是传承印度制作方法的工匠，定居拉卜楞寺周边并教授学徒，他们从寺院专职工匠逐步发展成制作民间工艺品（见图4-10）的手工艺人，其工艺品主要是纯手工打制的耳环、戒指、奶钩、马鞍、刀鞘、经筒等饰品，以及利用模具，根据金、银、铜等不同的材料将牧用的奶钩制成妇女腰间的配饰。②

夏河金属工艺从印度引进技术较多，有近百年的打制历史。从其制作流程来看，有融合中外、汉藏不同工艺于一炉的特点，具有一定的发掘和研究价值。夏河金属工艺制作属纯手工艺制作，民族性和地域性特色十分显著。由于受复杂工艺制作的影响，传人越来越少，濒危状况相当严重。因此，政府应该对传统的工

---

① 图片来源：甘南州文化馆内部资料。
② 甘肃省文化厅、甘肃省非物质文化遗产保护中心，《甘肃省省级非物质文化遗产项目文图录》（下），2009年，第146~147页。

105

艺制作坊登记造册，集中管理，成加工与销售一条龙服务，增加制作的经济效益，形成工艺传承的良性循环。

图 4-10　金轮①

（八）甘南藏族婚礼

甘南藏族婚礼保留着古老的民风，淳朴而浪漫。自唐朝广德元年（763）辖归吐蕃以来，甘南藏族先民就按一定的婚姻规则组建家庭，聚族而居，并形成了一套相关的礼仪习俗。吐蕃时期，甘南藏族的婚姻礼仪便已基本定型。

藏族实行一夫一妻制的婚姻关系。如果家里兄弟几个，则除长子结婚料理家务，其余诸子均出家为僧或到别家招婿入赘。藏族对儿子、姑娘没有亲疏之别，出嫁儿子和出嫁女儿同等对待，不受社会歧视。上门女婿在女家有发言权和财产支配权，理所当然地充任家长，在社会上代表家庭。寡妇可以再嫁或招婿，如有转房条件的也可以转房，对婚前子女不轻慢、不虐待，与亲生子女一视同仁。婚前可自由恋爱，一旦结婚，男女双方均不得另有新欢。藏族地区同样禁止近亲结婚。

甘南藏族婚礼一般选定在正月上半月的单日来举行仪式。娶亲之日新郎与年龄相仿的表兄弟在媒人的陪同下骑马去接新娘。同时牵上供新娘骑的一匹白马，并带上哈达、酒、糖果，以及新娘要穿的嫁衣等。女方家举行送亲仪式时，把新

---

① 甘肃省文化厅、甘肃省非物质文化遗产保护中心，《甘肃省省级非物质文化遗产项目文图录》（下），2009 年，第 146~147 页。

娘扶上马背后，女方的亲朋好友们簇拥着新娘哭唱嫁女歌，其歌声忧伤而动听，使新娘不由得想起自己的父母及好友，为此伤心而落泪，最后带着对家人的眷恋离开娘家（见图4-11）。

图4-11　迎娶①

图4-12　喜宴②

---

① 图片来源：夏河县文化馆内部资料。
② 同上。

女方送亲的队伍中除了两位伴娘，其余都是男性（阿舅）。新娘到达男方家后，先由一位长者说唱祝婚词，然后设宴款待送亲的队伍（见图 4-12）。藏族婚礼举行时无须拜天地、高堂。也无须夫妻对拜。只用歌声相互交唱，祝福敬酒。宴毕，阿舅们领着新娘返回娘家。新娘在娘家居住一段时间，选择吉日，再由父亲或长辈送女儿到婆家。①

（九）擦擦佛像印版制作技艺

擦擦佛像印版制作是夏河县一种独特的手工金属技艺。它涵盖了泥塑、刻版、雕刻等多种技艺，也属于一种独特的微雕技艺（见图 4-13）。它主要以夏河县拉卜楞寺为中心开展。

图 4-13 擦擦佛像印版制作的模子②

拉卜楞寺建寺一百多年后，由于寺院宝塔中的佛像底座等破损，需要一个专门维修、保护的匠人，因而聘请王氏先祖到拉卜楞寺。作为专门制作、保护擦擦佛像的工匠，从四世嘉木样初期开始，王氏所做擦擦佛像印版一直以家传的方式承续下来，这项传统工艺有特定的宗教寓意。

擦擦印版制作品种多而齐全，有五寸见方的铁、铜制模板，能凿刻出上百个佛像，技艺精湛，在安多地区享有一定知名度。如今擦擦佛像印版制作多用拉卜

---

① 图片来源：夏河县文化馆内部资料。
② 同上。

楞寺院周边祭祀所用的模板，甘肃、西藏、青海各地寺院周边及各种塔内、佛像装藏的红泥佛像均是由此印版印制。

第四节　卓尼县非物质文化遗产

一　卓尼县概况

卓尼是藏语"觉乃"译音，是县名也是寺名。元朝时，忽必烈邀请西藏萨迦派教主八思巴到内地讲经传法。八思巴途经现在的卓尼县城时预言："此地风脉颇佳，若修建一座寺院，对弘扬佛法必有莫大的裨益"。遂命弟子萨迦巴格西谢热伊西留下来建寺，因所选寺址处长有两棵奇异的马尾松，遂以此为寺名。当地人称马尾松为"交"，"尼"是二的意思，"交尼"就是两棵马尾松的意思。后来译为"卓尼"，沿用至今。

卓尼县位于甘南州东南部，总面积5419.68平方千米，耕地面积10968.2亩，林地面积24万亩，草场面积23万亩。现辖3镇12乡，有藏、汉、回、土、满、苗等10多个民族，总人口10.38万。

卓尼旅游资源丰富，主要有八大景区60多处景点，大峪沟被列为国家4A级旅游景区。旅游资源融山、水、林、草为一体，兼"惊、险、奇、特"风格。卓尼藏族风情、森林生态旅游、藏传佛教文化和洮砚旅游纪念品等是卓尼的名片，在口口相传中盛名远播。[1]

二　卓尼县非遗资源

卓尼县已有32项非遗被列为州级名录，其中卓尼藏族服饰、卓尼土族民歌、木雕等5项为省级项目，巴郎鼓舞与卓尼洮砚制作技艺2项被列为国家级项目。[2]

（一）卓尼巴郎鼓舞

巴郎鼓舞是流行在甘肃省卓尼县境东部藏巴哇、洮砚、柏林三乡藏族群众中的一种民间歌舞，在卓尼当地藏语统称为"莎目"，是吐蕃古老民间宗教文化的

---

[1] 甘南州年鉴编委会，《甘南藏族自治州年鉴（2014）》，第46~47页。
[2] 资料来源：卓尼县文化馆内部资料。

遗存。作为当地群众继承至今的神舞，巴朗鼓舞对研究中国少数民族民间音乐舞蹈史有不可替代的作用。其使用的特殊道具——羊皮鼓尤具特色，故根据其击打的方式和形状称其为巴郎鼓舞（见图4-14）。

图4-14 巴郎鼓舞在甘南州五十年大庆上的表演①

追溯巴郎鼓舞的渊源，与古羌人的原始祭祀活动有关。古羌族在祭祀神灵时，有"披发跣足，敲击枯木兽皮作舞"的习俗。当地的藏族先民，在沿袭古老祭祀仪式的基础上，又继承了吐蕃宗教法舞击乐的样式，创造了带长把儿的双面羊皮鼓，以此作为他们每年祭祀五方神灵、庆贺五谷丰登、载歌载舞的伴奏道具。按当地习俗，每年正月初五为莎目的起日（始跳），正月十五为歇日（结束），正月十六就将巴郎鼓供起。

巴郎鼓舞的曲目流传下来的约有十余种，每种曲目都有曲名、固定的使用程式和相应的舞蹈动作。巴郎鼓舞的曲调也极有特色，调式均为民族五声徵调式，不时出现以清角为宫的暂转调，并将商调式以上四度移调方式穿插其中；曲式结构均为带曲首的单句体和双句体；歌词的填法尤为特殊，单句体曲调要反复一次才能填一句主词，即第一遍填前四个音节，第二遍填后三个音节。曲调节奏沉稳徐缓，凝重雄浑。旋律进行起伏跌宕，比起境内其他几类藏族民歌的旋律，四度跳进明显增加，并插入一些五度甚至七度的大跳。②巴郎鼓舞是卓尼境内著名的

① 资料来源：卓尼县文化馆内部资料。
② 同上。

民间文化遗产之一,几经民间艺术专家的搜集整理,已被搬上舞台向观众展示。

(二)卓尼洮砚制作技艺

洮砚是中国三大名砚之一,洮砚石料就出产于卓尼县一带,此地历史上属洮州管辖,石料又濒临洮水,洮砚由此得名。卓尼洮砚石质坚润细密,淡绿色中含有墨绿色条纹,形成变化万端的流水、云霞、风漪、雾霭。制成之砚下墨既快又细,发墨生光;石质湿润,呵之成珠,贮墨砚中,经月不涸不腐。

卓尼洮砚制作皆为手工工艺,造型有规矩形砚和自然形砚,构造有墨池、水池和砚盖,款式分为单片砚和双片砚。砚面有图案装饰和文字装饰,最具代表性的传统图案是龙、凤砚(见图4-15)和宗教器物砚,还有花草砚、虫鱼砚、钱币砚、龟砚以及各类人物和历史典故砚。[①]

图4-15 龙砚[②]

洮砚制作大致有选料、下料、制坯、下膛、取盖、合口、落图、透空、精雕、打磨、上光等十余道工序。雕刻手法以透雕和浮雕为主,辅以线雕、圆雕、突雕等多种手法,使之造型雄伟、式样新颖、玲珑剔透、美观实用。[③]

洮砚是我国民族文化遗产的精华,是劳动人民勤奋和智慧的结晶,近年来由于无序的开采,加之地方经济落后、财力短缺,致使洮砚保护工作乏力,因此急需对洮砚石料产地、制作技艺传承人加以保护,使洮砚这一民族瑰宝的工艺得以

---

① 甘肃省文化厅、甘肃省非遗保护中心,《甘肃省国家级非物质文化遗产文图录》(下),2009年,第122页。

② 同上。

③ 同上。

延续，并焕发出新的艺术活力。

（三）卓尼藏族服饰

"三格毛"服饰又称觉乃藏族服饰。主要分布在卓尼境内地势平坦、海拔较低、气候相对温暖湿润的东部新洮、洮河南岸、北岸等乡镇。

觉乃藏族男女服饰差异很大，相对而言，男子服饰要简练得多。上身穿黑色大襟高领布袄短褂，分单、棉两种，藏语称"古身子"。短袄褂子下摆用红色绸带、布或羊毛腰带系于臀部，系扣打在臀后，下身穿黑色或深蓝色长裤，头戴狐皮帽或礼帽，足蹬"连把腰子"鞋。

觉乃藏族妇女上身喜着天蓝色大襟的"考子"长袍，外罩镶锦边的粉红、大红或紫红马甲，藏语称"库多"，腿穿大红色长裤，足蹬"连把腰子"鞋觉乃藏族妇女的头发都梳成三根粗大的辫子，当地汉语方言中将辫子称为"格毛儿"，所以又俗称其为"三格毛"。觉乃少女跟已婚妇女在梳辫上有所不同，少女们的三根辫子都梳编起来，用红头绳扎结；已婚妇女只编中间一根，且用黑头绳系扎，左右的两根辫子上端蓬松，至腰下才梳成辫子。（见图4-16）。[①]

图4-16 觉乃三格毛服饰[②]

[①] 资料来源：卓尼县文化馆内部资料。
[②] 同上。

（四）卓尼土族民歌

流传在杓哇乡一带的土族民歌是卓尼县土族现存文化传统中最重要的组成部分，其渊源可以追溯到距今已有 1560 多年历史的西晋永嘉元年。卓尼土族民歌分为"鲁西"和"卡西"两种。"鲁西"可在一切庆典的酒宴上演唱；"卡西"则按照当地风俗，要在远离村寨的山野、森林等场合演唱。

卓尼县境内的土族民歌"鲁西"和"卡西"是吸收和借鉴当地羌、吐蕃等少数民族民歌精华后自成一体的民歌形式，其格式受藏族民歌"勒"和"拉伊"的影响极深，几乎无可区分，但曲调却颇具特色。卓尼土族民歌既是土族人民酒宴上助兴的酒歌（见图 4-17），在当地有"无酒不设宴，无歌不喝酒"的习俗，又是抒发种种不同情感的情歌。[1]

图 4-17　卓尼土族向客人敬酒献歌[2]

土族民歌是研究古代卓尼县土族文化的重要依据，是藏、羌与土族文化相融合的具体体现，也是藏族与土族人民联系的纽带，对研究少数民族史意义深远。同时，卓尼土族民歌对丰富中国少数民族音乐库和研究中国音乐史也有独特的价值。

---

[1]　资料来源：卓尼县文化馆内部资料。

[2]　同上。

（五）卓尼木雕

木雕是卓尼县独特的一种手工技艺，最初的木雕作品多为佛雕（见图4-18），藏式建筑中也大量运用浮雕、透雕等木雕传统工艺。卓尼木雕历史悠久，可以追溯到元朝年间，根据藏经记载：萨迦法王以稀有蛇心檀木雕刻的释迦站像一尊赠献萨迦寺（即卓尼禅定寺）作为奠基纪念，此为卓尼木雕的开端。卓尼木雕艺术继承了传统的艺术风格，在造型技术上又有新的发展和突破。

卓尼木雕取材于本地优质紫、白檀木及柏木和桦木等优质材料。在构思和设计上按材料的颜色、质料及自然形态因材施艺，具有浓郁的民族风格和宗教风格，也有少数民间古典传说等雕刻佳作。卓尼木雕不受尺度的约束，但有比较严格的定例，即在佛像雕刻中是按活佛地位的高低而布置大小尺寸的。

卓尼木雕工艺灵活逼真，人物肖像栩栩如生，佛像中的法器灵活，具有极强的动感和立体视觉效果。卓尼木雕艺术主要以藏传佛教格鲁派和藏族民间传统为题材，同时大量应用汉族图案形成了藏汉艺术相融合的手法。木雕技艺主要用来雕刻各种佛像（显、密两宗佛像）、经版（活字经版、护身符等）、各种房间装饰工艺品。其作品一竖一横勾刻出一株草、一棵树或一朵花，都从情态中把握，相互连接紧密又与外轮廓相系在一起，干净利落，勾勒出了民族宗教文化浓厚、风格独特的木雕艺术画卷。[①]

图4-18 文殊本尊[②]

---

① 资料来源：卓尼县文化馆内部资料。
② 同上。

第五节 舟曲县非物质文化遗产

一 舟曲县概况

舟曲（藏意：白龙江）县位于甘南州东南部，地处南秦岭山地，境内山峦重叠，沟壑纵横，岷县山系呈东南—西北走向贯穿全境。东西长99.4千米，南北宽88.8千米，总面积3015.23平方千米。冬无严寒，夏无酷暑，美其名曰"藏乡江南，泉城舟曲"。现辖3镇16乡，210个行政村，全县总人口为13.42万，藏族人口为4.82万，占总人口的35.9%。[①]

和一般藏区不同的是，地处高原边陲的舟曲有着浓郁的多元文化印迹。境内新石器时代遗存和马家窑文化、齐家文化及寺洼文化遗迹星罗棋布，现存"三连罐""二连罐"等数百件文物，有"文物宝库、民俗长廊、方言群岛"之称。

二 舟曲县丰富而独特的非遗资源

舟曲县有60项县级非遗项目（见表4-6），其中有44项被列入州级名录，织锦带、博峪采花节、正月十九迎婆婆、摆阵舞、天干吉祥节、东山转灯、巴寨朝水节等8项被列为省级项目，多地舞被列入国家级名录，舟曲县也是全州国家级和省级非遗项目最多的县之一。[②]

表4-6 舟曲县非遗项目[③]

级别	民间舞蹈	民间音乐	民间乐器	民间服饰	民间风俗	传统手工艺
县级	多地舞、摆阵舞、师家舞、霸王舞、面具舞、马铃舞	扬歌、玛尼调、酒曲、哭丧调、春耕调、祝词、摇篮曲、迎宾曲、婚嫁曲、采花曲	口弦、竹笛、羊皮鼓、唢呐、马铃	上河式、拱坝式、武坪式、八楞式、博峪式	社火、博峪采花节、跑马节、正月十七黑十七、正月十九迎婆婆、东山转灯、天干吉祥节、巴寨朝水节	织锦技艺、酿酒技艺

---

① 甘南州年鉴编委会，《甘南藏族自治州年鉴（2014）》，第48~49页。
② 资料来源：舟曲县文化馆内部资料。
③ 同上。

（续表）

级别	民间舞蹈	民间音乐	民间乐器	民间服饰	民间风俗	传统手工艺
州级	多地舞、摆阵舞	——	口弦、竹笛、羊皮鼓	博峪服饰	正月十九迎婆婆、东山转灯、天干吉祥节、博峪采花节、巴寨朝水节	织锦技艺
省级	多地舞、摆阵舞	——	——	——	正月十九迎婆婆、东山转灯、天干吉祥节、博峪采花节、巴寨朝水节	织锦技艺
国家级	多地舞	——	——	——	——	——

（一）多地舞

多地舞即罗罗舞，罗罗是古羌语。舟曲县多地舞是目前整个甘南地区的民间艺术中保存较完整，且内容丰富、形式多样、风格各异、古朴自然、原生态文化风味浓郁的藏民族民间舞蹈艺术之一。其融诗、歌、舞为一体，属群众性歌舞表演（见图4-19）。自形成以来，该舞主要流行于舟曲县、迭部县等藏族聚居区，是当地藏族群众在喜庆、丰收、祭礼、民俗等传统节日活动期间跳的舞蹈。

图4-19　多地舞表演[1]

---

[1] 资料来源：舟曲县文化馆内部资料。

第四章　甘南州藏族非物质文化遗产资源与保护现状

多地舞有赖萨多地、格班多地、贡边多地等十余种之多，不同的舞蹈都有着不同的表现形式和意义。"多地"，开始动作为头顶三下、脚顿三下，表示先民这样开天辟地，讲日月星辰山川湖海的由来，并颂扬这些物象对民族的好处，以及演示在天上、草原、海里等不同跳法，还要形容出这些自然景观中的奇异变化等。

"嘉让"，是以妇女为主的集体舞，跳时携手成圈、腾足于空、顿地为节，一人摇铃领唱，大家和声或轮班唱和。词多是充满喜庆的大歌、颂歌。

"甸录"为结尾歌舞曲，圆圈散开为两排，有赞美家乡歌唱山川景色的，有抒发美好生活的，也有歌颂节庆日子、寺院、喇嘛活佛、恭颂贵宾、祝贺吉祥的内容。[①]

多地舞是典型的羌文化融入藏文化的舞蹈表现形式，对研究藏羌文化的起源、发展有很大的帮助，是舟曲人民凝聚力的体现。由于大众传媒的普及，多地舞赖以生存的空间越来越少，这一舟曲藏族民间文化将面临失传的危机。

（二）织锦带

锦带是舟曲县藏族妇女用以束腰、扎靴、拢发乃至点缀服饰的生活必需品，又叫花带子。在舟曲流行的锦带图案有上千种之多，通常可在一个锦带上编织出15至38种，而出类拔萃、技艺精湛者可织出上百种图案（见图4-20）。舟曲织锦带追求色彩多样变化、不同色彩的块面组合变化、条形色带的流畅感表现、纺织底纹技艺的多样丰富，具有突出的民间工艺美术属性（见图4-21）。

图4-20　美丽的锦带成品[②]　　　　　图4-21　细织[③]

---

① 资料来源：舟曲县文化馆内部资料。
② 同上。
③ 同上。

117

《舟曲县志》记载:"氐、羌是具有悠久历史和灿烂文化的古老民族。当今舟曲藏族是它后裔的优秀成员的一部分。公元756年,吐蕃东扩占领唐陇,今舟曲县境俱陷。宋王朝收复陇地时,部分原吐蕃军及其随军家属与战争中裹胁的羌奴,在本县一些地区入乡随俗定居下来。"在两千多年以前,古羌族和吐蕃已具有了较发达的编织手工艺技术和对服装、服饰等生活用品除保暖实用功能之外的审美追求。它从一个侧面展现了远古编织工艺发展的雏形和拙朴的地域民间风格特征。舟曲织锦带工艺则是在古羌族与吐蕃、汉族融合交流的历史过程中,吸收借鉴先进的编织工艺,并继承本民族特有的风格和技巧,不断演化而来,既有典型的羌文化融入藏文化的历史体现,也有汉族中原文化的美学体现。[①]

(三)博峪采花节

博峪采花节又名"女儿节",是博裕山寨藏族群众的传统佳节,是舟曲藏族人民在长期的生产生活实践以及与各民族的历史交融中逐渐形成的以原始娱神为内容、以具体的祭祀庆祝和纪念仪式为形式,包含原始宗教影响遗留的习俗和民间歌舞艺术等诸多文化内容的传统民族民间文化活动。

图4-22 采花[②]

[①] 资料来源:舟曲县文化馆内部资料。

[②] 同上。

采花节于每年农历五月初五举行。它大致可分为"抢水""采花"（见图4-22）和"祝福"三个部分，其中"采花"和"祝福"都与民族歌舞相结合。①

采花节的音乐舞蹈在整个博峪地区占有重要地位，是白龙江流域重要的音乐舞蹈之一。发掘、抢救、保护博峪采花节的民间民俗音乐舞蹈，目前还有一定的时间和空间，但确定需要从现在就做起。

（四）正月十九迎婆婆

正月十九迎婆婆（舟曲称"圣母娘娘"为"婆婆"）是舟曲县遗留下来的一种带有浓厚地方色彩的民俗活动，是整个正月活动的高潮，犹如舟曲县的狂欢节，距今已有五百年的历史，在其发展、演变的过程中吸收了藏传佛教和道教的元素，神职功能不断膨胀，从以前单一的迎生送子、求儿求女扩展到今天保佑一方平安、祈福消灾的民俗活动。

正月十九迎婆婆是县城四街、两关以及附近村庄16个寺庙中供奉的16位"婆婆"聚集在一起游街、赐福、接受叩拜的一项民俗仪式。正月十九日上午，各寺庙将自己的"婆婆"和轿子（见图4-23）精心打扮一番："婆婆"穿戴一新，凤冠霞帔、珠光宝气，轿子四周挂满玻璃方灯、香荷包，富丽堂皇。晚9时，16位婆婆先汇聚到城东驼铃山北段的东门上，依次进城，16个"婆婆"轿灯火辉煌，宛如明星长龙，从天而降。每座轿用彩旗开路，锣鼓相随，到每家门前停留几分钟，接受叩拜，各家焚香化马、鸣炮、祭酒献茶。轿停之处，新媳妇竞相摘取轿前悬挂的荷包，希望赐下娇儿，人们争先恐后钻轿子，意为消灾免难、保佑平安。从北街头至下西街口为16轿"婆婆"队伍最齐全的地段，之后西路4轿出西门而归，余下沿街巡游，分别归庙。此时已到凌晨3时半，至此"迎婆婆"仪式方告结束。②

正月十九迎婆婆有别于其他民俗形式，是多元化、综合性的艺术再现体，集宗教、信仰、赐福、娱乐为一体，是羌汉、藏汉民族和睦相处的见证。如今为了迎合社会的发展需要，这一习俗也不断顺应发展潮流，改变自己，完善自己，响应地方政府的号召，经常增加新的时代内容，已成为集经济、文化、宗教、旅游、娱乐为一身的节日，在舟曲人民生活中发挥着重要的作用。

---

① 资料来源：舟曲县文化馆内部资料。
② 同上。

图 4-23　婆婆轿子

（五）天干吉祥节

舟曲县铁坝乡天干沟藏族群众一年一度的"吉祥节"，是当地藏民族独特的传统节日（见图 4-24）。

图 4-24　天干沟百姓欢庆天干吉祥节[①]

相传在远古时期，正当青壮年在田间劳作、老人和小孩在寨子里看护家园时，

---

① 资料来源：舟曲县文化馆内部资料。

天空中雷鸣闪电，鹅卵石般大的冰雹夹杂着倾盆暴雨一泄而下，顷刻间山洪泛滥、泥石流奔涌，一马平川的良田成为几丈深的壕沟，庄稼颗粒无收。经卓尼禅定寺算卦得知，是妖魔嫉此地优美富庶而施法造成这次灾难。于是纯朴的人们就选择吉日煨桑祈祷，大仙便下凡施法与妖魔对擂，除掉妖魔。人们一呼百应上山砍来柏香，堆成了煨桑台，大家自愿献出了自家的炒面和供品煨桑，桑烟浓浓遮天蔽日，祈求此仙留在此地，造福黎民百姓。此后人们总算从苦难中解脱出来，过上了幸福美满的生活。①

天干吉祥节反映了当地人崇尚自然、安于天命的精神和对幸福生活、六畜兴旺的执着追求，也是解读藏族人民审美、心理的重要依据，是藏民族精神的纽带。

（六）东山转灯

东山转灯是舟曲县东山乡遗留下来的一种带有浓厚地方色彩的民俗活动（见图4-25）。其发展、演变的过程中吸收了宗教的精华，从单一的转灯、踩道、迎灯扩展到今天保佑一方平安，盼来年福寿康宁、五谷丰登。

图4-25　东山转灯祈福②

舟曲东山乡、鲁家上湾、真节村一带，从腊月起开始做灯，农民破竹扎灯、糊灯贴花、捆扎火把。正月初三后转灯，转灯只限于男子。灯具各异，有手提宫

---

① 资料来源：舟曲县文化馆内部资料。
② 同上。

灯、八卦灯及象形的鸡、鸭、鱼灯等，还有长约2尺、可插纸花的身后背灯。夜幕降临时，转灯的人集合整队排号。时至，鸣放三眼炮、烟花不熄，锣鼓唢呐喧天，数百转灯人背起灯笼，手持火把响器，入场踩道。引路者为"道头"，按提前定好的字形，谋划协调，迈步前进。转灯人前后相随，人们随锣鼓节奏手舞足蹈、边唱边走。入村之后，火把熄灭，灯笼排成一字形穿村而过，家家焚香化马互相敬酒致意。午夜入场踩道转灯，欢乐舞蹈，通宵达旦，仪式方告结束。①

（七）巴寨朝水节

在舟曲县与迭部县交界处是舟曲县巴藏乡黑水沟的藏族群众，称昂让山飞瀑流泉为"曲沙"（汉译为"仙水"），每年五月初五是当地独特的传统节日"朝水节"（见图4-26）。

图4-26　巴寨藏族群众喜庆"朝水节"②

相传很久以前，天上医司仙子不忍心人间疫病横行、家破人亡，大发慈悲，下凡用甘露给后背山的百姓治好了毒疮、肿瘤，并呼唤春雨、驱除瘟疫。此后人们便过着丰衣足食、六畜兴旺的生活。③

昂让山崖的腹檐下到处滴答着点点水珠，流淌着水线、水丝、水网。当地的

---

① 资料来源：舟曲县文化馆内部资料。
② 同上。
③ 同上。

百姓们欢呼雀跃，饱饮甘露，置身于瀑布下，尽情沐浴、梳洗，希望能够在朝水节过后过上吉祥平安、五谷丰登、六畜兴旺的好日子。

（八）"摆阵"舞

舟曲县"摆阵"舞，藏语称"玛汉"即"玛复"，是目前整个甘南地区的民间艺术中保存较完整的藏民族民间舞蹈艺术之一（见图4-27）。自形成以来，流行于舟曲县上河憨班、立节、曲瓦、巴藏等乡，是主要反映男子古代作战的阳刚美或战争场景或战前动员等传统节日所跳的舞蹈。[①]

图4-27 摆阵舞表演[②]

"摆阵"舞是典型的羌文化融入藏文化的舞蹈表现形式。由于大众传媒的普及和变化加剧了"摆阵"舞活动的衰退，这一藏族民间文化面临消失之危机。

（九）耍黑十七

正月十七晚不点灯，叫"黑十七"。这一活动，相传起源于唐贞观年间，李世民为了使地方官清正廉洁，允许老百姓惩治贪官污吏，老百姓便用"黑十七"的方式诅咒贪官污吏的恶行，只要嗓门好的在这家院里唱段不吉利的歌，就能把瘟神赶到贪官污吏家中了。

耍黑十七时由年轻小伙子和12位童男童女赶上各家的毛驴背上背斗灯，背

---

① 资料来源：舟曲县文化馆内部资料。
② 同上。

斗灯里放上黑面馒头。他们骑着毛驴排成长队在街上游行耍闹，锣鼓声、毛驴的嘶叫声、年轻人的吆喝声、看热闹的人的叫好声汇集在一起，整个场面热闹非凡。去时锣鼓喧天，倒骑毛驴，意将瘟神引到贪官家；来时悄无声息，顺骑毛驴，意在瘟神离人越来越远。①

第六节 迭部县非物质文化遗产

一 迭部县概况

迭部古称"迭州"，藏语意思是"大拇指"，被称为山神"摁"开的地方。迭部县位于甘南州南部、青藏高原东部边缘。地势西北高，东南低。白龙江东西横穿全境，江河急流，气候温和湿润，四季分明。全县东西长110千米，南北宽75千米，总面积5108.3平方千米；耕地面积0.91万亩，其中坡地占80%；草场面积15.69万亩；林地面积30.07万亩，占土地总面积的58.32%，森林覆盖率为54.4%。现辖11个乡（镇），52个行政村，总人口5.22万，藏族占总人口的85%以上。

全县境内山清水秀，风光旖旎，有神奇雄伟的"迭山横雪""虎头雄峰""腊子水帘洞""纳加石门""甘南州第一峰—措美峰""尼傲尖尼自然佛塔—美日神山""古麻神湖""录坝神湖"和"九龙金锁"等自然景观以及独特的藏民族风情。人文景观有"俄界会议"遗址、茨日那毛泽东旧居、天险腊子口战役等革命遗址以及然闹马家窑文化遗址和23座历史悠久的藏传佛教寺院。②

二 迭部县丰富多样的非遗资源

截至目前，迭部县已公布了两批县级非遗名录107项，87项入选州级非遗名录，其中朵巴舞、榻板房制作技艺、甘南藏族民间故事、甘南藏族民间谚语等5项入选省级非遗名录。③

---

① 资料来源：舟曲县文化馆内部资料。
② 甘南州年鉴编委会，《甘南藏族自治州年鉴（2014）》，第50~52页。
③ 资料来源：迭部县文化馆内部资料。

第四章　甘南州藏族非物质文化遗产资源与保护现状

（一）尕巴舞

尕巴舞是流传在迭部县境内中部旺藏、尼傲、卡坝三乡藏族群众中的一种敬神歌舞（见图 4-28）。最早起源于印度国，在唐朝吐蕃时期流传到中国藏区。唐广德元年，吐蕃王朝东征，部分成边将士将其流传到迭部。经过藏族人民在长期的劳动生活中继承、创造和发展，其内容更加丰富多彩，更具独特的魅力。

图 4-28　尕巴舞（剧情表演）

尕巴舞一般都在农历十月中旬至十一月下旬进行，祈祷来年的好收成及全村平安，各村一般进行两到三天。表演者以男子为主。表演形式有独舞、双人舞、团体舞，也有哑剧、喜剧、杂耍等多种形式。歌词以三句为首，以情歌、神话故事、赞颂事或物等为主要内容。这一天平日里只能在山上、树林里演唱的山歌、情歌等均可以在村庄里演唱。尕巴舞的曲调包括：酒曲类、山歌情歌类、出征歌等。[1]

尕巴舞展示了林区藏族人民对幸福生活的美好向往和追求，是迭部藏族人民历史、生活、性格以及审美观的凝练再现，对藏族舞蹈艺术的形成和发展产生了重要的影响。

---

[1]　资料来源：迭部县文化馆内部资料。

（二）榻板房制作技艺

迭部县境内的藏族群众，其旧式民居大多是半边楼的榻板房（见图 4-29），《毛诗传》中就有"西戎板屋"之句，《水经注·渭水》中有"其乡居悉以板盖屋，诗所谓西戎板屋也"。白龙江流域是古代西戎人的腹地，由于长期受戎族文化的影响，其民房建筑格式上自然会有浓厚的戎族色彩。

图 4-29　迭部榻板房[①]

迭部民房建筑的主要式样是榻板房，即在正房平顶部另外架起两檐水木椽屋顶，在木椽屋顶上顺斜坡再盖 20 厘米左右宽、1.5 米左右长的松木榻板，上排压下排，交接处横放半圆形细长条木杆，然后有石块压住，以防风吹错位。房檐前后泻水处，横架一条凹型木槽，倾斜伸向院外以引屋顶雨水。屋顶三脚架空间正前方一面敞开不隔，其余三面编藤条篱笆，抹上草泥隔成围墙，有的也不上草泥，或用皮板粗略钉住，里面堆放柴草及农具。榻板房架下的平房为正房，紧挨正房檐下分左右改起廊房，廊房平顶上盖一层厚厚的三合土，并与正房连为一体，正房高出廊房一米左右的部分，装长方形的花格窗棂，作为正房室内的采光用。左右廊房相距较近，与正房大门墙共同围成小天井，用一根木头做成独木梯，从门口斜搭廊房檐，通向廊房顶，廊房顶部清扫得很干净，供主人晒粮食、衣服或干零星家务活。迭部民居大多在森林边缘地带，气候湿润多雨，山多林密，就地取

---

① 资料来源：迭部县文化馆内部资料。

材建房方便，榻板房在严冬里还能吸热保暖，抗寒性能强，因此，榻板房建筑历经千年而至今不变。①

近年来，随着社会经济的发展、农牧民生活条件的改善，特别是"5.12"汶川地震波及迭部，以及随后的灾后重建，迭部榻板房面临绝迹的危险。红砖碧瓦、石棉瓦、铁皮瓦代替了原始的榻板，钢筋水泥修建的房子逐渐替代了榻板房这一古老的建筑形式。尽管居住条件改善了，但民族建筑艺术遗产也被严重破坏了。由此，本书专门列有一章，探讨文化遗产的防灾问题。

（三）甘南藏族民间故事

甘南藏族民间故事是藏族人民利用各种聚会、娱乐场所、山林、草场、农田劳动间隙及室内闲聊之际绘声绘色地讲给民众听的广为流传的民间文学之一（见图4-30）。

图4-30 藏族老人讲民间故事②

甘南藏族民间故事是贯穿于整个历史长河和藏族地区风土人情的多棱镜，也是文人进行文学创作的素材和源泉。其故事寓意含蓄、语言诙谐，既有趣味性又有教育意义。内容主要分为神话、传记、传说等。甘南藏族民间故事以多侧面、多角度的语言形式，以一定的历史人物事件、自然风貌、社会习俗和地方古迹等为主要内容，用渲染、虚构等艺术手法加工而成，反映了藏族人民的历史生活、

---

① 资料来源：迭部县文化馆内部资料。
② 同上。

风俗习惯、宗教信仰和伦理道德。其情节生动有趣，内容丰富多彩，语言流畅，有说有唱，引人入胜，充满了浓郁的民族特色和乡土气息。甘南藏族民间故事倾吐了人们内心深处对美好生活的向往，表达了劳动人民对世道的嘲讽，贫苦人民对自由的渴望和对美好生活的憧憬。通过讲述故事，鞭答封建统治者的腐败，歌颂劫富济贫、惩治邪恶的英雄行为，从各个角度反映出各个历史时期的社会现实。[①]

甘南藏族民间故事在形式和艺术表现方面都存在特有的集体性，通常作品创作过程中是无法署名的。

（四）甘南藏族民间谚语

甘南藏族民间谚语在藏语中称为"丹慧"，是当地藏族千百年来逐辈口授、世代流传而来的一种通俗、顺口、朴实、精练、清新、含蓄、动听的口头性民间文学之一，有"语言中的珍珠"之称（见图4-31）。其格式和词语比较固定、句式短小、语言精练、比喻生动、富有哲理，句式上以两句构成的最多，亦由三句组成。常用比喻、夸张等手法表达。内容包含格言、歇后语和顺口溜等。就其反映的内容大致可分为：赞美、歌颂、实践、经验、团结、友爱、讽刺、劝诫、道德、处世、爱情、婚姻、农物、气象等类型。当地的居民主要以掌握谚语的多少，以及在语言表达中能否贴切运用来判定一个人有无口才，甚至藏族人民把它作为衡量才智的标准。

图4-31 藏族老人讲民间谚语[②]

---

① 资料来源：迭部县文化馆内部资料。
② 同上。

甘南藏族民间谚语不同于成语也不是短语。它的结构固定，含义深刻，富有说服力，涉及面广，是对伦理、道德风尚、人际关系、因果报应乃至自然现象等社会生活及生产劳动的各个方面的经典演绎。在交谈、演讲、辩解中，善用、巧用、多用者颇受赞赏。其数量之多难以尽记，失传者在所难免，新创亦为数不少。例如"狗咬汽车多管闲事"一条显为现代新创。谚语内容既有形象鲜明的生动比喻，又有浓厚的民族特色，在藏族民间文学中有独特地位。[1]

（五）迭部藏族服饰

迭部藏族服饰格式各异，有着独特的地方性和浓厚的文化底蕴。如县境西部电尕、益哇一带，冬季男女均喜戴狐皮帽，春、夏、秋三季喜戴礼帽。卡坝、达拉、旺藏、尼傲、多儿等中部一带气候温和，部分地方男子一般不戴帽，冬季仅以白毛巾或白布顺长折叠成宽约15厘米的长条，绕头缠一圈呈圆柱体戴在头上，以御风寒。桑坝、花园、洛大、腊子口等东部地区的男子头上戴盘巾，即用1.2~1.5米长的黑布或蓝布顺叠成约9厘米宽的条带，层层缠裹在头上，空出头顶，呈盘型。妇女一般头包黑布帕，用黑布2尺顺叠成四方形盖在头上，并用辫子在帕外缠绕一圈。

在服装上，县境西部男女衣着基本接近夏河一带的藏服。中部卡坝、达拉、尼傲、旺藏一带着装基本相近，男女大都穿布质长袍，也有绸缎面料。东部桑坝、花园、腊子口的男子身着大襟短袄，下着白色裤腰的裤子，腰系6厘米宽、2米多长的黑、白羊毛纺织的腰带。迭部藏族男女都喜欢配饰，尤其是青年男女每逢喜庆之日更喜欢把金银、珊瑚珠、象牙、玉器等制作的各种配饰佩带在头、耳朵、脖子、手、胸前、腰部等处，显得更加潇洒英俊、婀娜多姿。[2]

第七节 玛曲县非物质文化遗产

一 玛曲县概况

玛曲县地处青藏高原东端，位于甘南州西南部，甘、青、川三省交界处，是一个以藏民族为主体的纯牧业县。这里草原、高原、河谷相间分布，地形复杂多样，

---

[1] 资料来源：迭部县文化馆内部资料。
[2] 同上。

高原湖泊星罗棋布，风景迷人。玛曲扼甘、青、川三省之要冲，是三省人流、物流、资金流和畜产品商贸集散地。现辖7乡1镇，总人口为5.64万，其中藏族人口4.54万人，占总人口的75.6%；其他少数民族有回族、东乡族、满族、蒙古族、土族、撒拉族，占总人口的3.8%。黄河自青海入境，环流全县，流程433千米，形成久负盛名的"天下黄河第一弯"。

在这辽阔的草原上，令人神往的藏传佛教寺院、岩画、雕刻、嘛呢石、修佛洞和经幡飘动的神山、原始的天葬台、格萨尔遗迹等各种人文景观广为分布。主要有西哈零天子珊瑚城遗址、汉代零天子之茶城遗址、吐蕃赞普赤松德赞的军事指挥部、吐谷浑时代的石刻岩画、木拉大型藏文石刻、藏传佛教寺院等。除此之外，这里还有纯朴、独具特色而令人神往的藏族民俗风情。[1]

二 玛曲县独特的非遗资源

截至目前，玛曲县共普查民间艺人576人次，其中80岁以上的4人，30岁至50岁的258人；普查出项目14大类44小项，其中民间文学3项、民间音乐4项、民间舞蹈2项、传统戏剧1项、曲艺3项、民俗6项等；照片220张，每项视频长达3至5分钟。有39项非遗被列入州级名录，其中玛曲藏族民间弹唱、格萨尔说唱、牛角琴演奏3项被列入省级名录。[2]

（一）玛曲藏族民间弹唱

玛曲藏族民间弹唱是由藏族牧人自弹自唱、即兴填词的一种表演形式。伴奏乐器以龙头琴为主（见图4-32），还有一种伴奏乐器是曼陀林（八弦琴）。由于玛曲藏族牧民居住地地域广阔，形成了丰富多彩而又独具特色的玛曲藏族民间弹唱，也随着社会的发展形成独树一帜的表演内容和风格，丰富和发展了藏族民间弹唱。

藏族民间弹唱作为重要的表演形式，在玛曲得到了完整的保留和发展。玛曲藏族民间弹唱不仅有着悠久的历史，而且弹唱曲调多样，内容丰富，老少皆宜。由于玛曲藏族民间弹唱具有易于掌握和即兴说唱的优点，所以受到了牧民群众的普遍欢迎和喜爱，在藏族牧区十分流行。玛曲藏族民间弹唱的主旨是在节庆活动

---

[1] 甘南州年鉴编委会，《甘南藏族自治州年鉴（2014）》，第55~57页。
[2] 资料来源：玛曲县文化馆内部资料。

第四章　甘南州藏族非物质文化遗产资源与保护现状

中祈求风调雨顺、人民安居乐业，但所涉内容较广泛，涉及历史、宗教、文化等各个方面，旨在教育人们从善从美、追求美好生活、弘扬精神文明。玛曲藏族民间弹唱哲理性强，注重以情动人、以理育人，在牧民群众中有着深厚的流传基础。[1]

玛曲藏族民间弹唱是玛曲传统文化中的精华，但随着牧民群众生活方式的改变，现代音乐代替表演，民间弹唱艺人日益渐少，这项群众基础深厚的民间文化受众面逐年萎缩，流行的势头也大大减弱了，需要引起高度重视。

图4-32　玛曲千人龙头琴弹唱[2]

（二）《格萨尔》说唱

世界最长英雄史诗《格萨尔》说唱的摇篮就在玛曲县境内的玛麦·玉龙松多草原，《格萨尔》说唱在玛曲民间文化艺术中的地位很高，流传也最为广泛（见图4-33）。玛曲被誉为格萨尔的发祥地，据考证，玛曲县境内发现格萨尔风物遗迹77处。

《格萨尔》说唱有"说"和"唱"两种表演形式，无任何乐器伴奏，艺人说唱时朗朗上口、回环曲折、曲调多样，巧妙呼应的旋律令人感到跌宕起伏、起落有序、回味无穷。《格萨尔》说唱艺人分为神授艺人和吟诵艺人，神授艺

---

[1] 资料来源：玛曲县文化馆内部资料。
[2] 同上。

131

人即艺人与生俱来就会说唱《格萨尔》史诗；吟诵艺人即艺人从书中背记后说唱给观众。

图 4-33 《格萨尔》说唱现场①

说唱者穿戴特殊服饰，手拿特殊的道具，边说边唱，主要反映格萨尔英勇善战、降妖伏魔、造福百姓的英勇事迹。目前，玛曲《格萨尔》说唱内容主要有《英雄诞生》《赛马称王》《北方降魔》《霍岭大战》《姜岭大战》等。

《格萨尔》说唱风格、节奏规律和结构格式，具有浓厚高原地域特色文化艺术特征，每句唱词都通俗易懂，深入人心，是整个藏区牧民群众喜爱的一种艺术形式。

（三）牛角琴演奏

牛角琴（藏语称"章瑞扎木聂"）是玛曲县独有的一种乐器，其音符标准和曼陀罗、龙头琴、吉他等截然不同，牛角琴音调朴实、抒情、细腻、风格独特、节奏鲜明，生动别致。演奏的内容多种多样，演奏时间可长可短，音乐可重复不断。

牛角琴构造十分简单，用两根精选马尾搓成琴弦，琴头由一支野牛角和一根上好的木材制作而成，制作过程简单。但其构造区别于其他各种弦乐，可看出其

---

① 资料来源：玛曲县文化馆内部资料。

年代的久远性和传播的地域性。

演奏时采用坐姿，左手持琴按弦，右手执弓平行拉奏，发出双声同音，实际上是一种独弦马尾胡。左手有颤音、滑音、打音、揉弦等技法，右手有连弓、分弓等弓法。较多用于独奏。牛角琴调式结构简单，用角度和高低部位的不同能演奏出音调齐全的各种声音，深受广大牧民的喜爱。①

因牛角琴学习演奏技法特殊，有着特定的训练要求和演奏方式，难以掌握，所以它作为一个独立的音乐派系存在于玛曲。牛角琴演奏旋律独特，曲调优美动听，内容丰富，老少皆宜，县政府曾多次组织参加省、州文艺汇演，是玛曲特有的非物质文化遗产。

（四）藏式点心制作技艺

藏式点心营养丰富、味美香甜（见图4-34），在逢年过节和喜庆的日子，藏族人家总会制作藏式点心来招待宾朋。

图4-34 藏式点心②

藏式点心的做法简单。首先，各取适量煮熟的人参果、碾碎的曲拉、炒熟的青稞粉和白砂糖混合搅拌，然后将适量融化的酥油倒入，搅拌均匀，直到形成饼状，再将酥油均匀涂抹在其表面，形成一层金黄色的外壳，并在上面以红枣、葡

---

① 资料来源：玛曲县文化馆内部资料。
② 同上。

萄干等干果作为装饰，等到完全冷却后便可食用。①

（五）玩缇格

"缇格"就是羊的膝骨，是牧区儿童们的玩具，既普通又珍贵。说它普通，是因为在牧区只要杀羊就可以得到羊"缇格"；说它珍贵，是因为一只羊仅有2个"缇格"，而且一般不容易得到，必须要等冬季宰畜之时。

儿童之所以选择"缇格"作为娱乐工具，大概是因为历来"缇格"就是一种占卜用具，所以人们心目中不会将"缇格"作为一般的骨头来看待。"缇格"有六个面，依不同的形状分别代表昆鹏、藏獒、骏马、毛驴、绵羊、山羊六种动物，这六种动物有高低贵贱之分，其中昆鹏最高贵，山羊最低贱。最普通的玩法是将"缇格"扔向空中，依落地后向上的一面所代表的动物来判断输赢。除此之外，儿童们还发明了许多玩法，如对打，即将所有游戏者的"缇格"集中一起抛撒开，然后马对马、驴对驴、绵羊对绵羊、山羊对山羊对打，对打的方法是用指头弹，弹中一次即赢得一只"缇格"；还有一种玩法，就是先由头家定出一面，然后大家抛撒同样数量的"缇格"，谁抛的出现所定的那一面最多，所有的就归谁；还可以先确定一只标记明显的"缇格"，并将其混入其中抛撒，抛撒者可以赢得与标记向上的那一面相同的"缇格"。②在广大牧区，这是流行于孩子们中间的游戏，也是成年人都曾玩过的游戏。它带给儿童无尽的欢乐，带给成年人无尽的回忆……

（六）大象拔河

大象拔河（"拉乌龟"），藏语叫"浪波聂孜"或"押加"，意为大象颈部技能。在藏区这一项目最普及，故称之为藏式拔河。现已被列为全国民运会表演项目，是藏族人民喜爱的一项民族传统体育运动。

比赛场地为长方形平整硬质地面，宽2米，长9米。比赛时，由两名运动员将一条长绸布带做成的圆环分别套于颈部，四肢着地并背向对方，向自己的前进方向奋力爬进，以一方将置于两者之间的坠条拉过自己一侧的决胜线为胜利。本项比赛按体重分级别进行，一般是三局两胜。③

在藏区这项比赛开展得很普遍，一到节假日各地都要举行。平日农牧闲暇时，

---

① 资料来源：玛曲县文化馆内部资料。
② 同上。
③ 同上。

在牧场上，在田间，人们互相把两条背带或腰带连在一起，就可以比赛游戏。男女老少都可参与，是一项比较容易开展的民族传统体育项目。

第八节　碌曲县非物质文化遗产

一　碌曲县概况

碌曲（洮河的藏语译音）县地处西北腹地，古代泛指"羌中"，曾是唐蕃古道跨越黄河首曲的通道和丝绸之路南线的必经之地，是一个以藏族为主，汉、回等少数民族聚居的牧业县。总面积5 298.6平方千米，地势西高东低。黄河的一级支流洮河和长江支流白龙江发源于此。碌曲县也是黄河和长江主要的水源涵养地，水能蕴藏量大，开发前景广。现辖5乡2镇，总人口3.62万，其中藏族3.19万，占总人口的88.18%。

境内旅游资源丰富，有古朴原始的佛教寺院、原始森林、溪流湖泊、民俗独特。在这里广袤的天然草场，被美誉为"亚洲最好草场之一"；河曲马、藏绵羊、牦牛、蕨麻猪等优良牲畜品种，世界闻名；有"东方小瑞士"之美誉、并获中国魅力名镇二十强的郎木寺镇，因藏传佛教格鲁派寺院郎木寺而得名。候鸟天堂尕海湖、山水俱佳的则岔石林、独特的藏传佛教文化和人文景观、民俗风情，常年吸引着国内外的各方宾朋考察旅游。[①]

二　碌曲县多样的非遗资源

碌曲县已有31项非遗项目被列入州级名录，其中甘南藏医药入选第一批国家级非遗扩展项目名录。[②]

（一）甘南藏医药

甘南藏医药是中华民族医学宝库中的瑰宝，是藏族劳动人民长期同疾病做斗争的智慧结晶。在两千多年的历史长河中出现过很多著名的藏医药学专家，积累了十分丰富的医疗经验，充分体现出民族与地方特色，具有系统性、完整性与科

---

① 甘南州年鉴编委会，《甘南藏族自治州年鉴（2014）》，第62~64页。
② 资料来源：碌曲县文化馆内部资料。

学性的特征。"敦煌吐蕃医学文献"是公元9世纪前出现的西藏最早医药文献，该文献丰富的内容与独特的治疗方法，反映了包括甘南州在内的整个安多地区古代藏医医疗活动的情况。

甘南藏医药不仅是一门学科、一个行业，而且还是一种独特的文化。这种文化以甘南藏医药知识体系为核心，又与宗教、哲学、天文、物候、民俗等文化门类互相联系，共同构成了藏族人民的疾病观、社会观、自然观和生命观。

甘南藏医药制药的原材料60%均产于境内。由于植物生长在特殊的地理环境中，日照时间长，药物活性成分高，加上经过适时采集、妥善干燥、区分新旧、加工去毒、求性柔和、配制恰当，再加上特殊的炮制工艺，因此疗效格外显著。

甘南藏医药有着鲜明的民族特色，其治疗方法独特，主要有内服法（有十种）和外治法两类。外治法包括柔治（有熏疗、药浴、涂擦三种）、糙治（有剖部放血、火灸、棒刺三种）和峻治（有剪割、截断、牵拉、清除四种）。从史书记载和现有器械图谱看，曾达到进行开颅手术的技术水平，但由于危险性较大，大部分技术已经失传，现仅存放血疗法、火灸疗法、缚敷疗法、药浴疗法、涂抹疗法五种。[①]

然而，由于现代科技和医疗技术的发达对甘南藏医药的冲击很大，造成大量的甘南藏医药经典古籍遗失，藏医世家后继无人，很多老藏医临床实践经验面临失传，急需抢救和保护。

（二）锅庄舞

在藏语里"锅"是圆圈的意思，"庄"是舞蹈的意思，"锅庄"顾名思义就是围着圆圈跳舞（见图4-35）。"锅庄"舞来源于原始社会，那时部落的人白天出外狩猎，晚上聚集在一起，引火聚餐，围着劳动果实手舞足蹈，以示欢庆。12世纪时"锅庄"舞随着西藏的佛教、文化艺术流传到甘、青地区，并与甘南藏区的舞蹈相渗透、融合后发展为现今的具有甘南藏族特色的"锅庄"舞，有着鲜明的民族特点和独特的艺术风格。生活在康巴和安多地区的藏族先民在收获季节，各部落都要聚众庆贺，男女老少围成圆圈跳起欢乐的锅庄舞，这种习俗相延至今，在藏区各地广为流传。

甘南锅庄舞开始时由众人围成一个圆圈或多个圆圈，随着音乐起舞。人数及

---

① 资料来源：碌曲县文化馆内部资料。

第四章 甘南州藏族非物质文化遗产资源与保护现状

男女不限，动作多来源于民间劳作，随步伐摆动双臂、挥舞长袖，也可边唱边跳，属于群众自娱性舞蹈。

图 4-35 碌曲千人锅庄舞表演[1]

甘南锅庄舞的特点在于队形多变，脚步的踏、踩组合，舞步稳沉柔韧，舞蹈者自身动作十分丰富，其中男舞者的动作豪放刚劲、女舞者的动作较小，由此形成雄健奔放与秀丽端庄的强烈对比。从锅庄舞的基本队形和基本动作上看，充分说明了藏民族舞蹈艺术中表现出的以团结、凝聚为主的民族特点。甘南锅庄舞古朴、典雅、端庄而且颇具韵味，具有一定的代表性。[2]

（三）娘乃节

萨噶达哇节在安多藏区称为"娘乃节"，"娘乃"藏语为闭斋之意。相传释迦牟尼于农历四月十五日降生、成道、圆寂，娘乃节正是为纪念佛祖而举行的节日。甘南信奉藏传佛教的藏民们认为"娘乃节"是最大的吉日，在这一天做一件善事或念一遍六字真言，等于平常做了百倍善事、念了百倍真言。

每年农历四月十四，桑科草原的牧人们先煨桑，然后男人们集会听佛僧讲经，一起颂扬佛祖的功德。这一重要仪式在一顶专门的法帐中举行，祈祷仪式大约半

---

[1] 资料来源：碌曲县文化馆内部资料。
[2] 同上。

个小时,接下来是午餐。这一顿饭可以放开肚皮吃,只要屁股不离原位,哪怕吃两三个时辰也不会有人责怪。饭后是自由活动,人们拥向草地开展文体竞赛。[1]

(四)酥油花制作工艺

酥油花是藏文化中独具特色的酥油塑造奇绝艺术,是盛开于冰点的奇异之花(见图4-36)。其塑造工艺繁复而奇特,多在冬季三个月间进行。

每年寒冬之时,艺僧们会选取秋天草黄之后产下的牛奶,从中提炼出纯白的酥油。然后将酥油浸泡于冰水中长时间揉搓成膏状,去掉杂质的酥油会更光滑细腻。塑造前艺僧先要沐浴发愿,进行宗教仪式。仪式之后,艺僧们选议酥油花的题材、精心构思布局,之后便分配给擅长人物、动物、花卉、建筑的师傅带领各自的徒弟,在气温零度以下的阴凉房间开始分头工作,所有工作从农历十月十五开始到来年正月十五完成。

酥油花的制作分为绑扎基本骨架、塑造形态、敷塑、装盘四道工序。酥油花表现的艺术形式多样,题材广泛,多为佛教故事、历史故事、人物传记、花草树木、飞禽走兽、佛像和人物形象等。随着时代的推移,又不断被赋予了一些新的时代气息。

图4-36 美丽的酥油花[2]

---

[1] 资料来源:碌曲县文化馆内部资料。

[2] 同上。

（五）藏棋

藏棋历史悠久，形式独特，是棋国的一株奇葩，有"周久"（六格棋）、"子儿久"（挤棋），还有"加吾久"（争王位）、"纳卓年由浪久"（上天入地）等等，既有变化万端、意趣横生的特点，又有自己独特的斗法和技巧。两人对弈，白子黑子，阵线分明，章法灵活，可诱打堵截、排枪连击、群炮轰鸣，双方各施心计、暗设机关，棋局险象丛生、难分难解，方尺之地，展示智慧过人的天赋（见图4-37）。①

图 4-37　藏棋对弈②

第九节　临潭县非物质文化遗产

一　临潭县概况

临潭，古称洮州，地处"西控番戎，东蔽湟陇，南接生番，北抵石岭"之要冲，史称进藏门户。临潭历史悠久，废置多变。从仰韶文化时期（约公元前5000年）就有人类在这里繁衍生息。南北朝北周武帝保定元年（561）二月首置洮州，继置洮阳郡和汎潭县。隋开皇十一年（591），改汎潭县为临潭县。总面积1557.68平方千米，辖3镇13乡、141个行政村，总人口16.02万，少数民族人口5.79万，占总人口的36.12%。

---

① 资料来源：碌曲县文化馆内部资料。
② 同上。

临潭境内自然景观绚丽多彩，名胜古迹较为丰富。磨沟仰韶文化遗址，是目前甘南州发现的最早有人类活动的遗址；齐家文化、马家窑文化、辛甸文化遗址等，都具有较高的学术研究价值。名胜古迹方面，有西晋吐谷浑所筑古战牛头城遗址、明洪武十二年（1379）所建的洮州卫城、已被列为省级文物保护单位和全州爱国主义教育基地之一的新城苏维埃政府旧址、独具特色的宋金时期的古墓葬、著名的伊斯兰汉学西道堂及42处伊斯兰教清真寺、3处古老的藏传佛教，2处汉传佛教寺院等。自然风景方面，有冶力关4A级风景旅游区、国家级森林公园——黄涧子、国家级自然保护区——莲花山、省级地质公园——赤壁幽谷，以及天池冶海、冶木峡、十里睡佛和鹿儿沟自然风景区等景观。此外，还有蜚声海内外的洮岷"花儿"发祥地——莲花山"六月六花儿会"、闻名遐迩的"洮州八景"、洮州"龙神庙会文化"、洮州李氏家姓文化和遗留的诸多古堡塞、烽墩和边墙及源远流长的江淮遗风等独具魅力的人文景观和洮州民俗风情。[①]

二　临潭县非遗资源

临潭县2008年4月30日公布了第一批县级非遗名录32项（见表4-7），有28项列入州级名录，其中万人扯绳赛、新城花儿会、洮砚制作技艺3项被列为省级项目。

表4-7　临潭县第一批县级非遗名录[②]

序号	项目类别	项目名称
01	民间文学	麻娘娘的传说
02	民间文学	石门金锁的传说
03	民间文学	羊头将军的传说
04	民间文学	洮水流珠的传说
05	民间音乐	洮州花儿
06	民间音乐	龙神庙会
07	民间舞蹈	纸马舞

---

① 甘南州年鉴编委会，《甘南藏族自治州年鉴（2014）》，第65~67页。

② 资料来源：甘南州非物质文化遗产保护中心。

第四章　甘南州藏族非物质文化遗产资源与保护现状

（续表）

序号	项目类别	项目名称
08	民间舞蹈	正月十五灯会
09	民间舞蹈	临潭秧歌
10	民间杂技与竞技	万人扯绳
11	民间杂技与竞技	打切刀
12	民间杂技与竞技	打秋千
13	民间美术	临潭东路的木板窗花
14	民间美术	洮州剪纸艺术
15	民间美术	临潭民间油漆艺术
16	民间美术	临潭民间画棺艺术
17	民间美术	临潭民间洮绣艺术
18	民间美术	临潭竹编
19	传统手工技艺	临潭城关邱氏金属加工技艺
20	传统手工技艺	临潭城关牛氏金属加工技艺
21	传统手工技艺	古战申氏金属加工技艺
22	传统手工技艺	临潭麻布制作技艺
23	传统手工技艺	洮砚雕刻技艺
24	民俗	新堡乡资堡的抢年果
25	民俗	陈旗乡王旗村的烤摞摞
26	民俗	扁都的哈尔滩烟火
27	民俗	长川羊升村的提灯会
28	民俗	古战的打施食
29	民俗	临潭搬场节
30	民俗	临潭社火
31	民俗	新城营
32	民俗	洮州服饰

141

（一）万人扯绳赛

万人扯绳赛是临潭县一项群众性体育活动，实际是一种大型的拔河比赛，在每年正月十四至十六晚上举行。以其绳之最重、直径最大、长度最长、人数最多而著名。2001年7月，该活动已被载入吉尼斯世界纪录（见图4-38）。①

图4-38 临潭县城的元宵万人拔河赛②

临潭县城的元宵万人拔河赛（扯绳）已有六百多年的悠久历史了。"拔河"又称"扯绳"，源于古代水乡拉纤和火军操练活动，后来被作为军中游戏用于训练兵卒体力。历史上，临潭不仅是"茶马互市"的商界重地，而且也是边塞军事重镇。唐时，就有重兵驻扎于此。《洮州厅志》记载，旧城附近的"将台"和"营盘梁"等地名，经考证是明洪武十二年（1379）西征将军沐英在这里驻军、点将和练兵的遗址。由此可见，临潭旧城的万人拔河是从古代军营中逐渐沿袭和传承下来的。

万人扯绳赛在历史进程中逐渐形成了固定的形式与内容，属于全民性参与的民间体育活动。参赛者不分男女、老少，不分民族、地域。一般午后筹办者会把早已准备好的"绳"（直径为5厘米粗、总长1100多米、重达8吨的钢丝缆绳③）按旧俗摆放在一字街中央，由大家推荐"少壮"担任"连手"，负责每局

---

① 资料来源：临潭县文化馆内部资料。
② 党建军2014年元宵节拍摄于临潭县。
③ 资料来源：离退休文化馆内部资料。

的胜负,并与对方连接"龙头"(即绳头),赛前各自将绳捆扎成头连、二连、三连、连尾(俗称双飞燕)。比赛开始,参赛者一拥而上,分挽绳的两端,双方联手将木楔子串在龙头中间,以鸣炮为号,开始角逐。[1]

万人扯绳赛作为一种民族民间传统体育活动,集中体现了古代军队中独具特色的练兵形式,是展现民族团结互助意识的一项大型特殊竞技。既丰富了人民群众的文化生活,也提高了人民群众的素质。

(二)新城龙神赛会

临潭县新城的端午节龙神赛会闻名遐迩(见图 4-39),在新城地区的城旗、店子、冶力关等地均有分布。史料记载,明太祖乙酉洪武二年(1369)八月,朱元璋从统一全国的战略需要出发,表彰和激励有功将士,钦定功臣位次,敕命在辽宁府东北的鸡鸣(笼)山建立功臣庙,供奉徐达、常遇春、李文忠、胡大海、茂才等 20 多人,"死者肖像祠之,生者虚位以待"。在全国统一后,朱元璋曾将开国功臣都封为"神",敕命在全国各地立庙祭祀。

图 4-39 临潭新城的龙神赛会[2]

新城龙神赛会兴起于清初雍正年间,顾颉刚在《西北考察记》中写道:"盖此间汉人皆明初征人之后裔,各拥戴其为龙神,此庇护其稼穑,与主之职位大小,

---

[1] 资料来源:离退休文化馆内部资料。
[2] 党建军 2013 年端午节拍摄于临潭县。

立功地域无与也"。

新城地区每年会在端午节期间进行为期3天的"十八位龙神"赛跑（相当于江南赛龙舟）活动。农历五月初四上午，新城镇汉、藏群众门上都插杨柳枝，商贩云集新城，青少年都着新衣上街浪会。中午"十八位龙神"被陆续用轿子抬到新城，附近群众鸣放鞭炮、烧香叩头、虔诚迎位。下午各路"龙神"汇集东门月城准备赛跑，新城人叫"跑佛爷"。从东门到隍庙约有两三万群众观看，热闹非凡。端午节这天，人们便早早起来，准备观赏十八龙神"踩街"。晌午时人们抬着各自佛爷（洮州人称龙王为佛爷）的八抬大轿，从东街到西街，又从南街到北街转一周，一边游街一边取乐，所到之处鞭炮齐鸣，人们焚香叩头、顶礼膜拜。到了夜里，这里便是"花儿"的海洋，欢腾了一天的人们便在隍庙里外、南河滩或大小客店里，猛唱"花儿"，他们通过"花儿"形式表达爱慕惆怅之情，歌唱美好生活，把山乡野趣与豪放胸怀展现出来，见景生情，随机应变。直至初六东方发白，人们才抬佛爷上大石山（即朵山）进行"禳雹"活动。祭祀完毕返至西门外，在此又正式举行"扭佛爷"活动。下午3点左右，由最负盛名的道人"发夕"，搭台诵经，祝"十八位龙神"各回驻地，协力保护临潭风调雨顺、国泰民安，同时唱"花儿"演大戏，以庆祝端阳节迎神会圆满结束。①

（三）临潭洮砚制作技艺

临潭洮砚造型有自然形、圆形、椭圆形、三角形、四边形、菱形、梯形、多边形等。砚体有单砚、双砚之别。装饰图案多为龙凤、花鸟、虫鱼、山水、文字、金石等（见图4-40）。洮砚制作工艺独特，历来有"七分构图、三分雕琢"的说法，造型时按其自然形态，因石施艺，讲究底盖一体，浑然天成。洮砚雕刻技法主要有透雕和浮雕两大类，雕刻要经过锯、钻、凿、铲、锉、磨等综合技术才能完成。刀法运用上有直刀法和运刀法，所用工具有刀、锯、锤、铲、錾、铁笔、水沙等。透雕，即在浮雕基础上镂空，有单面、双面之分，是在圆雕和浮雕两种雕刻技术上进行创造的技艺，有很强的立体感和真实感。刀法有切、铲、旋等法。做到造型精美、刻工精细、石质细致者方为精品。②

---

① 甘肃省文化厅、甘肃省非物质文化遗产保护中心，《甘肃省省级非物质文化遗产项目文图录》（上），2009年，第57~58页。

② 甘肃省文化厅、甘肃省非物质文化遗产保护中心，《甘肃省省级非物质文化遗产项目文图录》（下），2009年，第77~78页。

第四章　甘南州藏族非物质文化遗产资源与保护现状

图 4-40　临潭洮砚①

（四）临潭谚语

临潭县历史悠久，中原汉、回民族迁入，与当地土著民族杂处，对临潭的谚语、方言有很大影响。同时古洮州是陇古重镇，历史上经济、文化比较发达，有条件吸收内地先进文化，因而部分文言官话对临潭谚语影响也很显著。

临潭谚语属汉语北方方言中的甘肃省洮河流域方言，经过几千年来的融合与发展，形成了独立的系统。其中部分发音、语法结构和基本词汇与普通话接近，稍微掺杂着吴、楚、秦声韵，发音一般声短直、咬字重、音节响亮，较之普通话则欠缺抑扬顿挫之变化，同时夹杂有少量的藏语成分和西域语言成分。②临潭谚语内容丰富，涉及自然气象、节令和农事副业，同时也有种草种树、地震及生活人事类，是临潭人民对大自然和人生哲理的高度概括和总结。

（五）洮绣艺术

临潭民间刺绣称为洮绣（见图 4-41），洮绣既有历史的积淀，又有各民族的文化基因，经历了原始的孕育期、发生转型期及成熟期。据《临潭县志》《洮州民俗大观》记载，其可考历史距今约 600 多年。洮绣艺术是农耕文化与游牧文化共生共进的典型产物，也是江淮文化和古洮州文化结合的产物，具有浓厚的乡

---

① 党建军 2014 年 4 月拍摄于临潭县。
② 资料来源：临潭县文化馆内部资料。

145

土气息和地方特色。

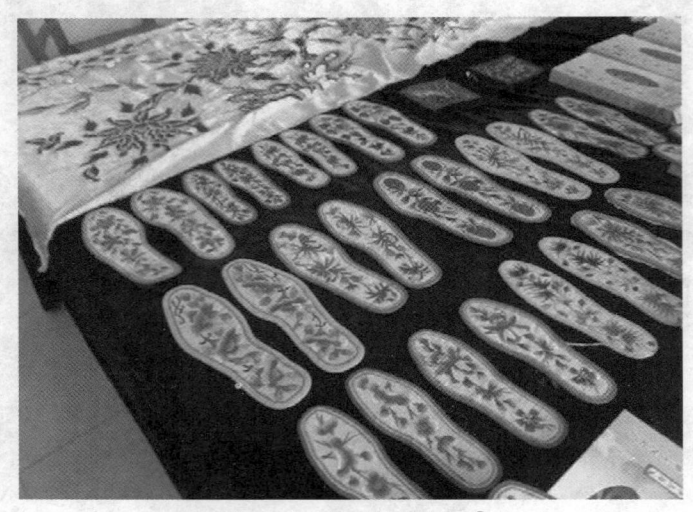

图 4-41 临潭民间刺绣[1]

临潭的汉、回、藏族姑娘从小就要学刺绣（俗称扎花儿），其基本功先是画好花样子，然后做成剪纸，贴在绣花的地方。纹样汉族喜用鸟兽虫鱼、花草蔬果、戏曲人物，回族多为植物花纹、几何图案，藏族常取各色花卉、云字万字等。洮绣具有形式多样、题材广泛、构图饱满、造型夸张、线条简练、色彩鲜明的艺术特征。主要针法有平针、参针、挑针、长短针、空实针等；绣法有错针绣、网地绣、锁地绣等；式样有剁花、盘花、贴花、拼花等。不同对象用不同针法，不同纹样有不同绣法，不同材料施以不同的式样及色彩搭配。关于刺绣的部位，汉族多在幼童帽子、围裙、肚兜、鞋面及枕顶、针插、荷包等处；回族则多在门帘、炕围、围裙、被单等处；藏族多在库多（马夹）、该拉（腰带）、连巴（长筒布靴）等处。洮绣的题材有莲生贵子、松鹤延年、连年有余、金玉满堂、狮子绣球、鸳鸯戏水、喜鹊探梅、八宝如意、四时博古等。[2]

洮绣艺术体现了临潭人民的艺术审美观、工艺水平和创作才能，记忆着洮州民俗的形成、发展历史，折射出深厚的洮州民族民间文化内涵。

---

[1] 党建军 2014 年 8 月拍摄于临潭县。

[2] 同上。

第四章　甘南州藏族非物质文化遗产资源与保护现状

（六）洮州花儿

洮州花儿是临潭的先民们在长期的生产劳动和文化活动中创造的民间山歌（见图 4-42）。自秦汉、三国到两晋是洮州花儿的"孕育期"。唐安史之乱后，藏族人民开始在这里繁衍生息，藏族古老民歌对洮州花儿曲调及唱法产生了一定的影响。明洪武十二年（1379）明将沐英西征，筑洮州卫城，升为洮州卫军民指挥使司，从南京、安徽、江苏带来了大批军士家眷，在洮州落户屯垦。各族人民的贸易往来，农耕文化的推广，文化教育的兴起，使洮州地区进入繁盛时期，洮州花儿也达到了成熟期。

临潭县人民把花儿的各种曲调称为"令儿"。其嘹亮激越、优美抒怀的行腔，在"令"的结构、曲调、旋律、节奏、速度等方面予以充分体现，并表现出洮州花儿的独特风味与地方色彩。花儿的表现因素是由曲调和唱词两个方面构成的。令与词紧紧相扣、水乳交融，共同表达特定的思想内容，塑造统一的艺术形象。曲调有东、西、南、北四路区别。典型的有东路的《两叶儿令》，南路的《折麻秆儿令》及《尕缘花儿令》，西路的《尕莲花儿令》，北路有闻名的《莲花山令》。内容上有叙事的、抒情的，由于花儿大多都是在野外唱，所以抒发爱情的内容显得更多。在歌唱形式上还有单唱、齐唱、对唱等，不一而足。[1]

图 4-42　花儿对唱[2]

---

[1] 资料来源：临潭县文化馆内部资料。
[2] 党建军 2013 年拍摄于临潭县。

（七）哈尕滩烟火

临潭县扁都乡哈尕滩村，每年农历正月十五晚有燃放烟花的习俗。《洮州志》记载哈尕滩村有一位姓陈的人，在明末清初去四川经商发了财，因路途艰险怕财宝运不回来，便给玉皇许愿：如能平安回家，每年给玉皇放一竿花。后来安全回家，就在哈尕滩还愿，给玉皇放花，形成传统，延续至今。

每年正月十五晚饭后，会首率全村人焚香敬神，开始"出花"。他们将花炮从存放处取出，用小木轿抬上花炮，打着五色彩旗，敲锣打鼓，狮子、船灯、毛熊等开路，会首及头人手执木香，沿街转一圈后安置于专门制作的花竿上。花竿高约十米，要穿横筋条七根，上下筋条较短，中间较长，形成草书"虎"字样。每筒花绑定在筋条上，花竿顶端竖一皂灰纸旗，名曰"冲天旗"；花竿中间筋条两头各挂一盏折叠起来的合灯，贴上彩色飘带，迎风飘扬。花竿四周有六个小花竿，高约四米，顶部置方形木盘，上置裱糊的唐僧、孙悟空、八戒、沙僧、焦赞、孟良，在这些人物身下装有花筒，以火线连接起来。距大花竿约50米处置关公小木堂，一根火绳直通大花竿顶，这就是花场全景。

入夜各路人流涌向哈尕滩，最多时达万余人。午夜时刻，在花竿西侧墙头，燃起熊熊旺火，先放铁炮三声，由会首持香点燃花竿上的捻子，顿时烈焰腾空，星火漫天，人们的喝彩声不绝于耳（见图4-43）。[1]

图4-43 哈尕滩烟火会[2]

---

[1] 党建军2013年拍摄于临潭县。
[2] 党建军2013年元宵节拍摄于哈尕滩。

第五章 临夏州回族非物质文化遗产资源与保护现状

临夏回族自治州历史悠久，是远古人类生息繁衍地之一。五千年前就有先民居住生活，两千年前秦汉王朝就在此设县、置州、建郡，古称枹罕，后改导河、河州。是历代兵家必争之地、古丝绸之路南道之要冲、唐蕃古道之重镇、茶马互市之中心，是明代著名的四大茶马司之一，有"河湟雄镇"之称。临夏回族自治州成立于1956年，是全国两个回族自治州之一。

第一节 临夏州非物质文化遗产基本情况

一 临夏州州情

临夏州位于黄河上游，甘肃省中部西南边缘，东濒洮河与定西市相望，西依积石山与青海省毗连，南屏太子山与甘肃省甘南藏族自治州为邻，北邻黄河、湟水与兰州市、青海省民和县接壤，州府仅距省会150千米。地处青藏高原与黄土高原过渡地带。东西长136千米，南北长183千米，总面积8169平方千米，耕地面积216.16万公顷，农民人均耕地1.25公顷，分为川塬、山阴、干旱三类地区，大体各占三分之一。现辖州有临夏市一个县级市，临夏县、康乐县、永靖县、广河县、和政县5个县，东乡族自治县、积石山保安族东乡族撒拉族自治县2个自治县，46个镇、78个乡、6个街道办事处、1150个行政村。州内聚居回、汉、东乡、保安、撒拉等31个民族，其中东乡族、保安族是临夏独有民族。总人口213.35万，以回族、东乡族等为主信仰伊斯兰教的少数民族占58.51%。2014年，全州完成生产总值148.5亿元，同比增长14.4%；全社会固定资产投资202.6亿元，增长45%；大口径财政收入17.5亿元，增长26.5%；社会消费品零售总额47.5亿元，增长18.2%；城镇居民人均可支配收入11 418元，增长17%；农民人均纯收入3151元，增长17%。[①]

[①] 临夏统计年鉴编纂委员会，《临夏统计年鉴（2012—2014）》，第41页。

临夏民族文化和民俗风情独特，古迹名胜和人文景观众多，旅游资源得天独厚。以马家窑文化为代表的各类文化遗产星罗棋布，是我国新石器文化最集中、考古发掘最多的地区之一，现有各类文物遗址584处，半山文化、齐家文化因最早在临夏发现而命名。中国历史博物馆里珍藏的国宝"彩陶王"也出土于临夏，故河州又有中国"彩陶之乡"的美誉。驰名中外的炳灵寺石窟是沿古丝绸之路寻胜访古的旅游热点之一。近年发掘出土的和政古动物化石以其数量、品种、规模和完整程度占据了六项世界之最，刘家峡恐龙国家地质公园有世界上最大的恐龙足印化石群地质遗迹，具有重大的古生物资质遗迹保护价值和旅游开发价值，引起国内外专家学者的广泛关注。碧波万顷、灿若明珠的刘家峡水库是西北内陆最大的水库，素有"高峡平湖"之称。距今1600多年历史的炳灵寺石窟，是我国著名的十大石窟之一。黄河三峡的奇异风光正在成为新的旅游热点。"一夫当关，万夫莫开"的积石雄关，传述着大禹"导河自积石"的典故。临夏州也是民歌"花儿"的发源地，被中国民间艺术家协会命名为"中国花儿之乡"。以"花儿会"和秀丽景色闻名的国家森林公园松鸣岩和莲花山自然保护区，成为全国独具一格的旅游景点。穆斯林群众相对聚居，伊斯兰文化特色较为浓郁，各式清真寺融中国古典建筑风格和阿拉伯特色于一体，庄严肃穆、秀丽壮观。色香味俱佳的各类传统小吃，特别是清真风味小吃，享誉西北。①

二 临夏州非遗种类与数量

临夏州自2004年民族民间文化保护工程启动以来，通过以县为单位的调查摸底，全州共发现非遗线索687条，确定非遗项目16大类214项。这些项目在全州境内都有不同程度的分布，具有极高的科学、历史、文化价值。其中，松鸣岩花儿会等11个项目被列入国家级非遗名录；保安族口头文学与语言等33个项目为省级非遗名录；河州小唱等119个项目被列入州级名录（见表5-1）。此外，马金山等7人被相继确定为国家级非遗项目代表性传承人，马瑞等41人被确定为省级传承人，84人被确定为州级传承人。②

---

① 临夏统计年鉴编纂委员会，《临夏统计年鉴（2012—2014）》，第42页
② 资料来源：临夏州文化馆内部资料。

表 5-1 临夏州非物质文化遗产名录项目名单[①]

序号	项目类别	项目名称	保护单位	本级政府公布批次	本级政府公布文号
1	民间文学	东乡族口头文学与语言	东乡县文化馆	第一批	临州府〔2007〕13号
2	民间文学	保安族口头文学与语言	积石山县文化馆	第一批	临州府〔2007〕13号
3	民间文学	东乡族民间故事传唱《火者阿古》	东乡县文化馆	第一批	临州府〔2007〕13号
4	民间音乐	花儿（莲花山花儿会）	康乐县文化馆	第一批	临州府〔2007〕13号
5	民间音乐	花儿（松鸣岩花儿会）	和政县文化馆	第一批	临州府〔2007〕13号
6	民间音乐	花儿（积石山盖新坪花儿会）	积石山县文化馆	第一批	临州府〔2007〕13号
7	民间舞蹈	永靖县傩傩戏舞秧歌(和政县秧歌)	永靖县文化馆 和政县文化馆	第一批	临州府〔2007〕13号
8	民间舞蹈	秧歌（永靖县秧歌）	和政县文化馆	第一批	临州府〔2007〕13号
9	民间舞蹈	秧歌（永靖县秧歌）	永靖县文化馆	第一批	临州府〔2007〕13号
10	曲艺	河州贤孝	临夏市文化馆	第一批	临州府〔2007〕13号
11	曲艺	河州平弦	临夏市文化馆	第一批	临州府〔2007〕13号
12	曲艺	回族宴席曲	临夏州文化馆	第一批	临州府〔2007〕13号
13	曲艺	永靖财宝神	永靖县文化馆	第一批	临州府〔2007〕13号
14	民间美术	临夏砖雕	临夏县文化馆	第一批	临州府〔2007〕13号
15	传统手工技艺	保安族腰刀锻制技艺	积石山县文化馆	第一批	临州府〔2007〕13号
16	传统手工技艺	东乡族擀毡技艺	东乡县文化馆	第一批	临州府〔2007〕13号

① 资料来源：临夏州文化馆内部资料。

（续表）

序号	项目类别	项目名称	保护单位	本级政府公布批次	本级政府公布文号
17	传统手工技艺	刻葫芦（临夏刻葫芦）	临夏市	第一批	临州府〔2007〕13号
18	传统手工技艺	永靖古城王氏铸造技艺	永靖县	第一批	临州府〔2007〕13号
19	传统手工技艺	河州白塔寺木雕技艺	永靖县	第一批	临州府〔2007〕13号
20	传统手工技艺	东乡族钉匠技艺	东乡县	第一批	临州府〔2007〕13号
21	传统手工技艺	穆斯林面食技艺	临夏州文化馆	第一批	临州府〔2007〕13号
22	民俗	保安族服饰	积石山县	第一批	临州府〔2007〕13号
23	民俗	保安族婚礼	积石山县	第一批	临州府〔2007〕13号
24	民族建筑	临夏穆斯林建筑艺术	临夏州文化馆	第一批	临州府〔2007〕13号
25	民族建筑	临夏民宅	临夏州文化馆	第一批	临州府〔2007〕13号
26	民俗	河州回族葬俗	临夏市	第二批	临州府〔2009〕18号
27	民俗	河州回族婚俗	临夏市	第二批	临州府〔2009〕18号
28	民俗	东乡族婚俗	东乡县	第二批	临州府〔2009〕18号
29	民俗	东乡族平伙习俗	东乡县	第二批	临州府〔2009〕18号
30	民俗	和政汉族丧葬礼仪	和政县	第二批	临州府〔2009〕18号
31	民俗	插牌习俗	和政县	第二批	临州府〔2009〕18号
32	民俗	和政饮酒习俗	和政县	第二批	临州府〔2009〕18号
33	民俗	河州捏手交易习俗	和政县、广河县	第二批	临州府〔2009〕18号
34	民俗	啞酒习俗	康乐县	第二批	临州府〔2009〕18号
35	民俗	元宵送火把习俗	康乐县	第二批	临州府〔2009〕18号
36	民俗	唱满月习俗	康乐县	第二批	临州府〔2009〕18号
37	民俗	赶旱魔习俗	康乐县	第二批	临州府〔2009〕18号

（续表）

序号	项目类别	项目名称	保护单位	本级政府公布批次	本级政府公布文号
38	民俗	吃八宿习俗	康乐县	第二批	临州府〔2009〕18号
39	民俗	喊哈来目习俗	康乐县	第二批	临州府〔2009〕18号
40	民族传统体育项目	拔腰	广河县	第二批	临州府〔2009〕18号
41	民族传统体育项目	河州木球	临夏县	第二批	临州府〔2009〕18号
42	民族传统体育项目	临夏赛马	东乡县	第二批	临州府〔2009〕18号
43	民族传统体育项目	打炮嘎	临夏县	第二批	临州府〔2009〕18号
44	民族传统体育项目	下方	临夏县	第二批	临州府〔2009〕18号
45	民族传统体育项目	打流星	和政县	第二批	临州府〔2009〕18号
46	民族传统体育项目	对棍	积石山县	第二批	临州府〔2009〕18号
47	民族传统体育项目	保安族"夺腰刀"	积石山县	第二批	临州府〔2009〕18号
48	民族传统体育项目	跳方	临夏市	第二批	临州府〔2009〕18号
49	民族传统体育项目	河州天启棍	临夏市	第二批	临州府〔2009〕18号
50	民族传统体育项目	河州压走骡	东乡县	第二批	临州府〔2009〕18号
51	民间手工技艺	河州木雕技艺	临夏市	第二批	临州府〔2009〕18号

（续表）

序号	项目类别	项目名称	保护单位	本级政府公布批次	本级政府公布文号
52	民间手工技艺	河州黄酒酿造技艺	临夏市	第二批	临州府〔2009〕18号
53	民间手工技艺	河州糖瓜制造技艺	临夏市	第二批	临州府〔2009〕18号
54	民间手工技艺	王氏铜铸工艺	临夏市	第二批	临州府〔2009〕18号
55	民间手工技艺	马鞍具制作工艺	临夏市	第二批	临州府〔2009〕18号
56	民间手工技艺	东乡族传统织褐子工艺	东乡县	第二批	临州府〔2009〕18号
57	民间手工技艺	东乡族传统皮匠工艺	东乡县	第二批	临州府〔2009〕18号
58	民间手工技艺	河州民间刺绣（扩展项目）	和政县、康乐县、积石山县、临夏县	第二批	临州府〔2009〕18号
59	民间手工技艺	羊皮筏子制作工艺	积石山县	第二批	临州府〔2009〕18号
60	民间手工技艺	擤麦垛子技艺	和政县	第二批	临州府〔2009〕18号
61	民间手工技艺	传统榨油技艺	和政县	第二批	临州府〔2009〕18号
62	民间手工技艺	尕擦呱酿造工艺	和政县	第二批	临州府〔2009〕18号
63	民间手工技艺	民间泥塑工艺	和政县	第二批	临州府〔2009〕18号

（续表）

序号	项目类别	项目名称	保护单位	本级政府公布批次	本级政府公布文号
64	民间手工技艺	临夏竹柳编工艺（扩展项目）	和政县、康乐县、广河县	第二批	临州府〔2009〕18号
65	民间手工技艺	河州水磨磨面技艺	和政县	第二批	临州府〔2009〕18号
66	民间手工技艺	和政剪纸	和政县	第二批	临州府〔2009〕18号
67	民间手工技艺	孟氏木头镟艺	临夏县	第二批	临州府〔2009〕18号
68	民间手工技艺	甜麦子酿造技艺	广河县	第二批	临州府〔2009〕18号
69	民间舞蹈	积石山县秧歌	积石山县	第二批	临州府〔2009〕18号
70	民间舞蹈	河州羊皮鼓舞（扩展项目）	和政县、康乐县、积石山县、临夏县	第二批	临州府〔2009〕18号
71	民间舞蹈	鳌头傩戏（扩展项目）	和政县、临夏县	第二批	临州府〔2009〕18号
72	民间曲艺	河州小唱	临夏市	第二批	临州府〔2009〕18号
73	民族建筑类	八坊民居	临夏市	第二批	临州府〔2009〕18号
74	民族建筑类	永靖白塔古典建筑艺术	永靖县	第二批	临州府〔2009〕18号
75	民间音乐	五月端阳寺沟花儿会	和政县	第二批	临州府〔2009〕18号
76	民间音乐	半苍岭花儿会	和政县	第二批	临州府〔2009〕18号
77	民间乐器	河州民间乐器咪咪（扩展项目）	临夏县、和政县	第二批	临州府〔2009〕18号

（续表）

序号	项目类别	项目名称	保护单位	本级政府公布批次	本级政府公布文号
78	民间戏曲	赵氏麻布戏	积石山县	第二批	临州府〔2009〕18号
79	民间戏曲	李家坪村眉户戏	和政县	第二批	临州府〔2009〕18号
80	民间戏曲	牙塘酒曲	和政县	第二批	临州府〔2009〕18号
81	民间文学	永靖告比文化	永靖县	第二批	临州府〔2009〕18号
82	民间文学	马五哥与尕豆妹	临夏县	第二批	临州府〔2009〕18号
83	民间文学	米拉嘎黑	东乡县	第二批	临州府〔2009〕18号
84	民间医学	北塬金氏接骨术	临夏县	第二批	临州府〔2009〕18号
85	民间饮食	珍珠空心汤	康乐县	第二批	临州府〔2009〕18号
86	民间饮食	保安族饮食	积石山县	第二批	临州府〔2009〕18号
87	民间节日	正月十三秧歌节	和政县	第二批	临州府〔2009〕18号
88	民间节日	拉扎节	康乐县	第二批	临州府〔2009〕18号
89	传统狩猎	回族驯鹰	康乐县	第二批	临州府〔2009〕18号
90	民间美术	麦秆贴画	康乐县	第二批	临州府〔2009〕18号
91	民间文学	娇娇女传说	临夏县	第三批	临州府〔2011〕16号
92	民间文学	榆巴巴传说	临夏市	第三批	临州府〔2011〕16号
93	民间音乐	河州酒曲	临夏县	第三批	临州府〔2011〕16号
94	传统戏曲	花儿剧	州民族歌舞团	第三批	临州府〔2011〕16号
95	曲艺	回族宴席曲	临夏市	第三批	临州府〔2011〕16号
96	曲艺	临夏财宝神	临夏市	第三批	临州府〔2011〕16号
97	曲艺	河州打调	临夏市	第三批	临州府〔2011〕16号
98	民间美术	临夏砖雕（扩展项目）	临夏市	第三批	临州府〔2011〕16号
99	民间美术	河州经字画	临夏市	第三批	临州府〔2011〕16号
100	民间美术	河州棺材彩绘	临夏市	第三批	临州府〔2011〕16号
101	传统体育	八门拳	临夏市	第三批	临州府〔2011〕16号
102	传统体育	东乡族拔棍	临夏市	第三批	临州府〔2011〕16号

第五章 临夏州回族非物质文化遗产资源与保护现状

（续表）

序号	项目类别	项目名称	保护单位	本级政府公布批次	本级政府公布文号
103	传统体育	挖五子	临夏市	第三批	临州府〔2011〕16号
104	传统手工技艺	临夏褃花	临夏市	第三批	临州府〔2011〕16号
105	传统手工技艺	传统榨油技艺（扩展项目）	临夏县	第三批	临州府〔2011〕16号
106	传统手工技艺	河州黄酒酿造技艺（扩展项目）	临夏县	第三批	临州府〔2011〕16号
107	传统手工技艺	东乡族刺绣	东乡县	第三批	临州府〔2011〕16号
108	传统手工技艺	临夏民间纸质扎制技艺	和政县	第三批	临州府〔2011〕16号
109	传统手工技艺	临夏发子面肠制作技艺	临夏市	第三批	临州府〔2011〕16号
110	传统医药	收阴医术	临夏市	第三批	临州府〔2011〕16号
111	民俗	河州开斋节	临夏市	第三批	临州府〔2011〕16号
112	民俗	河州圣纪节	临夏市	第三批	临州府〔2011〕16号
113	民俗	河州古尔邦节	临夏市	第三批	临州府〔2011〕16号
114	民俗	东乡族"地锅锅"	东乡县	第三批	临州府〔2011〕16号
115	民俗	牙塘"牛犊爷"	和政县	第三批	临州府〔2011〕16号
116	民俗	和政"青苗会"	和政县	第三批	临州府〔2011〕16号
117	民俗	搭喜花儿	康乐县	第三批	临州府〔2011〕16号
118	民俗	汉族建房"上梁喜话"	临夏县	第三批	临州府〔2011〕16号
119	民三俗	东乡族鸡尾宴	东乡县	第三批	临州府〔2011〕16号

三 临夏州非遗保护状况

（一）设立非遗保护机构

为了切实加强对非遗保护工作的领导，有效调动各方面的积极因素，顺利实施保护工作，临夏州成立了非遗保护工作领导小组及办公室，建立了由州政府分管领导为召集人和相关部门负责人参加的部门联席会议制度，设立了临夏州非遗保护专家委员会，成立了州、县非遗保护中心，挂靠州、县文化馆，保证了非遗保护工作科学有序地进展。

（二）举办大型展演、展示活动

近年来，临夏州以"文化遗产日"的宣传活动为载体，先后以板报巡展、群众签名活动等形式，深入广场、学校及各县市对非遗进行宣传，受到了各界群众的广泛关注；分期举办了全州非遗展演、民间工艺品博览会、非遗保护成果展等活动。举办的全州首届非遗普查成果展，制作了96块大型展板，征集了300多件非遗实物，[①]展示了全州丰富多彩的非遗资源，同时组织了以非遗为主的专场文艺演出。和政县连续举办了六届"中国西部花儿（民歌）歌手邀请赛"，邀请了西部九个省区组队参赛。康乐县政府先后投入200万元举办了12次花儿艺术演唱会和中国传统音乐第十三届年会及第一届花儿国际艺术研讨会。永靖县承办了"甘肃永靖·全国傩文化艺术展演"活动，省内外的24支傩舞表演队在开幕式上进行了艺术展演和祈福踩街表演，期间还举办了傩文化研讨会，促进了傩文化的交流和发展，并结合《临夏旅游》系列专题节目，在临夏电视台播出了非遗专题纪录片《盛世瑰宝》。康乐县协助《百科探秘》栏目组对莲花山花儿会进行过专题采访报道，并在中央电视台滚动播出。积石山县以各层次民运会表演项目"保安族夺腰刀"、各地商贸洽谈会、"中国·甘肃保安族艺术节"为平台，将保安腰刀进行全方位的展示，以推进宣传保安族文化，让保安族走向世界。

（三）非遗普查成果、理论研究成果大量出版

临夏州先后编辑出版了《临夏彩陶》《临夏雕刻葫芦》《河州花儿研究》《甘肃永靖傩舞戏》《莲花山与莲花山花儿会》《甘肃省和政民间歌曲集》《河州平弦》《临夏砖雕》等40多本非遗书籍，出版发行了《醉花儿》《红莲花儿美》《河

---

① 资料来源：临夏州文化馆内部资料。

州花儿红》《高高山上一座城》《玉芝情歌》《松鸣岩花儿》等十余套花儿专辑。康乐县文体局从2008年开始，编辑出版了莲花山花儿会保护专刊《天籁》。此外，《临夏州非遗图典》正在编制。①

（四）形成科学合理的资源开发机制

在保护的前提下，充分运用市场机制，加强与旅游等相关产业的融合，鼓励社会力量参与非遗的保护和合理开发利用，培育非遗产业基地及经典旅游景区，发挥非遗的经济价值，使之成为文化产业新的增长点。同时处理好保护与淘汰落后产能之间的关系，形成科学合理的资源开发机制，确保非遗开发有序进行。

第二节　临夏市非物质文化遗产

一　临夏市概况

临夏市位于甘肃省西南部，临夏自治州中部，地处黄河上游，距省会兰州市150千米，是临夏州州府所在地和全州政治、经济、文化中心，史称枹罕、河州。市区北、西、南被临夏县环抱，东与东乡县隔河相邻，形成北塬坡、南龙山、路盘山、凤凰山诸峰耸崎合围的黄土高原带状河谷阶地，地势平坦，大夏河（古称漓水）穿境而过。境域东西长20千米，南北宽4千米，全市面积88.6平方千米，辖枹罕、南龙、城郊、折桥4镇41个行政村；总人口25万，其中以回族为主的少数民族占总人口的51.4%。临夏市是多民族集聚的地区，其中信仰伊斯兰教的回族、东乡族、保安族、撒拉族人口占全市总人口的一半以上，素有"中国小麦加""茶马互市"、西部"旱码头"和"河湟雄镇"之称，享有"花儿之乡""彩陶之乡"和"牡丹之乡"的美誉。②

近年来，临夏市坚持"商贸富市、工业强市、农业稳市、环境塑市"战略，全市经济社会发展呈现出了速度加快、总量扩大的良好势头。

---

① 资料来源：临夏州文化馆内部资料。
② 临夏州统计年鉴编委会，《临夏统计年鉴（2012—2014）》，第43页。

二 临夏市非遗资源

临夏市现已公布了三批县级33项非遗名录，州级项目11项，其中葫芦雕刻艺术、天启棍、河州黄酒、王氏铜铸技艺、回族宴席曲等6项为省级项目，河州贤孝、河州平弦2项被列入国家级名录。[①]

（一）河州贤孝

河州贤孝又称"河州唱书""贤孝弹唱""河州三弦善书""临夏贤孝""河州调"等，是流传在临夏地区的传统说唱艺术（见图5-1）。贤孝因宣扬劝善惩恶、忠臣良将、妻贤子孝的演唱内容而得名。河州贤孝产生于明清时期，早在清朝嘉庆年间被称为"先生王"的甘肃永靖县陈德明先生就从事贤孝演唱艺术，技艺精湛，走遍甘、青两省广大地区，传唱《施公案》《三国演义》等，深受欢迎。河州贤孝是河州说唱艺术的缩影。它是临夏地区的优秀民间音乐文化，是中国古老说唱艺术的遗存。

图5-1 河州贤孝舞台剧表演[②]

河州贤孝以盲艺人用三大弦（有时也用小三弦）来伴奏。比较大的活动中用三弦、琵琶、四胡（或二胡）共同伴奏，弹拉结合，很有特色。贤孝的唱本浩瀚，有近千个唱本唱段，多为艺人据书编就，世代流传，对春秋战国时候的通俗小说、话本及唐代变文、俗讲等均有演唱。为了便于区别，艺人们把表现国家兴亡、忠臣良将的节目叫"国书"，《伍子胥过江》《三国演义》《杨家将》《包公案》

---

① 图片来源：临夏州文广局内部资料。
② 同上。

等即属此类；将反映日常生活中孝顺父母、男女情爱的节目叫"家书"；还有以"二十四孝"故事为内容的节目。①新中国成立后，盲艺人们创编了《闹春耕》《庆丰收》等新曲目，讴歌新生活，歌颂共产党。著名的盲艺人和专业的文艺工作者还赴省上京，参加曲艺调演和比赛，使这朵古老的民间艺术之花登上了"大雅之堂"，回响在省、中央广播电台的曲艺节目中。②

（二）河州平弦

河州平弦古称"平调""述调"，新中国成立后也称"临夏平弦"，主要流传在临夏市及周边地区，据艺人传说，平弦最初是古长安皇宫中演唱的，它由丝绸之路向西传播，传到河州后与本地方言相结合，吸收了本地的民间曲调，形成独具地方特色的说唱艺术（见图5-2）。早在清代时就有艺人用《岔曲》和《述腔》演唱平弦曲目的记录，从民国到新中国成立后至"文革"前，平弦演唱主要在茶园、俱乐部开展。

图 5-2 河州平弦表演③

河州平弦属曲艺中的曲弹联缀体，而大多曲牌的字数、顿数、句数均有一定的规范。它有唱词秀丽、曲调优美的特点。由于它的爱好者和艺人大多是文人雅士，或有一定文化层次的民间艺人，平弦的唱词、音乐旋律等方面都具较高的学

---

① 图片来源：临夏州文广局内部资料。
② 同上。
③ 同上。

术、文化和艺术价值。它的主要伴奏乐器是三弦,在演唱中前奏、间奏作用显赫,使三弦浑厚响亮的特色得到充分发挥,也奠定了起伏、凝重的平弦演唱基调。[1]

(三)临夏刻葫芦

雕刻葫芦堪称临夏一绝,分布在临夏市及周边地区。葫芦,意为"福禄",自古以来人们认为它一能祈福,二可祛邪,深受人们的喜爱。明末清初被宫廷接受,随之兴盛起来。刻葫芦最早来源于兰州,由一名叫李文斋的民间艺人传到临夏。在民间艺人们的不断探索和创新中,已形成了完整的制作程序,艺术性、工艺性极强,精妙独到,成为临夏特有的民族工艺品(见图5-3)。

临夏刻葫芦按形状可分为亚亚葫芦雕刻、疙瘩葫芦雕刻、鸡蛋葫芦雕刻、蛐蛐罐葫芦雕刻、异形葫芦雕刻和微型葫芦雕刻等。临夏刻葫芦取材广泛,一般多为吉祥图案、历史典故、人物、唐诗、宋词、四大名著、名画等。画面或分割表现或通体连贯,一般以繁、微、细为佳作,又以场面宏大为精佳之作,如一百零八将、五百罗汉等。[2]

图5-3 临夏刻葫芦[3]

总之临夏刻葫芦因独特的形状、精美的图画、超绝的表现形式而极具艺术价值。

---

[1] 图片来源:临夏州文广局内部资料
[2] 同上。
[3] 范景欣2014年11月拍摄于临夏市。

（四）天启棍

天启棍也称"天齐棍"，是流传于临夏地区的一种民间武术（见图5-4），也是我国武坛"西棍"的重要组成部分。它历史久远，内容丰富，风格独特，技击性强，于我国武坛久享盛誉。

图5-4　天启棍表演[①]

据《导河县志·艺术·人物门》记载，咸丰、同治年间，有河州拳师王福海（俗名王大脚），精于技击，幼年从山东学得一种棍术，名曰天启棍，此棍术内分十二门三十六式。王福海耍棍时滴水不能侵身，因此陇上武术家称其为宗师。其徒弟魏廷魁极力研习棍法，达到了炉火纯青、技法精进、随意变化的境界，并将天启棍发扬光大，因此当地人又将之称作魏家棍。

天启棍的长度原为齐眉棍，粗细不限，后来延长了数寸，一般比练习者身高长出2~5寸，再加上伸臂放长击远，其效果比齐眉棍好了许多。棍法内容丰富，内分五轮和五折，尤以抢子、折子、排子、条子、串子备全而卓成体系。[②]

（五）河州黄酒酿制技艺

临夏黄酒是临夏地区的一种酿造特产，以香味醇厚、甜酸可口、色泽金黄而享誉陇原，其酿制技艺已有数百年的历史。

在长期的酿造过程中，临夏黄酒有一套独特的传授规程（传媳不传女）和酿造工艺。酿黄酒时，首先精选上等黄米、大米、小麦、大麦，用清水淘洗后，经蒸煮晾拌，等温度适宜后拌优质酒曲入大瓷缸密封，经数月甚至数年后，用质

---

① 范景欣2014年11月拍摄于临夏市。
② 资料来源：临夏市文化馆内部资料。

纯、色清的井水榨出黄酒。黄酒封存酿期愈长，香味愈浓、色泽愈黄，酒精度为18℃左右。在明代李时珍撰写的《本草纲目》中黄酒被列为滋补良品。临夏黄酒由于选料精良，用传统手工精心制作，含有大量的维生素、氨基酸等营养成分，具有活血、舒筋、提神的功效，并且常用作药引。[①]

（六）回族宴席曲

回族宴席曲（见图5-5）是临夏回族人民结婚时演唱的一种载歌载舞的民间传统歌曲，其形成的时代正是唐诗、宋词、元曲产生并十分兴盛的时期，到了明朝广泛传唱于全州境内。宴席曲主要包括叙事曲、散曲、五更曲、说唱曲、酒曲等五大类。曲调优美婉转，载歌载舞，没有打击乐，虚词部分的无限延长音是有别于其他任何民族和地区歌舞音乐的一个特征。内容既有传统唱本，也有即兴创作的，回族的风土人情、喜怒哀乐都融化其中，语言生动活泼、诙谐风趣，极具民族色彩。[②]

回族宴席曲不仅对回族的形成、迁徙、发展史的研究重要的历史价值，还对民族文化、民族音乐、民族舞蹈、民族服饰的研究，以及对丰富中国民族音乐起到一定的推动作用。

图5-5　回族宴席曲[③]

---

① 资料来源：临夏市文化馆内部资料。
② 同上。
③ 同上。

（七）河州小唱

河州小唱又称"河州月弦戏"，是临夏地区仅有的一种地方戏曲艺术，流传于以临夏市为中心的周边地区，是戏曲文化中的璀璨瑰宝。它历史悠久，起源已无法考证，最初的月弦为曲艺表演形式，后经众多艺人的发展，逐步转变为戏曲表演形式，但还存有小部分说唱曲艺形式。

在长期的艺术积累中，河州月弦形成了一套独特的结构形式和表演方法，在"唱、念、做、打"上都有一套规范化的程式，包含各种唱腔、舞蹈动作、媚眼身法等规范化套路。其曲调多来自临夏地区小曲、民歌，还有一部分来自河州平弦、兰州鼓子、眉户曲牌和临夏辞章。不同于西北音乐高亢激越的风格，其唱腔曲调婉转优美且富有变化，行腔以河州方言为基础。其行当分为"生、旦、净、末、丑"，各剧对不同的行当在音色、音量、音域及曲调方面均有区别。主要伴奏乐器为：文场有板胡、三弦、二胡、扬琴等；武场有板鼓、小锣、铙钹、战鼓等。传统剧目大部分已流失，目前还能演出的有《花园卖水》《杀狗劝妻》《古城训弟》等十几出。[①]

（八）河州穆斯林开斋节

开斋节又称"尔德节"，是阿拉伯语"尔德·菲士尔"的意译，回族称其为"大尔德"（见图5-6）。尔德节是莱麦丹月的最后一天，由于希吉来历是纯阴历，所以尔德节出现在每年的不同时间。

传说穆罕默德40岁那年（希吉来历九月），真主把《古兰经》的内容传授给他，因此莱麦丹月为最尊贵、最吉庆、最快乐的月份。为了表示纪念，在九月封斋一个月，起止日期根据新月出现的日期而定。初一的傍晚，太阳落山后各地的回族，有的到清真寺的宣礼塔上，有的到墙头上或房顶上，有的到地埂和梁坝上，盯着西方的天空，一见月牙儿就入斋。如遇雾气茫茫、黑云翻滚、黄沙弥天等情况，可推迟到初二、初三的晚上。这个月内达到规定年龄的男女（男12岁、女9岁以上）从拂晓到日落前不得进食，故称"闭斋"，但年老之人、卧床不起的病人，以及孕妇、婴儿等例外。

---

① 资料来源：临夏市文化馆内部资料。

图 5-6　河州穆斯林庆贺开斋节[①]

斋月里，因为历时三十天，所以人们需要提早准备各种食品，即使生活困难的家户，在斋月及开斋期间，也设法准备一些较好的食物。斋月里有两多：一是读《古兰经》的多；二是施舍多，生活比较富裕的人，根据自己的情况拿出钱、物或食品等施舍给穷人。节日的第一天早上，男子上先祖的埋葬滩祈祷，而后到清真寺上寺会礼，礼毕后互相祝安问好。[②]

（九）河州穆斯林古尔邦节

"古尔邦"是阿拉伯语"艾祖哈"的音译，亦称"忠孝节"或"古尔巴尼节"，意为"献牲"，即宰牲献祭，是伊斯兰教的盛大节日之一。古尔邦节的时间定在伊斯兰教历的十二月十日。

据伊斯兰经典记载，易卜拉欣夜间梦见安拉命他宰杀爱子伊斯玛仪献祭，考验他对安拉的虔诚，于是易卜拉欣把刀磨得非常锋利。当伊斯玛仪侧卧后，他把刀架在儿子的喉头上。这时他伤心痛哭，第一刀下去只在儿子的脖子上留下了一个白印，第二刀下去刮破了一点皮。伊斯玛仪说："我的父啊，你把我翻个身，让我匍匐而卧，这样你就下决心吧，顺从真主的命令。"易卜拉欣听了儿子的劝

---

① 资料来源：临夏市文化馆内部资料。
② 同上。

言，把他翻了个身，用白毛巾覆盖在儿子的头上，毅然重新执刀，这时安拉派遣天仙背来一只黑头羚羊代替了伊斯玛仪。于是易卜拉欣拿起刀，宰倒了羊。从此穆罕默德就把伊斯兰教历十二月十日定为宰牲节。

古尔邦节宰牲一般期限为三天。古尔邦节前人们要做各种准备，特别是买好作为"献牲"的牲畜。节日的早晨，人们进行沐浴全身的"大净"，然后盛装到清真寺参加聚礼；聚礼后回家宰牲血祭，宰羊时用一块洁白毛巾覆盖在羊头上，并要求用锋利的刀割断气管、血管、食管，不能少断一管。宰牲后请阿訇到家里诵经赞主、赞圣，祈祷平安，纪念亡人。通常人们把血祭的牲肉分为三份：一份施舍给穷苦教胞，一份赠给亲友邻居，一份用作自食。这天除了宰牲，家里还要炸油香、蒸素盘，也有的炸馓子、果果等，热情招待前来祝贺的亲朋好友，孩子、姑娘们身着节日盛装去转亲戚。①

（十）王氏铜柱技艺

在甘肃、青海的许多寺院里，有许多独具特色的铜铸佛像和宗教活动中使用的铜器用品，以独特的工艺、精美的造型，深受佛教群众的喜爱，这是临夏铜匠庄王氏铜器铸造艺人们的杰作。

铜匠庄王氏祖籍南京，相传明嘉靖元年从南京随军来到河州，兵败留于此。当地一位铜匠无嗣，过继王氏一子，学会铜铸技艺后世代相传，主要制作各种黄铜器具。

王氏铜器选用红泥雕出所需铸造器物的模型，用潮湿白色黏土翻模，用黄铜铸造，然后进行焊接、组装、打磨、抛光。主要铸造藏传佛教用品，如佛像、铜灯、香炉等。工匠技艺为族长式管理模式，只能传授给王氏男性，不传外姓人和女性。随着岁月的流逝和人员的增加，铜匠庄王氏一族逐渐分布到夏河、青海、永靖、古浪，为藏汉佛教铸造宗教用品和佛像。②

长期以来，铜铸工艺一直是铜匠庄村的支柱产业，曾在当地经济发展中发挥了十分重要的作用，解决了当地部分人的就业问题，有效地促进了农民增收。但由于王氏铜铸工艺技术难度大，学习时间长，年轻人不愿学，已后继乏人。

---

① 资料来源：临夏州文化馆内部资料。
② 同上。

第三节　临夏县非物质文化遗产

一　临夏县概况

临夏县位于临夏州西南部，黄河南岸。县境东西宽53.1千米，南北长59.85千米，总面积1212.4平方千米，其中耕地面积37.55万亩，人均耕地面积1.04亩。地貌为青藏、黄土高原参半，多山沟，兼有塬、川。辖19乡、6镇、219个行政村，全县有汉、回、东乡、保安、撒拉、土、藏、蒙古、土家9个民族。全县总人口为38.69万，其中汉族22.72万，占58.71%；回族12.66万，占32.71%；其他少数民族3.31万，占8.58%。①

临夏县人文历史悠久，马家窑、半山、马厂三种文化在此相汇。旅游资源独特，太子山、三岔坪、五山池、莲花湖等自然风景各具特色，风光秀丽。多民族的聚居造就了独特的民族风俗、民族建筑和民族文化艺术。

二　临夏县非遗资源

临夏县现已公布了一批县级30项非遗名录，其中河州木球、河州羊皮鼓舞、打炮嘎等10项被列入州级名录，《马五哥与尕豆妹》、北塬金氏接骨术、穆斯林建筑艺术3项为省级项目，临夏砖雕为国家级项目。②

（一）临夏砖雕

砖雕，俗称"硬花活"，就是以砖为原料雕琢的建筑艺术品。临夏砖雕是临夏民间民俗文化中一颗璀璨夺目的瑰宝，是临夏别具特色的古典建筑装饰艺术的集中体现（见图5-7）。临夏砖雕历史悠久，从秦汉历经一千年的发展到宋金时期完善和成熟，明清两代进入兴盛期，至近代更臻完美。

临夏砖雕主要用于寺、庙、观、庵等宗教建筑和仿古楼、堂、馆、所等公共建筑及传统民居建筑中。技法主要有捏雕和刻雕。砖雕题材丰富多彩，多表现安居乐业、延年益寿、吉祥如意等文化内涵，富丽堂皇、古朴典雅。③

临夏砖雕是一种集画、诗、书、印、雕为一体的综合性平面立体艺术，几乎涵盖了中国传统文学艺术的各个门类，具有极高的观赏与审美价值。临夏砖雕是

---

① 临夏州统计年鉴编委会，《临夏统计年鉴（2012—2014）》，第45页。
② 资料来源：临夏县文化馆内部资料。
③ 同上。

古典建筑中必不可少的装饰形式之一，对提升古典建筑的文化品位和人文内涵有着其他装饰艺术所无法替代的功能。因此，挖掘、保护、弘扬这一传统民间技艺，对全面提升临夏地区以木雕、砖雕、彩绘为主要艺术特色的古典建筑行业市场有着强大的推动作用。

图 5-7　临夏砖雕《山水图》①

（二）临夏穆斯林建筑艺术

漫步临夏街头，随处可见的是那气势恢宏的穆斯林建筑，这些精美的穆斯林建筑既传承了中国古典建筑的神韵，又浓缩了民族文化的精髓，荣膺"民族建筑艺术博览园"之美誉。

临夏穆斯林建筑大体包括清真寺和各式拱北两大类。清真寺以中阿融合式为主，具有浓郁的阿拉伯风格，并糅合中国古典建筑特色，代表性的建筑主要有清真老华寺、清真前河沿寺、清真北寺等（见图5-8）。临夏的拱北建筑则完全是中国古典式建筑，飞檐翘角、雕梁画栋，极富东方色彩并融会贯通了临夏艺术三绝，即砖雕、木雕和彩绘，代表性的建筑主要有西拱北、大拱北、榆巴巴拱北等。②

---

① 杨志军 2014 年 3 月拍摄于临夏县。
② 资料来源：临夏县文化馆内部资料。

图 5-8　临夏穆斯林清真寺①

　　临夏穆斯林建筑艺术是回族重要的文化遗存，在回族建筑史的发展中产生了重要的影响。其设计思想、总体布局、艺术造型、美术装饰、书法绘画均凝聚了回族人民的民族意识、宗教信仰和心理素质，也反映了临夏穆斯林群众在建筑艺术方面的技术水平和民族特色。发掘、抢救和保护临夏穆斯林建筑艺术刻不容缓，应当引起高度重视。

　　（三）《马五哥与尕豆妹》

　　《马五哥与尕豆妹》是临夏地区广泛流传的一段质朴感人的民间故事，歌颂了清朝咸丰时期临夏县漠泥沟乡马五与尕豆这对回族青年坚贞不渝、不畏权势的爱情故事（见图 5-9）②，以花儿体叙事长诗《马五哥与尕豆妹》这种口头文学的形式流传。因而，对这一遗产的保持，一方面要借助录音、录像等途径留存资料；更重要的是要培养当地的传承人，得其神韵。

---

① 范景欣 2014 年 5 月拍摄于临夏县。
② 资料来源：临夏县文化馆内部资料。

第五章　临夏州回族非物质文化遗产资源与保护现状

图 5-9　马五哥与尕豆妹的故事①

（四）北塬金氏接骨术

临夏县境以北的北塬人杰地灵、奇人辈出，诞生于此的金氏接骨疗法由于医术精湛、药物配方神秘、使用手法独特、治疗效果显著，备受骨折患者的好评（见图 5-10），不仅在临夏地区家喻户晓，其声名甚至远传四川、青海、新疆和西藏等省、区。

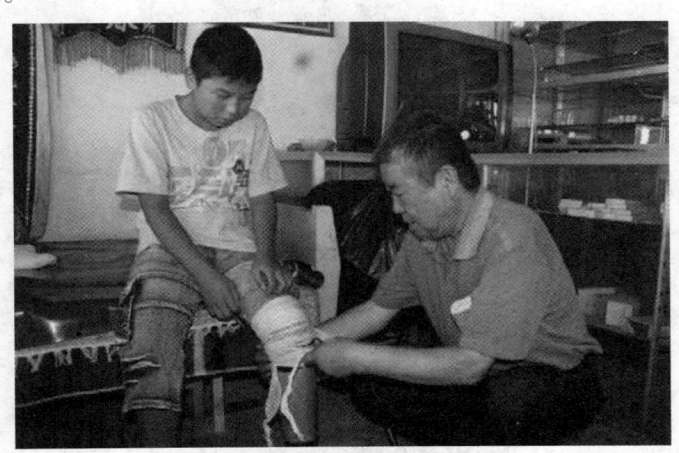

图 5-10　北塬金氏接骨的场景②

---

① 资料来源：临夏县文化馆内部资料。
② 范景欣 2013 年拍摄于临夏县。

金氏先祖世居北塬桥寺乡尕金村，创始人金可南曾遇一道人病倒门口，遂请人医治，并精心照料，道人康复后将治疗骨折秘方赠与他相谢，嘱其用于养家糊口、治病救人，不可用作敛财的工具。此方对治疗骨折效果显著，金氏接骨从此开始，可南遵嘱不索钱财，求医者络绎不绝。

金氏接骨与西医手术治疗相比，有治疗费用少、肌肉无创伤、骨折愈合期短、患者疼痛小等优点。[①]

金氏接骨经过100多年的发展和几代人的不懈努力，并借助现代科技手段，技术日臻完善，金氏接骨膏对骨折的神奇疗效得到患者肯定，赢得一致赞誉。

（五）河州民间乐器咪咪

咪咪是临夏地区古老的单簧气鸣乐器，是人们在喜庆丰收、过年过节或劳动之余常用的主要乐器，常用来演奏花儿等民间小调和一些古老的曲子，抒发喜怒哀乐、悲欢离合。"近世双笛从羌起，羌人伐竹未及已，龙吟水中不见已，截竹吹之声相似……故本四孔加以一。"这是东汉马融《长笛赋》中对咪咪的记载，由此可见，咪咪在汉代就已流传于甘肃、四川等地了，已有两千多年的历史（见图5-11）。

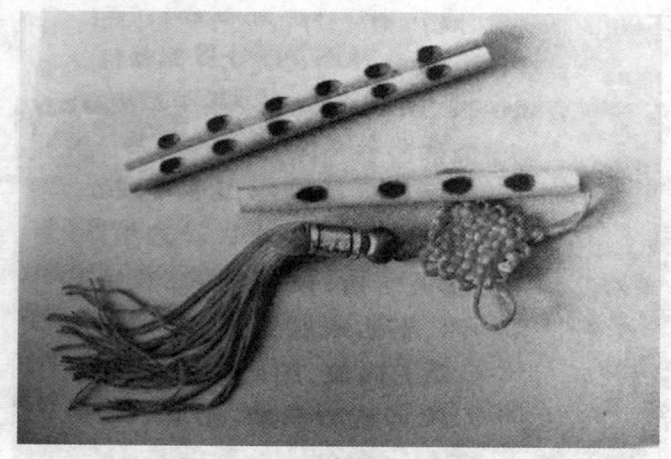

图5-11 河州民间乐器咪咪[②]

咪咪是用当地高山上生长的毛竹制成的，竹节长，管身较细。分单管咪咪和

---

① 资料来源：临夏县文化馆内部资料。
② 范景欣2014年8月拍摄于临夏县。

双管咪咪。咪咪竖着吹奏，音色清脆高亢，或悲凉幽怨，或喜悦缠绵，给人以虚幻迷离、动人心魄的感觉。"羌笛何须怨杨柳，春风不度玉门关"是其表现力的最佳写照，故最适于独奏，也可为歌舞伴奏。①

第四节 和政县非物质文化遗产

一 和政县概况

和政县位于临夏州南部，为古丝绸之路和唐蕃古道要塞，总面积960平方千米，耕地面积23.54万亩，人均耕地面积1.13亩。境内海拔高低悬殊，最高处太子山主峰4368米，最低处马家堡镇小河川为1900米，县城2200米。森林面积32.6万亩，森林覆盖率21.25%，植被覆盖率97%，素有"陇上绿色明珠"之称。辖6镇7乡、122个行政村，和政县聚居着汉、回、东乡、藏、撒拉、保安、满、蒙古族等9个民族。全县总人口20.81万，其中少数民族人口占57.48%。②

和政旅游资源较为丰富，尤以松鸣岩和古动物化石博物馆而著称。目前古动物化石博物馆已收藏各类化石标本31000多件，分两纲七目110个属种。这批化石，种类丰富，数量繁多，保存完好，世界罕见，被誉为"东方瑰宝"，占据了世界六项之最。③

二 和政县非遗资源

和政县现已公布三批县级非遗名录32项，其中和政丧葬礼仪、和政酒俗插牌习俗、打流星等21项被列为州级项目，和政秧歌等2项被列入省级名录，松鸣岩花儿会被列为国家级名录项目。④

（一）松鸣岩花儿会

松鸣岩花儿会是甘肃省一年中最早举行的大型花儿会（见图5-12），会期在每年农历四月二十六至二十九之间，四月二十八是正会，故称"四月八"。松

---

① 资料来源：临夏县文化馆内部资料。
② 临夏州统计年鉴编委会，《临夏统计年鉴（2012—2014）》，第51页。
③ 同上。
④ 资料来源：和政县文化馆内部资料。

鸣岩花儿属于河州花儿，在临夏、康乐、广河、和政以及兰州、卓尼、夏河、临洮等地区广为传唱，在青海、宁夏、新疆等省区也有传唱，堪称"民族民间文化的活化石"。2006年被列入第一批国家级非遗名录。

图 5-12　松鸣岩花儿会①

松鸣岩花儿会是河州花儿的发祥地和传唱地，在西北地区乃至国内外都具有重要影响。河州花儿用当地通用河州话演唱，一般每首四句，前两句比兴，后两句本题；河州花儿的曲令有180多种，在演唱和填词上各有千秋；以独唱者居多，对唱时各唱一首相对，主要抒发自己的内心情感。2001年至2003年联合国教科文组织曾三次专程考察河州花儿，重点对松鸣岩花儿会进行了考察。松鸣岩花儿会是国内外专家学者采风、考察、开展学术研讨、采集原生态花儿的理想之地，也是孕育优秀花儿歌手的摇篮。2004年，松鸣岩花儿会被联合国教科文组织确定为"中国花儿传承基地"。②

（二）和政秧歌

秧歌亦称"社火"，最初是一种春祀秋报的民间祭祀活动。和政秧歌始于明，盛于清，改革变化于民国，发展于新中国成立后，特别是十一届三中全会以后更加繁荣壮大。和政秧歌分布区域非常广泛，在全县都有群众自发组织的秧歌队，

---

① 范景欣2014年6月拍摄于和政县。
② 资料来源：和政县文化馆内部资料。

各乡镇都有"时逢春节玩秧歌闹新春"的传统习俗。

和政秧歌节目丰富,阵容庞大,演员多达二百多人。形式多样,有说有唱,亦唱亦舞,并伴有武术、杂耍、杂角表演,气氛热烈,异彩纷呈。和政秧歌由"前三角""中三角""后角"以及"串火杂角"组成,行进和演出都按前后顺序进行,只有杂角可以穿插在队伍中任意发挥,取悦于观众。和政秧歌表演采用的道具繁多,按前后角色分有:流星、旱船、低跷和高跷、霸王高跃灯、响铃、鼓、锣、钹、黑驴、狮子、春牛、龙、纸马等。伴奏乐器早期秧歌只有三弦、二胡、板胡、笛子、撞铃、梆子、木鱼等民间器乐,随着社会的发展,又增加了黑管、小号、手风琴等乐器,其人员数量及演奏水平有了很大的提高。[①]

(三)"插牌"习俗

"插牌"是和政汉族群众普遍开展的一项给山脉补气,祈求神灵遮挡恶风暴雨、冰雹等的一项活动,部分地方称为"插牌令"或"插牌醮"。一般每三年举行一次,时间在农历五月上旬,一般只用一天时间,地点设在本地最高的山头,有条件的请喇嘛参与,若请用道士,一般为五人。

活动当天,早晨奉请神像出寺院,执事人员将神像抬到山头并安放好,在喇嘛或道士的指导下埋好"宝罐",所埋"宝罐"中装有中草药,分36味、72味、108味,表示36天罡、72地煞、108将。随后安放挡冰雹牌,插挡雹旗,执事带领群众在神像前焚香跪拜,众人呈献宰杀的牲畜等供品,喇嘛或道士诵经,祈祷风调雨顺、国泰民安、遮风挡雨、冰雹远消、蝗虫莫生、五谷丰登等。[②]

(四)民间泥塑工艺

泥塑作为一种民间艺术,在和政地方流传了近千年。它以泥土为原料,用手工捏制成形,或素或彩,以人物、动物为主。和政泥塑工匠主要集中在罗家集乡大滩村,主要为神庙塑佛像。

泥塑的泥土一般选用带黏性又细腻的土,经过锤打、摔、揉,有时还要在泥土中加上棉絮、纸浆或蜂蜜。泥塑的模制一般分为四步:制子儿、翻模、脱胎、着色。"制子儿"就是制出原型,即找一块和好的泥,运用雕、塑、捏等手法,塑造好一个形象,经修改、磨光、晾干后即可,有些地方还要用火烧一下。翻模

---

① 资料来源:和政县文化馆内部资料。
② 同上。

就是把泥土压在原型上形成模子，常见有单片模或双片模，也有多片模。脱胎就是用模子印压泥人坯胎，通常事先把和好的泥擀成片状，然后压成模子，再把两片压好的模子合拢压紧，再按一个"底"，即在泥人下部粘上一片泥，使泥人中空外严，在胎体上留一个孔，使胎内外空气流通，以免胎内空气压力变化破坏泥胎。最后一道工序是着色，素有"三分塑、七分彩"之说。一般着色前先上一层底色，以保持表面光洁，便于吸收彩绘颜色，彩绘的颜料多用品色，调以水胶，以加强颜色附着力。[①]

（五）河州水磨磨面技艺

和政属于黄河流域二、三级支流区，主要河流有6条，大大小小的溪水不胜枚举，丰富的水资源为古老的宁河人民带来了水利之福，其中当首推宁河古老的水磨。睿智的宁河先人充分利用水位、渠位落差大的优势，沿溪流建起了一座座水磨。明嘉靖《河州志》中说："水磨每一渠有三轮、二轮、一轮者，视水之大小也。州、卫共一千八百有奇。"可见，在明代临夏已大量建造使用水磨，而且"石精水足，制选精良"。古宁河沿袭了河州水磨的制法，将水磨之福带给了这块热土上的百姓。时至光绪二十六年（1900），宁河有渠水磨94轮，川水磨727轮，山水磨220轮。宁河水磨有平轮、立轮之分，其构成有磨房、磨盘、磨轮三部分。[②]

"磨引溪流水自推"，建磨的首要条件是河渠要处于"磨窠"——水源高、落差大，有退水去路，再根据水力大小决定修平轮或立轮，河面的宽窄决定着能容的盘数。"磨窠"决定后，在上游修筑河堤，提高水位。在"磨窠"上修磨房，磨房山墙由土石砌成，前后两面装木质活闸板，供调节气温用。还要在与大路连接的地面上修偏间，供驮磨的人或磨主拴牲口用。[③]

现在，随着社会经济的发展，大型粮食加工机械已完全取代了古老的水磨，宁河水磨已逐渐成了人们记忆中的一种文化符号。

（六）羊皮筏子制作工艺

筏子是一种原始而古老的水上交通工具，最早是木头筏子，后来才出现了羊皮筏子。主要用于送人渡河、运载货物。筏子论材质有羊皮筏子、牛皮筏子，一

---

① 资料来源：临夏州文化馆内部资料。
② 同上。
③ 同上。

般在长途运输时用牛皮筏子，短途摆渡时用羊皮筏子。羊皮筏子可分为大、小筏子，大的可以由几百个皮囊扎成，小的也有十几个皮囊，还有单个皮囊的筏子。羊皮筏子浮力大，轻巧灵便（见图5-13）。

图5-13 黄河上摆渡的羊皮筏子[①]

羊皮筏子的制作技艺主要以家庭传承为主。制作流程：（1）选羊、宰羊；（2）扒皮，从羊颈部开口，慢慢地将整张皮囫囵褪下来，不能划破一点毛皮；（3）褪毛（用盐水和胡麻油混合放在皮子里面，边滚边晒5~6天，将羊毛褪干净）；（4）将羊皮脱毛后，在腿部开一小孔，把气吹足，使皮胎膨胀，再将油灌在皮子里后，将尾巴和蹄子、脖子、臀部的开口用绳子扎紧，然后晒至油渗于皮外，使之坚韧；（5）扎筏子时用麻绳将坚硬的木条捆一个方形的木框子，再横向绑上数根木条，把一只只皮胎顺次扎在木条下面。这样皮筏子就制成了。[②]

---

① 陈燕2014年7月拍摄于和政县。
② 资料来源：和政县文化馆内部资料。

第五节　东乡县非物质文化遗产

一　东乡县概况

东乡县位于临夏州东北部,是甘肃特有的三个少数民族之一东乡族的发祥地。境内群山起伏,沟壑纵横,干旱缺水,植被稀疏,灾害频繁,自然条件严酷,以六大梁为主体的数千条沟壑以县城锁南坝为中心,向四周延伸、遍布,90%的地区为山区,只有10%的地区为川塬区。全县群众分散居住在1750条梁峁和3083条沟壑中,生产生活条件艰苦,素有"陇中苦瘠甲天下,东乡苦瘠甲陇中"之说。全县总面积1510平方千米,总耕地面积36.78万亩,人均1.33亩,总耕地中旱地占87.3%。辖19乡5镇、229个行政村,总人口32.1万,其中东乡族27.94万,占87.04%。[1]

东乡县历史文化悠久,境内有马家窑、齐家、辛店等古文化遗址10多处。其中,林家文化遗址出土的铜刀,经考证为我国最早的铸铜器物之一,被誉为"中华第一刀";出土的猴头骨化石,为国内唯一现存的"甘肃副长吻猴"头骨化石,是研究我国第四纪初期地理、气候和古动物的重要依据。[2]

二　东乡族非遗资源

东乡县现已公布了两批县级非遗名录19项,其中东乡族婚俗等8项被列入州级名录,东乡族钉匠工艺、东乡族口头文学与语言等4项被列入省级项目,东乡族小经文与民间叙事长诗《米拉尕黑》、东乡擀毡技艺2项为国家级项目。[3]

（一）《米拉尕黑》

《米拉尕黑》是东乡族民间故事,又名"月光宝镜",流传于东乡族地区,是东乡族民间说唱文化的杰出代表。2008年入选第二批国家级非遗名录（见图5-14）。

该故事主要讲述了在古老的年代,一位英俊出色的东乡族猎手米拉尕黑,用箭射下一片月亮,得到一面月光宝镜,而镜中留有一位叫海迪亚的美女身影。后来米拉尕黑得到智者的指引,找到了海迪亚,以宝镜作为媒证和聘礼,约定第二年完婚。但此时战争爆发,米拉尕黑跨马出征,财主恶少马成龙请魔鬼给

---

[1] 临夏州统计年鉴编委会,《临夏统计年鉴（2012—2014）》,第53页。
[2] 同上。
[3] 资料来源：东乡县文化馆内部资料。

第五章　临夏州回族非物质文化遗产资源与保护现状

海迪亚喝下迷魂汤。战后米拉尕黑赶回戈斧山，而海迪亚已失去记忆。米拉尕黑在智者和风雪宝驹的帮助下，在马成龙娶亲时救出海迪亚，并用他们相爱的往事和月光宝镜唤起海迪亚的记忆，一对经过重重魔劫的情人，在玛瑙海边举行了婚礼。①

图 5-14　《米拉尕黑》雕塑②

故事具有传奇性，情节曲折，生动感人。东乡族诗人汪玉良曾以此为题材，创作了叙事长诗《米拉尕黑》。

（二）东乡擀毡技艺

擀毡（见图 5-15）是东乡族家庭必备的炕上用品。元朝时东乡境内已有擀毡工艺，是由东乡族先民"撒尔塔"人从中亚传入的，当时由于自然条件和社会制度的制约，没有大的发展；到民国时东乡族擀毡工艺有了长足发展，龙泉、董岭、大树、北岭一带的毡匠最为有名。2008 年入选第二批国家级非遗名录。

毛毡的种类有春毛毡、秋毛毡、沙毡（山羊毛制作的）和绵毡等，其中以秋毛毡和绵毡为佳。通常大小规格有四六毡（宽 4 尺、长 6 尺）、五七毡、单人毡、做礼拜毡；按颜色来分，有白毡、花毡、红毡、瓦青毡（黑白羊毛混合制作）等。用毡还可以制成毡鞍鞯、毡靴、毡帽等。擀毡的工序为：选毛、弹松、成形、洗

---

① 资料来源：东乡县文化馆内部资料。
② 图片来源：临夏州文广局内部资料。

毡。毡匠的工具有弹弓、案子、竹帘、红柳条、喷水壶、卷边器、散毛竹杈。①

图 5-15　东乡擀毡技艺②

东乡毛毡品种齐全，做工精细，图案丰富，纯羊毛手工制作，防潮取暖，经久耐用。东乡毛毡以柔软、舒适、匀称、洁净、美观大方，驰名西北各地。炕柜上码满洁白绵软的绵毡是家庭富裕的象征，也是姑娘的主要陪嫁用品之一，深受各族人民和广大牧区群众的喜爱。

(三) 东乡族口头文学与语言

东乡语是东乡族人民主要的交际工具，属阿尔泰语系蒙古族语，东乡语没有方言的差别，根据语音和某些词语的差别，可以划分为锁南坝、汪家集和四甲集三种土语。东乡语有一部分阿拉伯语、波斯语和突厥语的词汇。13 世纪 20 年代成吉思汗西征时，从中亚的撒马尔罕等地随军而来了一批信仰伊斯兰教的回回色目人，以这些人为主体，融合了当地一部分汉人、蒙古人等，逐渐形成东乡民族，东乡语也随即产生。

东乡族的口头文学，是用东乡语讲述或吟唱的民间文学，主要有古老的拜提（诗歌）、英雄史诗、传说、故事、童话、谚语、民歌等。用东乡语吟诵的著名

---

① 图片来源：临夏州文广局内部资料。
② 张磊 2013 年 4 月拍摄于东乡县。

叙事长诗有《米拉尕黑》《战开那姆》《麦斯讷维》《麦合杜姆》《葡萄蛾儿》等。这些优美的叙事诗运用拟人化的手法，通过描写与恶魔的斗争、动人的爱情故事，曲折地反映了人们痛恨残暴统治，坚定伊斯兰信仰，追求自由、幸福的愿望。①

东乡族口头文学以它特有的艺术风格，从不同角度反映了东乡族人民从古至今各个历史阶段的社会实践、思想感情、美好理想和民族心态，长期口传下来。

（四）东乡族钉匠工艺

东乡族钉匠工艺是东乡族特有的传统手工技艺（见图5-16），技艺精湛，用途极其广泛，是东乡族先民"撒尔塔"人从中亚传入的，至今已有七百多年的历史。到民国期间进入鼎盛时期，尤其是锁南、龙泉、坪庄、春台一带的钉匠工艺最为有名。

图5-16 东乡族钉匠工艺②

在东乡地区，专门补钉细瓷、眼镜、铁锅的手工艺人叫钉匠。钉匠多以挑担的形式在集市上设点摆摊，有时走村串户，维持生计。钉匠的工具有两个木箱（风箱小火炉、工具箱）和一根扁担。钉匠工艺有焊补和钉补之分，焊补主要用于铁、铜器的修补；钉补主要用于细瓷和眼镜的修补，钉补后瓷器除有微小的裂痕外与

---

① 张磊2013年4月拍摄于东乡县。
② 图片来源：临夏州文广局内部资料。

正常无异。[①]

但是，随着社会的发展，人民生活水平的不断提高，钉补越来越少，只有少量的名瓷文物、贵重的眼镜等进行钉补，钉匠工艺受到现代文明的冲击，从事钉匠工艺的艺人不断减少，几近失传。所以，发掘、抢救、保护东乡族钉匠工艺迫在眉睫。

（五）东乡族婚俗

东乡族婚礼融合了当地回、汉婚礼的习俗，延续保留下来，但现在新的婚礼模式逐渐取代了传统的婚礼习俗。

东乡族别致有趣的婚礼与一段动人的传说有关。相传在很早以前，东乡某地出了一条蟒蛇，自称"蟒中王"，食人嗜血，凶残为害。有一个叫鲁退的年轻人去除害，一去不返，后来猎人的妻子继承夫志，和众人一起带刀前去除掉了巨蟒，从此这一带才得以安居乐业。这个故事体现了东乡族人民的智慧和勇敢，也反映了东乡族人民为了忠贞的爱情，敢于和一切邪恶势力相斗争的不屈的民族精神。在东乡族，当新娘被迎娶进村时，宾客们竞相热情祝贺，其中总会有人领头高呼"哈利"，众人也会齐声应和，并有节奏地击掌拍臂，领头的以骑马式左右跳动、前后旋转，众人也跟着时进时退、边走边舞，气氛非常热烈。"哈利"是什么意思不得而知，但结婚时冲着新娘高喊"哈利"，却似乎是为了纪念那位对爱情坚贞不移又机智勇敢的猎人妻子。[②]

（六）东乡族平伙习俗

东乡族平伙源自东乡族先民在狩猎时平均分配猎物的习俗。因吃平伙有拉活人际关系、促进相互团结、和睦相处的作用，所以一直保留至今，尤其是在东乡族农村吃平伙的习俗一直长盛不衰，深受东乡人民的喜爱。

东乡族平伙一般是3到5人或更多人聚集在一起，谈心说笑、饮茶等（见图5-17），主要是把羊、牛、兔、鸡等肉煮熟，将各部件均等分搭，每人各得一份。吃平伙一般是人际关系比较好的同伙在一块儿，也有调解人与人之间矛盾纠纷的作用。东乡族吃平伙也是增进相互团结，使人们和谐相处的一种集体活动。[③]

---

① 资料来源：东乡县文化馆内部资料。
② 同上。
③ 同上。

图 5–17　东乡族平伙[1]

第六节　积石山县非物质文化遗产

一　积石山县概况

积石山保安族东乡族撒拉族自治县是省扶贫困县，也是甘肃省唯一的多民族自治县，位于临夏州西北角小积石山东麓、黄土高原与青藏高原交汇地带。全县南北宽约 33 千米，东西长 37 千米，总面积 910 平方千米。全县地形由西南向东北倾斜，西南高、东北低，西南部为高寒阴湿地区，中部为二阴山区，东北部为高寒干旱山区。受地势影响，全县气候差异很大，又具有小区域性气候特征。辖 14 乡、4 镇、145 个行政村。积石山是一个多民族自治县，居住着汉、回、保安、东乡、撒拉、土等十个民族。总人口为 25.8 万，其中少数民族占总人口的 53.9%，而保安族人口占全国保安族人口总数的 95% 以上，是全国唯一的保安族聚居地。[2]

---

① 张磊 2014 年 7 月拍摄于东乡县。
② 临夏州统计年鉴编委会，《临夏统计年鉴（2012—2014）》，第 55 页。

"保安"是保安族的自称,历史上曾被称为"保安回"等,新中国成立后,根据本民族人民的意愿,正式定名为保安族,保安族信仰伊斯兰教。在家庭习俗及社会等方面与回、东乡等民族大体相同。

积石山,原名积石关,旧名临津关,据《尚书·禹贡》记载:"积石为禹疏河之极地,导河自积石,至龙门,入于沧海"。这说明大禹治水时便有了积石山的疆域风貌,当地民间盛传积石山是大禹治水走到头的地方,那层层叠叠的纹岩壁路便是当年大禹率民疏河时留下的斧凿痕迹。积石山县因此而成为华夏文明的发祥地之一。1949年8月出土于安集乡三坪村的一件彩陶瓮被誉为"彩陶王",现珍藏于国家博物馆,并被国家邮电部制成邮票发行国内外。2004年,该县又被联合国教科文组织命名为"世界民歌(花儿)采录地"。"大禹治水的源头、中国彩陶王的故乡、保安族聚居的地方、生态旅游的乐园、中国花椒之乡、世界民歌采录地"成为积石山县走向全国、走向世界的六张独特名片。①

二 积石山县非遗资源

积石山县已公布两批县级非遗名录13项,其中保安族服饰、保安族婚礼、积石山县秧歌等11项被列为州级项目,保安族口头文学与语言等2项被列入省级项目,保安族腰刀锻制技艺为国家级项目。②

(一)保安族腰刀锻制技艺

保安腰刀是保安族人民传统的手工艺制品(见图5-18),保安人打造腰刀的传统始于元朝,兴盛于当代。

传统的保安腰刀原料主要是铁,其次是牛角、铜、木料、钢丝、砂轮等。一般由刀体、刀柄、刀鞘三部分组成。它的制作工序多达80道,最少也有40多道,而在诸多工序中,锻打刀坯时的加钢和炼烧以后的蘸水两道工序最重要,是衡量刀匠技艺的关键程序,也是精髓所在。

---

① 临夏州统计年鉴编委会,《临夏统计年鉴(2012—2014)》,第55页。
② 资料来源:积石山县文化馆内部资料。

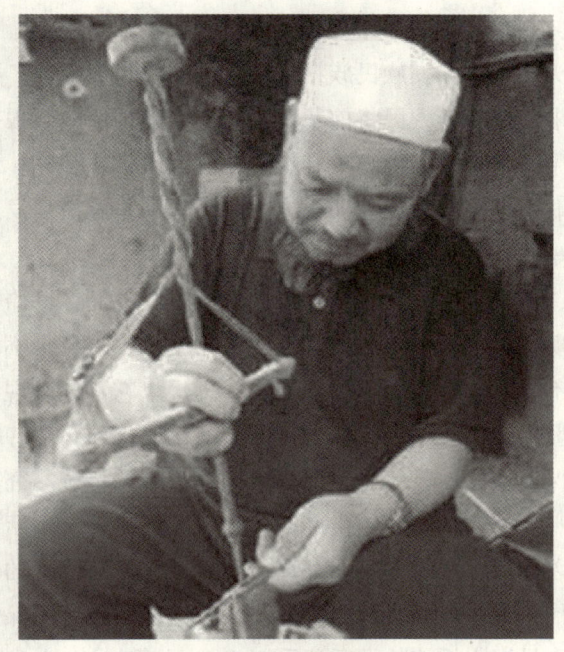

第五章　临夏州回族非物质文化遗产资源与保护现状

图 5-18　保安族腰刀锻制技艺①

　　传统的保安腰刀经过几百年的发展，刀型式样丰富、典雅精美，刀具经久耐用，刀体修饰技术精湛臻熟。品种繁多，有什样锦、波日季、雅吾其、双落、满把等，其中最漂亮的要算"什样锦"，堪称保安腰刀的象征。而最富有神话色彩的便是"波日季"，刀体上大都刻着"一把手"图案，被国家轻工业部定为"保安腰刀"出口统一标志。②

　　保安腰刀在整个保安族经济、文化生活中占据着举足轻重的地位，是保安族文化的象征，因此传统的手工打制腰刀是保安族弥足珍贵的文化遗产。保安族腰刀锻制工艺主要体现在学术价值、实用价值和精神价值三个方面。由于颇有造诣的老工匠相继谢世，许多独门绝艺得不到传承，而劣质刀、机械刀的大量生产使保安腰刀在市场上的信誉下跌。另外对保安腰刀的管制，也导致许多刀匠抛弃了难得的刀艺。所以挖掘、抢救、传承保安族腰刀锻制技艺，需要调动全社会各方面的力量才会有成效。

---

① 石吉 2014 年 5 月拍摄于积石山县。
② 资料来源：积石山县文化馆内部资料。

（二）保安族口头文学与语言

保安族的口头文学是保安族民族精神文化的重要组成部分，广泛流传于广大民众之中长期以来，保安族人民将前辈们流传下来的神话故事根据自身的现实条件，运用共同使用的语言，借助想象和幻想，或改编，或补充，或模拟创作为新的神话、故事、歌谣等。使其成为加强内部团结、联系感情、发展壮大民族的精神武器，具有深厚的民族文化内涵。

它类别复杂，形式多样，有神话、传说、故事、歌谣、谚语等，这些表现形式都源于历史和现实，融合浪漫主义和现实主义手法，从各个不同的角度与领域反映出保安人在不同社会时期的愿望、追求和理想。它不仅表现了保安族人民的社会风貌和精神世界，也反映了保安人特殊的文化形式和心理特征。[①]

目前在很多保安地区，已没有讲述古老神话故事的传统。究其原因，首先是保安族人民思想观念的改变更新，生产、生活方式的变迁，生活节奏的加快以及电视、广播等新兴传媒方式的普及，都冲击着口头文学与语言的传承。其次是因为口头文学是一代一代口传心授的文学形式，所以能熟练运用保安语并生动讲述神话、故事的老人是当之无愧的"活化石"，然而随着这些老人的相继谢世，保安族口头文学的传承令人担忧。

（三）积石山盖新坪花儿会

盖新坪位于积石山县西南部的刘集乡河崖村。众多的积石山花儿会中，盖新坪花儿会规模最大、人数最多，与著名的莲花山花儿会、松鸣岩花儿会齐名。盖新坪花儿会上演唱的是河州花儿，主要曲令有几十种，其中《保安令》《撒拉令》《土族令》《孟达令》《清水令》《哎嗨干散令》等曲令，具有浓郁的民族特色和地域特色，在甘肃的其他花儿会上是很难听到的。

积石山花儿最早是在秦汉时期由羌、汉民歌融合而成，已有两千多年历史，后经汉、回、土、东乡、保安、撒拉等民族的演唱趋向成熟。积石山花儿是生活在这里的各族人民群众在田间劳作或在山中踏青"浪山"时口头传唱的歌，反映了生活的方方面面和爱情的全过程，可以说它是积石山地域文化、民族文化和人文特色的真实写照。当地经常性地举办不同类型的"花儿会"和"花儿歌手大奖赛"，为传承、弘扬花儿艺术打下了坚实的群众基础；而集中各方面人才整理出

[①] 资料来源：积石山县文化馆内部资料。

版《积石山民歌集》《积石风韵》《积石山县爱情花儿2000首》等书籍，一方面起到了保存的作用，另一方面也扩大了积石山花儿的影响力，使这朵古朴艳丽的奇葩，在祖国民族民间艺苑中占有一席之地。[①]

（四）保安族服饰

保安族服饰是保安人精神生活的外部展示和集中再现，有着极其深厚的文化背景和长远的历史演变过程。其深厚民族文化底蕴，不仅反映着保安族的生活环境、生产类型、生活方式，也反映着保安族审美时尚和工艺水平，是保安族文化的重要载体。

众所周知，一个民族的服饰文化会受到地域生态和区域文化的影响。由于早期的保安族居住在青海同仁地区，属高原气候，受当地自然条件和民族文化的影响，保安族服饰中吸收了大量高原游牧民族的服饰元素。所以保安族服饰最早与蒙古族相似；后受藏族、土族的影响，与回族、撒拉族、东乡族类似，但具有自己鲜明的特点（见图5-19）。[②]

图5-19 保安族服饰[③]

当今品种繁多的服饰市场对保安族传统服饰冲击巨大：服饰的样式上逐渐出

---

① 资料来源：积石山县文化馆内部资料。
② 同上。
③ 石吉2013年6月拍摄于积石山县。

现巨大的变异，而且这种趋势愈演愈烈。在这种特殊的背景之下，抢救、保护和整理保安族的传统服饰，对于增强保安族人民的凝聚力、文化认同感，具有十分重要的意义。

（五）保安族"夺腰刀"

"夺腰刀"是保安族人民在生产生活过程中形成的娱乐活动习俗，在保安族诸多的体育项目中独具特色，这项活动融竞争性、对抗性、激烈性和趣味性于一体（见图5-20）。

图 5-20　保安族夺腰刀①

保安族"夺腰刀"的主要道具就是保安腰刀。比赛时双方各带一把精美的"什样锦"小双刀，先向对方展示、炫耀自己的腰刀，然后把它藏于身后。在一块大约12平方米的空地上，或前进、或后退、或左右移动，以探察对方的藏刀部位，一旦发现便千方百计地奋力夺刀。双方为护自己之刀、夺对方之刀，施展搡、拉、扭、拱、摔、擒、摸、打跟头、翻巴郎等各种动作，先夺到对方腰刀者为胜，若在规定时间内双方都未得手便判为平局，一般三局两胜，中间可暂停休息。该过程主要有比试刀、挑选对手、藏刀、窥测刀、夺刀五部分，尤其以夺刀部分的动作最为精彩和勇猛，充分体现了该民族勇猛剽悍、不畏强手、敢于抗争拼搏的民族气概。②

---

① 图片来源：积石山县文化馆内部资料。
② 同上。

第五章　临夏州回族非物质文化遗产资源与保护现状

（六）赵氏麻布戏

赵氏麻布戏是积石山县的柳沟乡赵氏家族至今传承的一种由秦腔变种而风格迥异的戏曲（见图5-21）。用胡麻草捻成线、纺织成麻布而缝制成戏服，再用油漆上色画装，这就是"麻布戏"名称的由来。

图 5-21　赵氏麻布戏表演①

每年的农历五月初八，戏班都会被邀请到当地的各个村庄轮流演出。历史剧是"麻布戏"的重头戏，其内容反映了历朝历代的不同阶层的众生相，英雄人物、名臣贤相、忠臣义士、豪杰烈女、奸臣昏君、走狗小人无所不有。通过故事叙述、人物刻画，弘扬真善美，鞭笞假恶丑。可以说麻布戏是一部反映中华五千年的民间通俗演义。随着戏班规模和表演水平的逐年提高，赵氏麻布戏声名鹊起，戏班还一度越过黄河踏进青海省的民和、乐都等地，并在当地引起强烈的反响，受到各族群众的热烈欢迎。②

然而随着时代的发展以及社会的变迁，赵氏麻布戏这个曾经极富生命力的珍贵文化艺术也处于濒危状态。弘扬地方文化，传承戏曲艺术，实施对赵氏麻布戏的保护、挖掘，使其繁荣、振兴，是迫在眉睫的任务，应当引起当地社会各方面的重视。

---

① 石吉2014年6月拍摄于积石山县。
② 资料来源：积石山县文化馆内部资料。

189

第七节 永靖县非物质文化遗产

一 永靖县概况

永靖地处临夏州北部，素称"河州北乡"。县城刘家峡距兰州市西固区44千米，已被纳入陇海兰新线经济带甘肃段开发规划和兰州市1小时都市经济圈。全县东西长68.04千米，南北宽51.17千米，总面积1864平方公里，耕地面积35.23万亩，人均耕地面积1.72亩。从地貌上可分为河谷平原、黄土丘陵山地、山间盆地、石质山地四种类型。全县辖10镇7乡、140个行政村，总人口20.48万，主要以汉族为主，少数民族占总人口的13.04%，农业人口占78.80%。永靖县是一个多宗教、多教派的县份，全县有信教群众11.17万人，约占总人口的52%。[①]

永靖古称"西羌"之地，是中华古文化和华夏文明的发祥地之一。黄河流经县域107千米，是黄河文化的发祥地之一，也是古丝绸之路的主要通道。境内既有丰富多彩的民族文化，又有源远流长的佛教文化，还有齐家文化、仰韶文化和辛甸文化遗迹。在这里中原文化和少数民族文化相互影响融合，使地域文化呈现出南北交融、古今并存的显著特点。永靖县人文底蕴深厚，是黄河上游古文化积淀最密集的地域之一，有东方瑰宝国家重点文物保护单位炳灵寺石窟，有世界罕见的恐龙足印化石群地质遗迹，有天然雕塑馆之称的炳灵石林，被列为"中国傩文化研究基地""联合国教科文组织民歌考察采录基地"，有中国恐龙之乡、彩陶之乡、傩文化之乡、水电之乡等诸多美誉。[②]

二 永靖县非遗资源

永靖县已公布两批县级非遗名录，其中永靖财宝神、河州白塔寺木雕技艺、永靖告比文化等7项被列入州级名录，永靖王氏铸造技艺、永靖白塔古建筑艺术、河州北乡秧歌等4项为省级项目，永靖傩舞傩戏、永靖古典建筑技艺、永靖生铁铸造技艺3项为国家级项目。[③]

（一）永靖傩舞傩戏

"傩"即假面跳神，是古代驱逐疫鬼的仪式，它是原始狩猎、图腾崇拜、头

[①] 临夏州统计年鉴编委会，《临夏统计年鉴（2012—2014）》，第48页。
[②] 同上。
[③] 资料来源：永靖县文化馆内部资料。

颅崇拜、巫术崇拜、部落争战和原始宗教祭祀仪式的产物。从永靖出土的文物发现，新石器时代就有这方面的祭坛和彩陶纹饰。据北魏《水经注》记载：杨塔、三台一带的小积石山岩堂之内，就有"鸿衣羽裳"的"神人"活动，被羌人称为"唐述山""唐述窟"。据炳灵寺石窟墨书题记和明《河州志》记载，唐代就有"防球健儿"手持武器，戴着假面防御蕃人抢收麦子。当地《跳会禀说词》说，明代的"刘督都射猎，遗留了哈拉（乡傩）会事"。从流传下来的古旧面具中，也可以看出唐明两代的遗风。

永靖傩舞戏，民间俗称"七月跳会"（见图5-22），流传于永靖县西部山区的杨塔、王台、红泉和三源等乡镇汉族聚居村。它上承汉唐，下启明清，绵延至今，数百年传承不变。跳会是通过祭祀仪式除魔逐邪，酬神还愿，祈求一年风调雨顺、人寿年丰、天下太平。故丰收年跳会，歉收年则不跳会。

图 5-22　永靖七月跳会[①]

永靖跳会由下庙、献盘、献牲、会手舞、发神舞、面具戏、赛坛等祭祀仪式组成，而以傩舞傩戏为核心。各庙使用面具有18副或36副不等，最精美、最古老的要数杨塔焦鋈庙面具，质地为布，胶塑而成，历经沧桑，形象生动。傩戏演出的内容多为封神、三国、家事等，主要剧目有《五将》《杀虎将》《庄稼人》

---

① 图片来源：临夏州文广局内部资料。

《独戏》《四不像》等。①

永靖傩舞傩戏被称为戏剧的"活化石",具有古典戏剧的古拙质朴与民间文化原生态的凝重深沉,又在宗教氛围中透出幽默、乐观的民风和多元文化的特征。保护、研究这一奇特的原始活态的民间艺术遗产具有极其重要的价值。

(二)永靖古典建筑艺术

"白塔的木匠,五屯的画匠",这是一句在永靖当地流传很广的民谚。河州白塔木匠的木雕艺术源远流长,人才辈出,自西晋修建黄河"天下第一桥"始,至今已有1700年的历史,主要流传在永靖白塔川。

白塔木匠手艺高超,在民间流传着一个非常动人的故事。相传木匠始祖鲁班在炳灵寺开凿石窟、雕刻佛像、修天桥、造佛阁,功成之后驾云东去,途中不慎将一把斧子丢于黄河岸边的白塔寺川。自此白塔寺川名匠辈出,而且个个技艺精湛,声名远扬。元、明以来,中原的封建统治者对边疆各民族多采用怀柔、羁縻政策,使这里宗教繁荣,大修寺院之风也随之兴起。同时,西北民族杂居,战争不断,战争中各种建筑破坏严重,往往出现建了毁、毁了建的现象。故此白塔木匠的修建从未间断过,这也在客观上使之摆脱了"营造法式"的束缚,能够尽情发挥艺术想象,修建官式、藏式、回式、回汉结合式、藏汉结合式等风格迥异的建筑,并在此基础上有了自己独特的风格。②

白塔木雕历史悠久,范围广,数量多,种类齐全,遍及甘、青、宁、藏、川的佛教寺院以及清真寺内。改革开放以来,经白塔木匠之手建造的古典建筑遍布西北大地,有敦煌大佛阁(见图5—23)、月牙泉月牙阁、兰州"四库全书"文溯阁、天水伏羲庙先天殿等。白塔木雕技艺精湛、构建巧妙,创造了如"凤凰展翅""一点落地""天罗伞"等独特的构建方式,在整个古建筑中具有无可替代的地位。

白塔木匠高超的建筑技艺,是历代工匠集体智慧的结晶,尤其是他们创造的藏汉结合、回汉结合的古典建筑造型,不仅丰富了中华民族的建筑形式,而且所包含的人文内涵和艺术成就,具有其他建筑形式所无法取代的特殊价值。③

---

① 资料来源:永靖县文化馆内部资料。
② 《独具特色的永靖白塔古建筑艺术》,《甘肃日报》,2012年5月10日。
③ 资料来源:永靖县文化馆内部资料。

第五章　临夏州回族非物质文化遗产资源与保护现状

图 5-23　敦煌大佛阁①

（三）永靖生铁铸造技艺

古城王氏传统铸造技艺（见图 5-24）自明朝形成以来，至今已有 600 多年的历史，唯王家独有，历传二十余代，经历了鼎盛期、沉寂期、复兴期。近二十年，王氏家族的铸造业发展较快，产品覆盖全国，并远销海外。

古城王氏传统铸造技艺程序复杂，且均采用较原始的手工做法，大概有设计、制模（内型制模、外型制模）、和模、化铁、浇铸、抛光打磨、彩绘七道工序。铸造产品的质量好坏，在很大程度上取决于生产者的经验，比如浇铸时对溶液温度的把握，全凭生产者的眼功，而这种眼功是经过长期的摸索实践培养出来的。所铸造的产品内容丰富，结构灵活，涉及人们生产生活的方方面面，有农具、生活用品、法器、工业配件、人物形象、工艺品六大类，每类又有许多不同品种。

古城王氏传统铸造技艺在永靖民间文化中占有重要的地位，在规模化生产的过程中，这种非物质文化遗产不仅创造了可观的经济效益，也探索出了一条可以推广的非遗传承、保护、弘扬光大的路径。

---

① 吴静 2014 年 8 月拍摄于敦煌。

193

图5-24　永靖王氏铁器铸造工艺①

（四）河州北乡秧歌

河州北乡秧歌是流传于永靖县境内的传统秧歌舞种类（见图5-25）。其虽与北方秦晋秧歌同根同脉，但却比较完整地保留了黄河民间文化的古韵遗风，与其他地区的秧歌在表现形式和内容上有着明显的差异，有浓重而鲜明的地方特色。河州北乡秧歌分为大小两种：大秧歌即角色齐全的大型秧歌；小秧歌俗称"娃娃秧歌"，一般以青少年为主，人数较少，规模较小，没有财宝神等角色，服装、乐器都比较简单，且多在村内表演，表演形式也比较单纯，时间较短。

北乡秧歌经历了一个漫长的演变过程，既吸取了傩的舞蹈动作，又是古老社会的传承；既继承了古代社会的祀神内容，又继承了民间鼓乐、行歌、社舞的形式。其中，不仅有历朝历代广为传颂的英雄，如秦琼、敬德、关公、张飞及梁山好汉等；同时也有神话人物，如财宝神、观世音菩萨、孙悟空等；还有土生土长的庄稼人、货郎等。

北乡秧歌的规模一般在100人左右，是有严密组织的临时大型文艺活动，多为男扮女装，主要在夜间表演，所以有"玩秧歌，打高灯，喜气重重"的民谚。因表演形式和内容不同，北乡秧歌又分为大场和小场。大场为秧歌开始、结束和过街行进中，变换队形的集体舞；小场俗称"扎场子"，即在固定场院由部分人

---

① 图片来源：临夏州文广局内部资料。

员表演带有简单情节的舞蹈或歌舞小戏。

北乡秧歌作为民间传统文化的分支,具有多元文化性,融音乐、舞蹈、歌唱、戏曲、武术表演于一体,不仅有着深厚的文化积淀,而且它的产生与发展,与当地群众的生产生活、风俗民情、文化观念、宗教信仰、社会风貌等息息相关。其主题只有一个:歌颂真善美,祈求五谷丰登、国泰民安。①

图 5-25 永靖北乡秧歌②

（五）永靖财宝神

古往今来,唱财宝神的习俗在永靖一直盛行。关于财宝神的由来,有唱词道:"汉使苏武到番邦,猩猩洞里把身藏","金钟扣死小儿童,冤魂不散闹凡尘","汉刘王封我施财神,普天之下救众生"。说财宝神是苏武之子,汉使苏武奉命于北番,被单于放逐北海牧羊,历19个春秋,栖身于猩猩洞中,与母猩猩婚配,生下了类似人形、身上长毛、善通人意尚能说人话的男儿苏金、女儿苏玉。后苏武还朝,可怜猩猩母子一直盼望苏武还能回去,却杳无音讯。在爱恨交织的驱使下,母猩猩便一手携子、一膊夹女,得仙道帮助,足下生风,膀下生云,将苏金、苏玉送至京城,抛在汉皇的金銮殿中。汉皇及众臣大惊失色,命令将此二怪扣在金钟之下,他们命丧于此,因而阴魂不散,大闹汉室宫廷。汉皇无奈,遂赐封苏

---

① 资料来源:永靖县文化馆内部资料。
② 罗祥 2014 年春节拍摄于永靖县。

金为普天之下万姓敬奉的财宝神。这是一位云游各地、施散财宝、消灾免罪、济救生灵、广送太平的吉祥之神。[①]

后来人们在举行喜庆活动时，装扮成"财宝神"，演唱太平歌，流传至今。他们演唱的歌曲亦称"财宝神"，曲调时而高亢激越，时而幽雅含蓄；内容极其广泛丰富，上溯中华五千年的文明史，从英雄先烈、帝王将相，延至现今社会的人民，凡为民所称道者均在此列。人们往往采用这种歌唱形式倾吐心声，表达对幸福生活的憧憬和追求。

（六）永靖告比文化

告比是指在特定的场合，陈述内心情怀，以表达感激、祝福、抱歉之意的一种民间口头文学。在喜宴上说的一般叫"喜话"，丧仪上说的叫"陪侍话"。永靖各乡镇村落都有告比习俗。

婚宴上说的喜话。女方送亲的至新郎家赴宴，宴席结束时东家在喜盘中盛上谢礼，由德高望重的人呈到娶亲者席上，另有一位善于辞令的人至席告比，其内容主要以答谢媒人、祝福新人、赞颂美好姻缘为主。

满月宴上说的喜话。宴席开始后把满月的孩子抱到席上，在红盘上放一把崭新的剪刀，请姥姥给孩子剪头发。姥姥净手后，边剪头发边说喜话，内容主要以祈福小孩长命百岁、荣宗耀祖、为国争光之类的话为主。

上梁时说的喜话。在农村修建庭院主房时，在择定的时日里，木匠掌尺登上主梁，把斧背砍在中梁背上，说一通喜话。内容主要是祝愿主人住上新屋、百事顺心、财源滚滚、万事如意。

踩财门时说的喜话。新修的大门也叫财门，贴上对联，两扇门用红纸中封，请德高望重之人用刀将封条划开，担一担水，边说边进门，叫踩财门。说的内容大致是：我是天上的文曲星，玉帝打发着踩财门，左提金，右提银，荣华富贵带进门，福财子禄满堂红。

丧事上陪侍亡者的娘家人的话。家中有人去世后，请亡人的娘家人至家中，请村中德高望重的人说陪侍话。内容主要是称道子女孝顺，赞扬亡人一生的为人之类的话。[②]

---

① 资料来源：临夏州文化馆内部资料。
② 同上。

第八节 康乐县非物质文化遗产

一 康乐县概况

以莲花山闻名于世的康乐县位于临夏州南端，地处黄土高原向青藏高原过渡地带。境内峰峦重叠，沟谷相间，山川交错，蔚为壮观。西南部的莲花山、白石山、尖石山为秦岭西延部分，其支脉延伸至全境。地貌以黄土丘陵和河谷阶地为主。全县总面积1083平方千米，耕地面积32.81万亩，农民人均耕地面积1.35亩。辖5镇10乡、152个行政村。全县总人口26.63万，其中回族14.54万，占54.60%；东乡族1.40万，占5.26%。[①]

康乐历史悠久，自古以来就是回、汉、藏"茶马互市"之地，是古丝绸之路经广河、通河州的要塞，也是西北地区各族人民经济交流的门户。

二 康乐县非遗资源

康乐县公布了一批县级非遗名录17项，其中砸酒习俗、元宵节送火把习俗、唱满月习俗、赶旱魔习俗等13项被列入州级名录，莲花山花儿会为国家级项目。[②]

（一）莲花山花儿会

莲花山是岷山支脉的一座主峰，坐落于康乐县南部五十千米处。莲花山一山多峰，大自然的鬼斧神工将其塑造成莲花花瓣状，山上苍松翠柏犹如荷叶，亭亭玉立在千峰万壑之中。莲花山花儿是康乐民间艺术瑰宝，有着深厚的群众基础，为各族人民所喜爱和演唱。莲花山花儿会于每年农历六月初一至初六举行。2006年入选国家级第一批非遗名录。

莲花山花儿会历史悠久，始于宋代，兴于明代，盛于清代至民国时期，改革开放后迎来了新的兴盛。它是洮岷花儿会的总会场，辐射三州六县78个会场，是历时最长、参加人数最多、演唱程序最独特、影响最深远的花儿会（见图5—26）。2004年被中国民协命名为"中国花儿保护基地"。

---

① 临夏州统计年鉴编委会，《临夏统计年鉴（2012—2014）》，第47页。
② 资料来源：康乐县文化馆内部资料。

图 5-26　莲花山花儿会①

莲花山花儿会把自然生态和优秀的民间文化巧妙地结合起来，唱词丰富、音调古朴、唱曲独特。此外，唱山礼佛的习俗在全国是独一无二的。它有一定的时间、地点，有串班长、唱把式、堵半截、马莲绳拦路、对唱、迎宾、敬酒、九摊子、朝山等一套完整程序，形成了在莲花山从农历六月初一到初六的大型"山场"。花儿的内容题材广泛，唱词大多都是即兴创作，源于人民群众的生产生活。主要是歌唱祖国，歌唱大好河山，歌唱共产党，歌唱改革开放以来党的富民政策等，也有谈情说爱的内容。②

莲花山花儿会，在整个西北地区乃至国内外享有很高的声誉，被国内外学者称为"西北之魂"。它在吐蕃"踏歌"中孕育，在"牛拉拉""烟雾拉"等曲调中完善，在江南移民的"吴歌"中发展，逐步走向成熟，是中国西部洮岷花儿的发祥地和传唱地，其丰富内容和基本特征以及传承历史，在中国民间艺术中实属罕见。它对研究当地民俗文化和地区性精神文明建设，增强社会凝聚力、民族团结和社会稳定，促进文化交流，丰富人民群众的文化生活，有着积极的影响作用。

（二）元宵节送火把习俗

元宵节送火把从宋朝流传至康乐县的，距今已有上千年的历史。每逢正月

---

① 马静 2014 年 7 月拍摄于莲花山。
② 资料来源：康乐县文化馆内部资料。

十五,大部分汉族农户都要扎好火把,然后由青壮年男子扛到有插牌的山头,如果火光明亮,则预兆当年五谷丰登;如果火光暗淡,则预兆年景不佳。同时火把越多,证明人气越旺。故有"火把送到后山梁,风调雨顺天帮忙;火把送到后山梁,邪气骚气都燎光;火把送到后山梁,一年更比一年强"的民谣。[①]

(三)唱满月习俗

在康乐莲花山地区,新媳妇生下头胎孩子后,按照传统习俗,要吃"满月"宴席,15天为满月,象征花好月圆、吉祥如意。这叫"搭喜花儿",也称为唱满月。

届时,娘家人烤12个形状如鞋底的花坑子,给月婆送来叫"送顾脚"(即衣帽鞋袜等)。对唱几段"搭喜花儿"后,婆家人将娘家人迎进门,斟一杯青稞酒敬上,娘家人给祖先浇奠一下,讲几句吉祥如意的话后一饮而尽。奠酒毕,娘家人把月娃从头到脚的穿戴换过,并取出两个特制的花坑子(直径50厘米、中间空心)套在爷爷、奶奶脖子上,要求爷爷、奶奶对唱。内容全都是道贺、夸赞、祝福之词。关于唱词,在《康乐之歌》《天籁》《康乐史话》中都有记载。[②]

(四)拉扎节

每年秋收时节,莲花山区的农民都有吃"拉扎"的习俗,也叫过"拉扎节"。"拉扎"本系藏语,含登高之意,祈盼生产生活蒸蒸日上,一年胜似一年。拉扎节源于当地农民对"山神"的崇敬和感恩。吃"拉扎"的时间各村不同,一般按秋收先后而定,从农历八月初一开始,直至十月初一送寒衣为止,整整四个月。

按古老习俗,过节时从全村中挑选穗头最大、籽粒最饱满的小麦、青稞束成把子,供奉在"五谷神"香案上。同时杀鸡宰羊,户户酿青稞酒,蒸白面馒头,去寺庙焚香点蜡,祭奠叩头,请五谷神尝鲜。农妇们施展烹调技艺,赶做许多食品,如油饼、麻花、馓子、油花卷、凉粉、杂烩菜等,花样繁多,色味俱佳。这天亲朋带着礼品欢聚一堂,给祖先献食品,给长辈敬酒,猜拳行令,家家美味飘香。吃"拉扎"有个忌讳,无论多么可口的美味佳酿,都不得吃光喝尽,以示喜庆有余。[③]

---

① 资料来源:康乐县文化馆内部资料。
② 同上。
③ 同上。

(五) 河州羊皮鼓舞

羊皮鼓舞在羌语中称为"莫恩纳莎"或"布滋拉",是"释比"在法事活动中跳的一种祭祀舞蹈。河州羊皮鼓舞历史悠久,主要分布于康乐、和政、积石山、永靖和临夏县。在乡村举办庙会时,由法师身穿神衣、手持羊皮鼓跳舞以娱神,祈求风调雨顺、五谷丰登、国泰民安。

羊皮鼓,鼓框木制,单面蒙以羊皮,鼓框高约11厘米,鼓面直径38~40厘米,鼓框里面置有横梁。鼓身连在一个呈弓形的木把上,木把上端雕饰以羊头,下端拴系双丝彩穗。鼓槌用藤条或杉木制作(羌语称"尔握特"),呈勾形,长约58厘米,槌头缠以绸布,槌柄饰以彩穗。鼓舞鼓点以比较单一的节奏循环往复,舞蹈少,动作小。以鼓伴舞时,鼓点节奏沉稳热烈,丰富多变。在表演鼓舞时,法师们展、腾、挪、跳集全身之力于鼓上,或跑圈转圆,或聚散相间,聚若莲花含苞,散若梅花万点,踢腿踏歌,彩衫飘动,战裙轻扬,粗犷有力,热烈奔放。有迎神接福、凤凰展翅、单鼓飞转、牡丹开花、围坛进宝、金鸡独立、洞宾背箭等艺术造型和踩四门、跑大圈、一字长蛇阵、二龙戏珠阵、跳方阵、卷云阵、八卦阵、龙褪骨、蛇脱皮等套路,并传有口诀:"一上二退三交叉,四上五退转麻花;六卷云花四角转,七变一字长蛇线;走罢云花转大圈,快步小跑跳旗完"。①

(六) 麦秆贴画

麦秆贴画是用小麦秸秆加工而成的工艺品。制作方法是选用粗壮、秆长、无斑点、无裂缝、无虫害的麦秆,剪下后经蒸煮、防腐处理、开剥、粘贴成块,然后按设计的图案进行剪、烫、贴、熨,落在底色纸上,按中国画风格题字、落款、盖章,而后装入画框。

麦秆画金黄亮丽、立体感强,图案简洁明快、厚重素雅,不受气候影响,久放不变色,是宾馆、饭店和厅堂皆宜的工艺画。但因季节性强、规模小、制作较慢,一幅画需要四至五天才能完成,所以数量有限,远不能满足市场需求,颇具开发前景。②

---

① 资料来源:临夏州文化馆内部资料。
② 同上。

第九节　广河县非物质文化遗产

一　广河县概况

广河古称太子寺，相传秦王嬴政太子扶苏监军驻此，曾修寺院，遂有此称。地处陇西黄土高原丘陵沟壑地带，位于临夏州东南部。全县东西长45千米，南北宽13千米。总面积538平方千米，耕地面积19.29万亩，人均耕地0.8亩。辖6镇3乡、102个行政村，广河县自古以来就是少数民族聚居之地，是全国穆斯林比例最高的县。全县总人口24.67万，其中回族人口14.4万，占总人口的58.37%；东乡族人口9.73万，占总人口的39.44%；汉族人口0.53万，占总人口的2.15%。信仰伊斯兰教的回、东乡等少数民族占总人口的98.17%。[1]

广河历史悠久，文化底蕴丰厚。全县9个乡镇都有古文化遗存，以新石器时代文化为主。全县有齐家坪国家级重点文物保护单位1处，瓦罐嘴半山、堡子山、西坪3处省级文物保护单位，温家坪等7处县级文物保护单位。[2]家文化和马家窑文化半山类型，都以首先发现于广河而得名，在国内外享有一定的声誉。

二　广河县非遗资源

广河县已公布一批县级非遗名录，其中河州捏手交易习俗、拔腰、甜麦子酿造技艺、临夏竹柳编工艺4项被列入州级名录。[3]

（一）拔腰

拔腰运动是流行于广河地区的一种体育活动。据说是宋元时代根据蒙古人的摔跤演变而形成的，最早在东乡族人中比较流行，以后发展到周边县市区，回族人也喜欢此项运动。特别是农闲时节，犁过的松软土地上经常会出现这种体育赛力运动，20世纪80年代之前比较盛行，近几年来逐渐被淡忘。

拔腰一般分单手拔腰和双手拔腰两种，必须双方条件均等，不能投机取巧。比赛需要一名或几名裁判人，比赛双方身体前倾，抱住对方腰部，双方同时发力，以使对方双脚离地为胜。一般情况下比赛双方都是男性，一男一女或两女都不准参加这项运动。另外开展这项运动，都是在离家较远的地方，尽量避免妻儿及父

---

[1] 临夏州统计年鉴编委会，《临夏统计年鉴（2012—2014）》，第50页。
[2] 同上。
[3] 资料来源：广河县文化馆内部资料。

母看见。这项运动不用什么器具，赤手空拳。①

（二）竹柳编工艺

在临夏的广河、和政、康乐等地，竹柳编织品的用途十分广泛，从农业生产到家庭生活都离不开竹柳编织品。竹柳编织品种类很多，主要包括生产生活用品和专门用作装饰的工艺品两部分。生产生活用品主要有竹编中的背斗、筛子、蒲篮、提篮等（见图5-27），柳编有簸箕、栲栳、篮筐等；手工艺品主要有用柳条编织的小簸箕、小栲栳、凉帽、笔筒、果盘等。

竹编大多是用当地产的箭竹编一些日常用品，因成本低而深受山区一带人的喜欢。比如编背斗，先把两根木棍弯曲成"U"形，再将口径一致的两根"U"形弯曲木棍交叉固定成背斗桩子，民间称"背斗角子"。然后，再将山中割来的竹子对破两半（较细的可以完整地使用），经纬交错编起。编到顶上再缠绕固定，穿上绳子就可以使用。②

图 5-27　竹编生产生活用具③

柳编主要用的材料是当地山区生长的一种绵柳，这种柳叶片大，枝条细长，尤其是当年发出的新嫩条，柔韧性特别强。早春人们割来棉柳新生的嫩条，用柳夹剥去柳皮，晒干扎成把子，用时在地窖里喷上开水，待柔韧时编自己需用的工具。秋后或冬季割的柳条放在特制的锅中加水煮，等煮到一定程度后取出剥皮，

---

① 资料来源：广河县文化馆内部资料。
② 临夏州文化馆，《临夏州非物质文化遗产简介》，2013年6月。
③ 马权2014年9月拍摄于广河县。

待晾干后也可以用。①

随着人们生活水平的不断提高，人们编织物品的花样也不断增多，用途也越来越广。有些已退出生产工具的行列，登上了艺术品的舞台。

（三）甜麦子酿造技艺

广河甜麦子制作技艺历史悠久，家家能自制，过去主要以自食为主，改革开放后才逐渐有人将其置于市场出售。广河甜麦子产业最初在城关镇西关村和三甲集沙家村形成规模，后来传播到全县各地，现在许多农户以专门制作、出售甜麦子为业，逐渐形成了一种新兴产业。

制作甜麦子的原料主要为定西地区马寒山、岷县一带的小燕麦，制作时先浸泡24小时，放至半干，用去皮机去皮，然后用筛子淘洗干净，慢煮一小时左右，待出现少量裂开的麦粒时出锅，晾至半干，拌酒曲后放入发酵床，在一定的温度下发酵40~48小时，待产生浓烈的醇香味时，搬离发酵床，放凉后即可"出炉"上市。②

广河甜麦子制作技艺主要为个体传承，不外传技艺，在制作技艺方面各有技巧，成为专利，现已发展为当地著名特色小吃（见图5-28）。

图 5-28　广河甜麦子③

---

① 资料来源：临夏州文化馆内部资料。
② 资料来源：广河县文化馆内部资料。
③ 马权2014年4月拍摄于广河县。

（四）捏手交易习俗

在临夏各县市的农贸集市上，常能看到在牛、马、骡、羊等价值比较大的家畜交易中有一种哑议价格的交易方式，这种谈生意的习俗已持续了几百年。因为临夏是古丝绸南路、唐蕃交往的必经路段之一，不同民族由于语言不通，相互贸易只能在稍通双方语言的中介的参与帮助下以手代口来议价。捏手这种传统的交易方式，是临夏古代各民族大融合、民间商贸交往的历史缩影。

其特点是双方在交易的整个议价过程中几乎一言不发，生意成交前所议价格外人不知，既能防止第三者介入，又避免了因对话中交易用语不慎而造成的误解，可在和睦的气氛中以较大的回旋余地议定一个双方都能接受的价格。捏手一般都用右手，双方先用左手拉长各自的右袖口来遮住右手，接着双方右手相握藏在袖中，有时也用上衣衣襟遮住相握的手；若在夏天，便用草帽做掩护，只要能挡住他人的视线即可。其中各个手指所代表的数码值则是祖辈沿袭而来的——9为弯曲的食指，8为食指和大拇指，7为大拇指、食指和中指，6为大拇指与小拇指，5、4、3、2、1都用指头的数量来表示。[①]捏手的议价方式，因其简便易行、公平合理、文明自愿、谈价效率高、不易产生欺行霸市情况，适用于不同文化层次、不同民族，在西北地区广为运用。

---

① 资料来源：广河县文化馆内部资料。

第六章 甘肃其他少数民族非物质文化遗产资源与保护现状

甘肃省除了甘南藏族和临夏回族拥有丰富的非遗资源外，武威天祝藏族、张掖肃南裕固族、酒泉肃北阿克塞哈萨克族、酒泉肃北蒙古族、天水张家川回族、陇南文县白马藏族等少数民族也拥有独特的非遗资源。

第一节 天祝华锐藏族非物质文化遗产保护现状

一 天祝县文化资源

天祝，藏语称"华锐"，意为英雄部落。天祝藏族自治县是中华人民共和国成立后第一个实行民族区域自治的地区，是新中国成立后由周恩来总理命名的第一个少数民族自治县，是全国仅有的两个藏族自治县之一，属甘肃省武威市。天祝县地处甘肃省中部、武威市南部、祁连山东端，素有河西走廊"门户"之称。全县辖9镇10乡，176个行政村，18个社区居委会。有藏、汉、土、回、蒙古等28个民族，总人口23万。全县有耕地面积31.97万亩，天然草原面积621.19万亩，森林面积410.2万亩，是石羊河流域6条内陆河（金塔河、杂木河、黄羊河、古浪河、大靖河、西营河）和黄河流域2条外流河（大通河、金强河）的重要水源涵养区和水源补给区。境内有以"天祝三峡"、天堂寺、石门沟、马牙雪山为代表的生态自然景观和以藏土民俗风情和藏传佛教文化为代表的人文景观。[1]

二 华锐藏区非遗资源

近年来，天祝县积极开展了民族文化遗产发掘与保护，现已公布了两批县级非遗名录28项，其中有17项被武威市列入市级名录，5项被列入省级项目，1

---

[1] 天祝县统计年鉴编委会，《天祝县统计年鉴（2014）》，第1~3页。

项被列入国家级项目（见表6-1）。[①]

表6-1 天祝县非遗项目名录[②]

序号	项目级别	项目名称	保护单位	代表性传承人	公布时间	公布批次	备注
1	国家级	华锐藏族民歌	藏语办	马建军 马央章草	2008年6月	国家级第二批	马央章草为省级传承人
2	省级	天祝土族安召	县志办	李占忠	2008年6月	省级第二批	
3		华锐藏医藏药	藏研所	于福山			
4		华锐藏族服饰制作技艺	文化馆	史延玲 徐英			
5		天祝土族婚俗	石门镇文体站				群体传承
6		华锐则柔	华锐文化艺术研究开发中心	乔索南措 吕文秀	2011年3月	省级第三批	
7		唐卡绘画	马才成	马才成			个人申报
8		华锐藏族婚俗	藏语办	张拉先			
9	市级	天祝县八一赛马大会	赛马协会		2010年6月	市级第三批	群体传承
10		六月六松山、抓西秀龙赛马会	松山镇文体站 抓喜秀龙乡文体站				群体传承
11		二月二岔口驿赛马会	华藏寺镇文体站				群体传承
12		华锐藏酒酿制技艺	天祝酒厂	温德林			
13		土族酩馏子酒酿制技艺	哈占苍	哈占苍			个人申报
14		祭峨博	西大滩乡文体站				群体传承

---

① 资料来源：天祝县文化馆内部资料。

② 同上。

(续表)

序号	项目级别	项目名称	保护单位	代表性传承人	公布时间	公布批次	备注
15	市级	天堂花儿会	天堂镇文体站				群体传承
16		哈溪端午浪山会	哈溪镇文体站	吴多忠			
17		华锐藏族谚语	藏语办、马祥云	马祥云			藏语办和马祥云本人联合申报
18	县级	土族民歌	天堂镇文体站		2007年6月	县级第一批	
19		锅庄舞	民族中学				
20		赛什斯社火	赛什斯镇文体站				
21		红石太平鼓	松山镇文体站				
22		藏族刺绣（盘绣）	县妇联				
23		晒佛	天堂寺寺管会				
24		祭天池	炭山岭镇文体站				
25		华锐藏族葬俗	松山镇文体站				
26		土族葬俗	天堂镇文体站				
27		法舞	县佛协				
28		泥塑	张延其		2010年6月	县级第二批	个人申报

注：表格中空格处缺数据是因未统计。

（一）华锐藏族民歌

华锐藏族民歌是一种集歌唱娱乐于一体的民间艺术形式，由于华锐藏族民歌始于本土的民间文化土壤，发展于畜牧田耕的生活间隙，因此呈现出浓厚而独具特色的区域性民族文化特色（见图6-1）。2008年入选第二批国家级非遗名录。

图6-1　华锐藏族民歌演唱会[1]

包罗万象的歌唱内容。华锐藏族民歌代表了华锐藏人的主流文化，同时也涵盖了华锐藏人的边缘俗文化，已成为包容文学、音乐、舞蹈、说唱乃至民族认同、宗教信仰等各种文化成分和文化形态的同义词。它的内容涉及宗教文化、历史地理、风土人情、社会生产及思想感情等方方面面，也有言及婚姻爱情生活，以及浓厚神话色彩的特点，更具有广泛的文化身份认同的意义。另一方面华锐藏族民歌有着深厚的古藏语成分和鲜明的方言特色。

体系完整的歌唱框架。华锐藏族民歌的节奏、旋律、调式及结构复杂庞大，包括独唱、对唱、齐唱、载歌载舞及问答式等多种演唱形式。

丰富多彩的歌唱门类。华锐藏族民歌主要包括叙事曲、情歌、哭嫁歌、讽喻歌、劝解曲、诙谐歌、迎宾曲、歌舞曲、赞歌、酒歌、问答曲、报恩歌、吉祥祝福歌、挤奶歌、儿歌、冯尼歌、送亡歌等。华锐藏族民歌伴随民俗活动形成了各种场合不同内容的说唱特征，歌唱多以比兴手法在表演中创造了大量的即兴辞赋，尤其在选用词语、段落反复、表达手法、旋律装饰等方面更是异彩纷呈，体现了华锐藏族民歌的无限张力。[2]

---

[1] 王辉2013年8月拍摄于天祝县。
[2] 资料来源：天祝县文化馆内部资料。

第六章　甘肃其他少数民族非物质文化遗产资源与保护现状

（二）天祝土族安召

土族"安召"土语称"那腾锦莫热"，意为围着圆圈跳的舞蹈，是土族人民歌颂人畜两旺、五谷丰登，祝愿吉祥如意的无伴奏圆圈歌舞（见图6-2）。土族安召最早可追溯到西晋时期西北高原的吐谷浑王国，后经历代的积淀、发展演变流传下来，是土族人民在长期的生产、生活中形成的一种广泛的民间集体歌舞。以娱神、娱人为内容，以歌舞、祭祀为载体，含有历史、宗教、民俗、艺术、劳作等诸多文化内容的传统民间文化活动，是民间相沿成习的传统风俗性活动。主要流传区域为大通河的天堂乡、炭山岭镇、赛什斯镇及相邻的石门镇。

图6-2　土族安召舞表演[1]

轻盈欢快、诙谐幽默、格调高昂的土族安召歌舞，是当地群众喜闻乐见、乐于参与、男女老少咸宜的一种民间活动。它可以在婚礼中、节庆期间、亲朋聚会时、酒席宴上表演，不受场地、人数、时间的限制。

土族安召主要动作随歌曲节奏和唱词的不同及曲调的变换而变换。跳安召时，由一人领唱，数人合唱并和舞，队形或单或双、或横或竖、或围成圈形。曲调高昂、嘹亮，富有节奏感。唱词一般三句为一段，也有两句为一段。[2]

---

[1] 资料来源：天祝县文化馆内部资料。
[2] 甘肃省文化厅、甘肃省非物质文化遗产保护中心，《甘肃省省级非物质文化遗产项目文图录》（上），2009年，第254~256页。

209

天祝土族的安召作为地方传统的歌舞，是土族文化的缩影，保护好土族的安召，不仅有利于研究土族传统文化，有利于保存土族语言、音乐和服饰，而且有利于研究整个西北地区在历史上多民族文化融合交汇、相互依存、共同发展的轨迹。

（三）华锐藏医药

藏医药很早以前就从宗教界传入天祝藏区，19世纪前，著名藏医丹正加就以手抄本的形式编著了《临床经验》一书，对天祝地区藏医成就和他本人的藏医临床经验进行了认真总结。新中国成立前，天祝地区有名气的藏医药人员有16人，是安多藏区藏医药发展较快的地方之一。新中国成立后，天祝藏医药事业得到了长足的发展，取得了可喜的成就，从20世纪50年代的逐步规范到70年代大规模的藏药材资源普查以及《天祝县藏药手册》的编写出版，再到80年代初藏医院的建立和藏药制剂室的建成，天祝藏医药事业实现了重大突破。2001年，天祝县委、县政府根据天祝经济发展的实际，做出藏医药产业化开发的战略部署，将藏医药产业化开发列为拉动全县经济发展的五大支柱产业之一。2004年9月，县委、县政府批准成立了天祝藏族自治县藏医药开发研究所，专门负责全县藏医药产业化开发工作。

天祝藏药材资源主要分布在天祝的天堂、朱岔、石门、炭山岭、西大滩、松山、毛藏等乡镇。据藏药材资源普查结果显示，天祝的藏药材共有600多种，其中植物类500多种、矿物类60多种、动物类30多种，有红景天、冬虫夏草、藏木香等名贵藏药材40多种。这些藏药材分布区域广，蕴藏量大，药效强劲，药用成分高，生物活性强。天祝藏医药主要药品有华锐洁白丸、华锐骨宝、华锐肾宝、华锐止血胶囊、五根汤、五味甘露汤等临床常用藏药制剂和25味珍珠丸、25味珊瑚丸、25味松石丸、佐志达西等名贵藏药制剂250余种。[①]

天祝藏医药是中国传统医学的一个重要组成部分，是藏民族在高寒缺氧、极度恶劣的环境中，通过丰富的生产、生活实践，博采中医学、古印度医学、古阿拉伯医学之长，逐步完善而形成的独具特色的传统医药学体系。它以源远流长的历史、博大精深的经典著作、系统完整的医学理论、得天独厚的药物资源、堪称珍宝的制剂，在世界传统医药学中占有重要地位。

---

① 甘肃省文化厅、甘肃省非物质文化遗产保护中心，《甘肃省省级非物质文化遗产项目文图录》（下），2009年，第132~133页。

（四）华锐藏族服饰

华锐藏族服饰比较轻便，这和本地气候、生产劳动方式有关。和高海拔地区的藏区相比，这里没有严格意义上的夏季，春夏秋冬也不分明，既适合放牧，又适合农耕。华锐藏族服饰的特征主要表现在夏衣和冬衣、已婚女子发饰与未婚女子发饰等的区别上。

（1）夏衣：男子穿白色小领大襟衬衣，其领边饰有花纹，袖口围以黑边，大襟中上方绣有一块称为"章金"的方形图案，罩衣是用布或毛织品（褐子）缝制的长袍，以白褐衫和紫红色氆台褐衫最为流行。女子着彩色大襟衬衣，上穿布袍（有小领、大领两种），腰带多喜绿色，再围以铜带，足穿靴子，头戴毡帽或方巾。喜日佳节，男女都穿用绸缎、呢子、毛料缝制的长袍，内穿由大小、色彩均异的数层领组成的衬衣，戴瓦蓝色藏式礼帽。

（2）冬衣：男子穿大羊皮缝制的皮袄，其白板皮衣边上围有3至5寸的黑、蓝布条或羊皮细边。老年人穿的冬衣一般在大皮袄上用黑或蓝布做面，用白皮或黑皮做领；年轻人冬衣用豹皮做领、围边，也有用其他兽皮做领的。女子冬衣和男子大同小异，只是皮袄是小领且缀有纽扣。

（3）发饰：藏族妇女以长发为美，她们把满头的乌发梳成辫子，装入精心绣制的刺绣辫筒，上面缀以众多饰物，如银牌、珊瑚、玛瑙、珍珠、海螺、象牙、松耳石等。华锐藏族妇女的辫饰较为复杂，由辫筒（藏族称"加盛"）和三大片（藏语称"阿热"）组成。辫筒一般宽约3寸，长约3尺，成对地佩戴在胸前。三大片中间的一片最大，叫"斗哈"，宽约5寸，长约3尺；两边两片叫"阿热"，宽约4寸，长约2尺。三片用绳子连接成"小"字形，佩戴在身后和两侧。辫饰上各种饰物的排列、缀饰都有习俗惯例，并与宗教信仰紧密联系起来，形成了完整的传承仪式和排列规范。辫筒主要由刺绣花纹组成，一条辫筒上往往排列五六幅图案，图案内容也极为丰富，有云纹、水纹、卷草纹、回纹、万字纹、八宝以及花鸟走兽等。所有这些都象征着幸福美满、吉祥如意。辫筒上除刺绣图案外，其间还缀有银牌、钱币、纽扣、骨片等，形成一个色彩斑斓的装饰带。"阿热"用布和皮革制成，厚重而坚挺，上面缀有纽扣、银币、象牙等装饰物，按照习俗规程排列有序，整套辫饰就是一件完美的艺术品。夸张的造型、浓重的色彩、强烈的对比、粗犷的线条，展现出华锐藏族豪放的气质。随着历史的发展，辫饰已由原始的护发、装饰两大功能演变为礼仪习俗。姑娘出嫁，要举行"戴头"仪式，亲人们郑重地将辫饰佩戴在她的发辫上。所以，佩戴辫饰也是已婚妇女的标志。已婚妇女一般要天天戴辫筒和"阿热"，特别是喜庆佳节、家中来客、会见长辈，必定要戴。如果丈夫亡故就只戴辫筒，不戴"阿热"；长辈去世，也不戴"阿热"。妇女到40岁后，辫筒就不戴了。辫筒一般由女方陪嫁，有条件的要陪好几副。"阿热"中的"斗哈"由娘家制给，意指娘家人站在后面；两侧的"阿热"由婆家制给，其意为要尊重婆家老人。[①]

（五）天祝土族婚俗

土族婚俗是土族传统文化的总和，浓郁的土族文化氛围、独特的民族服饰、丰富多彩的民歌演唱、欢快的舞蹈和肃穆的宗教气氛形成了天祝土族婚俗独具一格的特色（见图6-3）。自西晋时期吐谷浑在当地定居后，就融合当地古老民族的风俗，形成了独特的风俗习惯，到明清时期，现在土族中流行的婚俗基本定型，后又在不断的实践中有所扬弃，现在的土族婚礼较好地保留了清代婚礼的原貌。天祝土族婚礼在天祝县的石门镇、天堂乡等土族聚居区流传比较广，其程序、仪式及歌、舞、词的保留比较完整。土族的婚礼，一般分提亲、定亲、送礼、婚礼仪式、谢宴等程序。仪式隆重热烈，自始至终都在载歌载舞中进行。

图6-3 天祝土族婚礼[②]

---

① 甘肃省文化厅、甘肃省非物质文化遗产保护中心，《甘肃省省级非物质文化遗产项目文图录》（下），（2009年）第179~181页。

② 图片来源：天祝县文化馆内部资料。

第六章 甘肃其他少数民族非物质文化遗产资源与保护现状

无论是自由恋爱还是父母决定，都得由男方父母请媒人，向女家求婚。媒人多为男性，一般要请村里有名望的长者，或与女方家沾亲带故的人。提亲时媒人要带焜锅馍和蒸花卷各一副、酒两瓶。女方父母若同意就收下礼物，并热情招待媒人。女方家同意后，邀请本家各户家长、男方家父亲、媒人一起商量订婚。男方需带两包茯茶、三瓶酒、一条哈达、两副馍馍，作为吃喝礼，并送给女方父亲一包茶，送给女方母亲一件长衫料子，并送一部分彩礼。定亲后，男方家请媒人给女方家分期送礼，但主要彩礼要在办喜事前三个月送毕。按土族传统习惯，未婚前女婿不到女方家去，但现在逢年过节不仅要去，还要给女方家人分别送礼物。

土族婚嫁多在每年正月举行，大约在一个月前，先由男方举行择吉日仪式。土族称婚宴为"霍仁"，称择吉日为"砣让霍仁"（首宴）。由女方父亲、叔父或哥哥、男方对等的人与媒人等七八人共同请神择吉日。

娶亲前一天是女方家的嫁女宴，土族称"麻择"。女方本家各户、亲戚、朋友、左邻右舍送来礼物。女方家设宴招待，并摆嫁妆，当众一一交代男方送来的彩礼。这时姑娘要哭嫁，哭嫁词委婉动人，感谢山神、土主、乡亲、父母、哥嫂、姐妹的养育之恩和深厚情谊。

土族姑娘出嫁方式有两种，一种叫"小出小进"，一种叫"大出大进"。所谓"小出小进"即新娘到婆家后才改变发式，这种方式比较复杂庄重；所谓"大出大进"即在娘家改发式，到婆家后立即拜天地，这种方式比较简便省事。"小出小进"的出嫁方式是：新娘到了规定的时辰须坐"经卷"，即在堂屋的桌上，摆着经卷、柏树枝、佛灯、牛奶、红筷子、茯茶、粮食、羊毛等九种吉祥物品。纳什金在堂屋门前唱《依姐》歌并使劲摆动褐衫衣襟，新娘由其兄弟用白毡或红毡抬着在院里转三圈后出门上马。"大出大进"的方式是：穿戴一新的新娘，由其母亲或姐姐陪着绕三圈后出门上马。土族新娘上马时，阿姑们要唱上马曲。新娘由其姐姐做伴娘、小妹做伴女同到婆家。伴娘当天随送亲队伍回去，伴女则要等到婚后第三天新娘、新郎回门时带回。新娘进大门时，有两个年轻妇女在前面拉着红毡或白毡，新郎、新娘抱着用红布制作的布娃娃跟着毡，男左女右并肩缓缓迈入庭院。"小出小进"则是新娘到伙房灶神爷前，由事先选定的妇女动手为她梳头改发式，穿新婚服装，开口。开口仪式是，另一位事先选定的妇女手拿用红线缠着的擀面杖，在新娘面前绕几下，然后说："新娘新娘你开口，金口玉言，家里的话不要到外面去讲，外面的话也不要在家里乱说，守口如瓶，免惹是非……"

中午时分，娘家送亲人在婆家院里摆嫁妆，给新郎穿戴衣帽等。[①]

三 天祝县非遗保护状况

（一）积极推动华锐藏族民歌传承

自2008年"华锐藏族民歌"被列入国家级非遗名录以来，天祝县高度重视民歌的传承和保护工作，搜集整理了3000余首民歌和50余种民歌调类，出版了70余万字的《藏曲珠海之宝》；同时还做了大量的普查、调研工作，对华锐民歌的分布情况、传播形式、濒危状况及艺人进行登记造册，并通过录音、摄像等手段将华锐民歌归类整理，将50余类古老唱调以乐谱的形式进行记录，公开发行了30余万字的《华锐民歌词曲精粹》一书，这一举措填补了华锐民歌以乐谱形式表现的历史空白。从2010年暑期开始，天祝县藏语办举办藏语培训班，组织人员传授华锐方言以及华锐民歌。此外，还举办了华锐藏族民歌原生态演唱大赛，比赛分老年组、中年组和学生组，选手年龄最小的只有8岁，最大的已有81岁，并邀请了青海互助松多的民间歌手参加比赛。[②]

（二）努力加强新型藏药制剂研制和开发工作

天祝县藏医药开发研究所坚持继承与创新并重，全力开展新型藏药制剂研制开发、药物药理研究、藏医临床及信息理论研究等工作。先后举办了两届藏医药学术研讨会，完成了天祝境内野生藏药材资源普查。编写出版了《华锐藏药志》《疾病诊断明灯》等书籍，整理编印了《华锐名老藏医传记》《常用藏药手册》《常用藏药实用指南》和内部学术刊物《华锐藏医药研究》。成功炼制并掌握了藏药中技术难度最大、工艺最复杂、科技含量最高的母本藏药"仁钦佐它"秘制技术，配制了70味珍珠丸、仁青芒觉等名贵藏药制剂。搜集了大量华锐藏区民间藏医古方、验方、效方，开发藏药制剂309种，其中170种已完成制字号申报注册工作，华锐洁白丸、华锐骨宝获国家知识产权局发明专利，70味珍珠丸、仁青芒觉等16种藏药制剂被列入全省调剂使用院内中药制剂推荐目录。天祝县在23家医疗机构设置了藏医门诊，在北京、嘉峪关、敦煌等地合作开设藏医专科。[③]积极开展华锐藏医药文化传承保护和宣传展示工作，建成了规范的华锐藏医药文

[①] 资料来源：天祝县文化馆内部资料。
[②] 宋常青，《天祝：推动国家级非物质文化遗产华锐藏族民歌传承》，新华社，2011年1月21日专电。
[③] 李小荣，《守护文化瑰宝——甘肃天祝县民族文化遗产抢救与保护》，新华网，2013年3月28日。

化陈列室。开展了藏木香、铁棒锤、唐古特大黄等野生藏药材种植研究工作,建立野生藏药材种植示范点 60 亩,藏药材推广种植示范点 440 亩。①

(三)非遗保护基础设施建设不断加强

2000 年 8 月修建了县文体综合大楼,集文化馆、图书馆及博物馆"三馆"业务于一体。博物馆临门展示的 20 多套藏、土族服饰,色彩绚丽,饰件琳琅满目。李馆长介绍说,自 2006 年起,县博物馆募集 5 万元,深入民间征集华锐藏族服饰,共征集到少年、青年、老年男女服饰 12 套长期展出。2007 年,县文化馆被确定为华锐藏族服饰制作技艺保护单位,并确定了制作技艺传承人,这使华锐藏族服饰得到妥善保护。馆内还藏有当地出土的元代铜牦牛、各式陶器、纹瓶、西夏刺花瓷瓶及康熙御赐达隆寺鎏金马鞍等文物 825 件,除铜牦牛系仿制品外,其余均是真品。②

第二节 肃南裕固族非物质文化遗产保护现状

一 肃南裕固族自治县历史文化

肃南县成立于 1954 年,是全国唯一、甘肃独有的裕固族自治县,属甘肃省张掖地区管辖,县城设在红湾寺镇。地处河西走廊中部,祁连山北麓一线,东西长 650 千米,南北宽约 120~200 千米之间,总面积 2.4 万平方千米。全县由三块不连片的地域组成:东部皇城区为一块,中部马蹄、康乐、大河、祁丰 4 区为一块,北部明花区为一块。畜牧业是肃南县的主业。全县有可利用草原面积 2133 万亩,为发展畜牧业经济提供了得天独厚的条件。全县辖 6 区 1 镇、23 个乡、96 个行政村,总人口 3.66 万,其中少数民族人口 1.96 万,占 54%;裕固族 1.5 万,占 27%。③

裕固族自称"尧乎尔""两拉玉固尔",公元 8 世纪中叶回纥击败突厥在乌德勒山(今杭爱山支系)、温昆河(今鄂尔浑河)建立回纥汗国。9 世纪中叶回纥汗国为黠戛斯所破,回纥各部四处迁徙,其中一支投奔河西走廊,与早先迁来

---

① 李小荣,《守护文化瑰宝——甘肃天祝县民族文化遗产抢救与保护》,新华网,2013 年 3 月 28 日。
② 同上。
③ 甘肃省肃南裕固族自治县地方志编纂委员会,《中华人民共和国地方志丛书——肃南裕固族自治县志》,甘肃民族出版社,2008 年,第 1 页。

的部分回纥汇合，在这里生息繁衍，称为黄头回纥，成为当今之裕固族。[①]裕固族没有明显的男性传宗接代的宗法观念，也没有明显的男尊女卑的思想观念。同时，裕固族又是一个浪漫的民族，由于本民族的文字失传，裕固族的民族文化特别是民族历史都要依靠各个历史时期的民间歌手来传承。

自1992年以来，该自治县紧紧围绕境内自然景观、历史古迹、民族风情等旅游资源，先后建成了马蹄寺、文殊寺、七一冰川、丹霞地貌、康乐草原、县城东柳沟、皇城夏日塔拉等景区景点。现已形成了"雄浑壮丽的祁连风光、独树一帜的裕固风情、精美绝伦的石窟艺术、气势磅礴的丹霞地貌、七彩斑斓的祁连美玉"五大旅游精品。

二 肃南裕固族非遗资源

由于历史的演变和各民族的融合发展，肃南形成了独特的民族结构、生产生活方式和自然生态，造就了极具特色的民族习俗与地域风情。截至目前，裕固族语言被文化部和国家民委列为"中国少数民族濒危语言保护工程"试点项目，裕固族民歌、服饰、婚俗3项被列入国家级非遗名录，裕固族语言与口述文学、肃南蒙古族民歌、裕固族人生礼仪、裕固族皮雕技艺、裕固族剪马鬃、裕固族祭鄂博、裕固族刺绣、裕固族织褐子等9个项目被列入了省级非遗名录；此外，列入市级非遗名录的有17项（详见表6-2），列入县级保护名录的有29项；4人被列为国家级项目代表性传承人，24人被列为省级传承人。[②]

表6-2 肃南县市级非遗项目名录[③]

序号	项目名称	公布批次	公布日	类别及代码
1	裕固族口头文学与语言	第一批	2007年12月20日	民间文学
2	裕固族民歌	第一批	2007年12月20日	民间音乐
3	裕固族顶杠子	第一批	2007年12月20日	民间杂技与竞技

---

① 甘肃省肃南裕固族自治县地方志编纂委员会，《中华人民共和国地方志丛书——肃南裕固族自治县志》，甘肃民族出版社，2008年，第1页。

② 资料来源：肃南县文化馆内部资料。

③ 同上。

（续表）

序号	项目名称	公布批次	公布日	类别及代码
4	裕固族皮雕	第一批	2007年12月20日	民间美术
5	裕固族服饰	第一批	2007年12月20日	传统手工艺
6	裕固族人生礼仪	第一批	2007年12月20日	民俗
7	裕固族祭鄂博	第一批	2007年12月20日	民俗
8	裕固族剪马鬃	第一批	2007年12月20日	民俗
9	藏族民歌	第二批	2010年	民间音乐
10	蒙古族民歌	第二批	2010年	民间音乐
11	裕固族拔棍	第二批	2010年	民间杂技与竞技
12	裕固族刺绣	第二批	2010年	传统手工艺
13	裕固族织褐子	第二批	2010年	传统手工艺
14	裕固族留头羊	第二批	2010年	民俗
15	裕固族待客礼仪	第二批	2010年	民俗
16	裕固族丧葬	第二批	2010年	民俗
17	裕固族神羊祭祀	第二批	2010年	民俗

（一）裕固族语言

据语言学家和民族学者的研究，裕固族目前大致使用三种语言：西部裕固语、东部裕固语、汉语。西部裕固族所使用的语言有很多古突厥语的痕迹，称为古回纥语的活化石，与同语族的维吾尔语、哈萨克语、柯尔克孜语等有着密切的关系；东部裕固语又称恩格尔语，是后来历史上民族冲突和融合的产物，属阿尔泰语系蒙古语族，与同语族的蒙古语、东乡语、保安语、土族语等关系密切。使用西部裕固语的人主要分布在肃南县的西部，居住在自治县东部的则使用东部裕固语，居住在酒泉黄泥堡及肃南县明花区前滩等地的裕固人则讲汉语。东、西部裕固语有差异但相同词汇居多，所以从历史、民族语言、习俗等价值来看，还是把它算作古突厥民族的代表比较有意义。裕固族没有流传下自己的文字，最早使用的是古回纥文。明末，随着藏传佛教的传播，裕固族开始使用藏文。后来随着汉文在裕固族地区的传播，裕固族已开始通用汉文字。

（二）裕固族民歌

裕固族是一个能歌善舞的民族。本民族文字失传，反而使其民间口头文学十分发达，特别是其中的民歌，不仅保留了古代丁零、突厥、回纥等民族民歌的许多特点，而且与今日匈牙利民歌有许多相似之处。裕固族民歌内容丰富，曲调优美，节奏明快，富有鲜明的民族特色。裕固族民歌主要分为两个部分，一是音乐，二是唱词，主要有"小曲""号子""小调""情歌""叙事""筵席曲"等形式。就其内容而言，有优美抒情的牧歌、古老悠扬的史诗、热烈奔放的劳动歌、热情洋溢的赞歌、别具风采的婚礼歌、风格浓郁的习俗歌、缠绵悱恻的情歌、古朴庄严的宗教音乐等，反映了裕固族的发展、变迁，先民的生产生活习俗及其价值观、人生观、审美观、生活观等。裕固族民歌在曲调和行式上，既继承了古匈奴的某些特色，又吸收了藏族"拉伊"、蒙古族"酒曲"、回族"花儿"、土族"宴席曲"的某些特点，并把各种风格巧妙地融为一体。2006年入选第一批国家级非遗名录。

由于语言和居住地区不同，裕固族民歌分为东部民歌和西部民歌。前者多具有粗犷、奔放的气质，音调接近蒙古族民歌；后者则较平和、深沉，更多地继承了回纥民歌的传统。因此，裕固族民歌在某种意义上是研究古代北方少数民歌，特别是突厥、蒙古民歌的"活化石"，是研究古代北方游牧民族历史的重要依据，也是挖掘北方少数民族音乐的基础和依据。

（三）裕固族服饰

裕固族服饰是裕固族文化的重要组成部分，其特征因各部落生产生活习俗不同而各具特色，且均有"衣领高、帽有缨"的特征（见图6-4）。裕固族的传统服饰是男女都穿高领、大襟有衽的长袍。男子束红、蓝腰带，佩带腰刀、火镰、小佛等；而妇女高领、长袍、下摆开衩，衣领、袖口、衣衽、襟边绣着花边，外套为大红、桃红、翠绿、翠蓝色的缎子高领坎肩，系红、绿、蓝色腰带，配彩色手帕，脚穿长筒皮靴。冬季男女皆戴狐皮风雪帽，穿高筒靴；夏秋戴圆筒平顶镶边的白毡帽或礼帽。妇女喜欢佩戴耳环、翡翠或玉石手镯及银戒指等。①

---

① 资料来源：肃南县文化馆内部资料。

第六章 甘肃其他少数民族非物质文化遗产资源与保护现状

图 6-4 裕固族服饰①

裕固族妇女有戴帽子习惯。这种帽子是用白色羊毛压制的毡子制成，前缘镶有两道黑边，帽檐儿不宽，后檐微翘，前檐平伸，帽顶缀有红线穗子垂在帽顶周围。有的还饰有各色花纹，戴在头上像一只倒扣的喇叭，很是别致。未婚少女和已婚妇女的帽子略有不同：未婚少女的前额戴"格尧则依捏"，即在一条长红布带上边缀以珊瑚珠，下边缘是用红、黄、白、绿、蓝五色的珊瑚和玉石小珠串成的许多穗，它像珠帘一样齐眉垂在前额。梳五条或七条发辫，辫梢内有彩色的丝绒线，系在背后的腰带里。已婚女子方可戴头面。裕固族妇女的头面，裕固语称之为"凯门别什"，是一件非常精致而价值昂贵的工艺品，用银牌、珊瑚、玛瑙、彩珠、贝壳等穿缀而成；共分三条，胸前左右两条，背后一条；头面一般用彩色打底，过去只有在亲人去世时才戴白底头面。戴的头面要求上齐耳环，下至长袍底边，头面长短以身材高矮而定。在阳光的衬映下，裕固族妇女的帽子显得格外华丽庄重，富有民族情调，走起路来，珠贝、银牌等头饰互相撞击，发出清脆和谐、富有节奏感的叮当声，十分悦耳动听。

---

① 苏静婧 2014 年春节拍摄于肃南县。

（四）裕固族传统婚俗

婚俗也是集中展示裕固族传统文化的重要平台之一。20世纪50年代前，裕固族存在两种婚姻制度，一种是一夫一妻制的从夫居婚，一种是女不出嫁的帐房戴头婚。随着婚姻制度的改革，现代裕固族婚俗已演变成了一种重要的人生礼仪，其婚礼仪式隆重，别具特色（见图6-5）。

图6-5 裕固族别致的婚俗[①]

裕固族的"帐房杆戴头婚"，裕固语叫"杨恩开楞"。裕固族姑娘在奇数年龄15岁或17岁时，如不准备出嫁，父母就为她另立一顶小帐房，择吉日举行戴头仪式。在举行仪式前，要请喇嘛念经。父母要为姑娘精心绣制衣服一套、头面一副，选择"吉日"宴请宾客，请两位已婚妇女帮姑娘梳头，当着客人的面给姑娘戴上头面，然后姑娘给每个客人倒茶，用帽子遮住自己的脸，不说话，直到下午客人走后才回到大帐房内，将头面挂在帐房的佛龛前的房杆上，仪式就算结束了。姑娘戴头之后，就有了社交自由，可以与相好的男子同居，甚至生儿育女。同居的男子必须帮女方家劳动，否则就会受到冷遇；而女方不受男方的约束，主宰着家庭。离异时男子不能带走任何东西，所生子女也归女方。这种男不娶、女不嫁，家庭中以女性为主的婚姻形式，是古老的母权制婚姻的遗风。

---

① 苏静婧2014年5月拍摄于肃南县。

第六章　甘肃其他少数民族非物质文化遗产资源与保护现状

裕固族的婚礼是非常热闹和讲究的，一般要进行2天以上，主要包括姑娘戴头面、惜别送亲、打尖迎亲、马踏帐房、箭射新娘、冠戴新郎、献羊背、交新娘等12项程序28个礼节，每个环节都有相应的主持性的唱词，且各地唱词内容不完全相同。第一天是女方家用奶茶、好酒、手抓肉招待来宾，并举行对歌。这天最重要的活动是给新娘戴头，也就是将一副用珊瑚、玛瑙等珠宝串制成的华贵头饰系在新娘发辫上，发辫的样式也从这一天开始梳成三条大辫子，然后新娘换上绿色长袍，骑上白马，由送亲队伍陪伴去新郎家。当新娘离家时，娘家由舅舅带头唱裕固族传统的《送亲歌》。当新娘快到新郎家时，男方家要在路旁燃起两堆火，让新娘从中通过。然后新郎遵循古老的传统弯弓向新娘射三支柳条，这样做可驱除新娘身上的邪气，之后新娘才能进入婆家。这时男方家要用手抓羊肉、烧酒等招待送亲客人。老歌手先唱起反映裕固族婚俗的《萨娜玛珂》，接着再唱祝酒歌。当酒兴正浓时，双方歌手即开始对唱。对唱的歌词主要有两个方面：一是互相祝贺，二是娘家和婆家对答。娘家要求婆家爱护体贴新娘，婆家要夸耀自己，请娘家放心。还有一些善意的互相挑剔的内容，以烘托热闹喜庆的气氛。双方对唱一直延续到深夜方才散去。①

（五）裕固族人生礼仪

裕固族人生礼仪中的成人仪式即剃头仪式，一般在小孩出生后第3个生日时举行，仪式内容包括剃头和起名等。裕固族传统认为，给孩子剃头就如同给马驹剪鬃一样，马驹剪鬃后才算马，才能乘骑，同样孩子剃头后才成人，才能长命。裕固族的剃头仪式举行的时间和内容因地而异（见图6–6）。

剃头前，家长请喇嘛或德高望重的老人选定剃头的时辰，大部分选在农历初一或十五的中午进行。这天先请喇嘛诵长寿经，然后根据喇嘛教经典取名。如剃头的孩子是头胎，其仪式就更加隆重，客人要前来赠送礼品，主人也要盛情款待。其中孩子舅舅和高龄长辈送的礼品最重，往往送一匹3岁的马驹或一头2岁的牛犊。牲畜作为馈赠孩子的礼品，都要做专门的记号，意为属于孩子的财产。

---

① 资料来源：肃南县文化馆内部资料。

221

图 6-6 裕固族小孩成人的剃头仪式①

正式剃头前先得进行仪式：首先由母亲将孩子抱到舅舅和年龄最大的长辈面前行礼，老人和舅舅抚摸着孩子的头说：给你金马驹、白乳牛。这时端来盘子，盘子里有一把剪刀、一碗奶、一碗酥油和一个用酥油糌粑做成的圆圈，将盘子首先端在舅舅面前，将酥油糌粑圈套在孩子的头上，由舅舅第一个开剪，男孩从左边开始，女孩则从右边开始，剪一绺头发放在盘子里，再用手蘸酥油点在孩子的额头上，再抹到孩子的嘴里，同时口念吉祥语，并答应给孩子小牲畜。紧接着其他参加剃头仪式的人依次剪发，先剪左右两边，再剪中间和后边。在剪发时，均唱祝福歌，并表示向孩子赠送礼品。接着大家一起唱祝福歌《保尔德埃》，也有人载歌载舞，气氛热闹非凡。客人依次剪过头发后，再由舅舅用剃头刀把头发剃光，只在头顶留下一撮头发，是专为没来的客人留的。剃头仪式结束后，开始用酒肉招待客人。②

（六）裕固族皮雕技艺

裕固族以畜牧业生产为主，因此生产生活用品大都来自畜产品，作为生产生活用品装饰的皮雕工艺就是裕固族畜牧生活的重要反映，是裕固族生产生活习俗

---

① 苏静婧 2013 年 3 月拍摄于肃南县。
② 甘肃省文化厅、甘肃省非物质文化遗产保护中心，《甘肃省省级非物质文化遗产项目文图录》（下），2009 年，第 154 页。

与审美观结合的产物。

皮雕是裕固族传统手工艺的一项重要内容,以仔畜皮和兽皮为主要原料,以阳雕、镂空、剪切、绘画等为主要手工。皮雕用来装饰马鞍、皮靴、刀鞘、皮袋等生产生活用具。

裕固族皮雕艺术受本民族社会经济及西部草原文化和宗教信仰的影响,与他们的物质和精神生活息息相关。其图案丰富多彩,纹饰优美流畅、风格粗犷豪放(见图6-7),给裕固族的游牧生活增添了活跃的气氛和高贵的气质。[1]

图 6-7 裕固族皮雕画[2]

（七）剪马鬃

剪马鬃是裕固族的一种主要生产习俗。裕固族先民过着游牧生活,马对他们来说不仅是坐骑,更是生活生产中离不开的伙伴和朋友,因此他们爱马如子,剪马鬃往往会像给少年行成人礼一样受到普遍重视。一般在每年的农历四月中旬择吉日为满周岁的小马驹剪鬃（见图6-8）。

---

[1] 甘肃省文化厅、甘肃省非物质文化遗产保护中心,《甘肃省省级非物质文化遗产项目文图录》(下),2009年,第141~142页。

[2] 苏静婧2014年3月拍摄于肃南县。

图 6-8　裕固族人剪马鬃仪式[1]

裕固族剪马鬃习俗是该民族生活环境、生产方式、经济发展状况的生动写照，其习俗中包含的审美情趣和原始崇拜隐喻着很深的文化内涵。[2]

（八）祭鄂博

鄂博被裕固族视为民族的保护神，祭鄂博仪式是裕固族先民原始宗教信仰萨满教的一个重要仪式，其历史悠久，并随裕固族发展变迁而不断丰富。很久以前在裕固族传统仪式中就有祭鄂博的规矩。裕固语说："斯格才熬老熬老，百楞才熬来熬来。"意即家家门上有亲，每个山垭腰上有鄂博。祭鄂博即祭祀山神、财神，是裕固族牧民祭祀活动中的宗教内容（见图 6-9）。

祭鄂博没有固定时间，由各部落自定。先在鄂博四周扎起白帐篷，请喇嘛念经祈求平安，并向全部落每家每户通知祭鄂博的时间。事先要准备好六个聚宝瓶，即大肚小坛子，内装能出苗的五谷杂粮、金银财宝、珍珠玛瑙、绫罗绸缎、扣线棉衣、长年不竭的清泉水，瓶口用红布包住，用五色线扎紧。还要在一块长方形的平木板上铺一块新白布，在白布上用清泉水和好青稞炒面捏塑一个长方形的城墙，城墙的正上方塑一个三层城楼，城楼左右放置用布缝制的裕固族一男一女，

---

[1] 苏静婧 2014 年 4 月拍摄于肃南县。
[2] 甘肃省文化厅、甘肃省非物质文化遗产保护中心，《甘肃省省级非物质文化遗产项目文图录》（下），2009 年，第 168~169 页。

城门前放九个炒面捏成的佛灯，灯里添上酥油，用木板削成刀、枪、剑、弓箭。祭鄂博的地方一般选高山顶上或两山连接的山垭腰，地形要好，既能进财又能御敌。地方选好后，可根据当地条件，有的用檩条粗的木料制作一个长方形的木架栽到地上，正中竖一高高的旗杆，杆上挂写着藏经的玛尼旗；也有的用石块堆砌成长方形的石堆，上挂玛尼旗。有些在鄂博旁砌起煨藏的香炉，有的在平地堆一高台煨藏。鄂博有部落公祭的，也有户族祭的，还有个人祭的。新中国成立前，仅亚拉格家部落就有几十个鄂博。[1]

图 6-9　裕固族人祭鄂博 [2]

三　肃南县非遗保护现状

近年来，肃南县高度重视民族文化遗产保护与传承工作，坚持"有效保护，合理利用，加强管理"的原则，民族非遗得到了有效的保护与传承。

（一）组织、领导有力

文化遗产保护工作被自治县作为精神文明建设和社会事业发展的重要组成部分，制定了目标管理责任书，做到了与中心工作同安排、同部署、同检查、同考核，确保了各项工作任务责任明确，落实到位。同时根据工作要求，肃南县相继成立了裕固族文化研究室、裕固族研究学会、乡镇文物保护管理所及非遗保护领

---

[1] 资料来源：肃南县文化馆内部资料。
[2] 苏静婧 2014 年 5 月拍摄于肃南县。

导小组等组织机构，研究制定了《肃南县非遗保护工程实施方案》《关于加快民族文化特色县建设的实施意见》等政策措施，非遗保护工作步入了规范化、科学化、制度化运行的轨道。

（二）普查工作深入开展

肃南县曾于1984年和1992年两次组织人力对部分裕固族民歌进行过录音工作，整理出版了《中国少数民族民歌·肃南裕固族自治县卷》；2001年、2002年又积极配合联合国教科文组织对部分民歌传承人进行了采访、录音和录像。此后又专门成立了非遗普查工作领导小组，投入大量人力和物力，在全县开展了非遗项目的采访、录音、录像等普查工作，共走访牧户100多户200多人次，发现非遗资源15门类41个种类，征集民歌390多首、民间故事120篇、史诗13篇、历史文化资料50余篇、谚语576条、谜语120余条、裕固语词汇9000余条，整理完成了《肃南县非遗资料汇编》《东西部裕固族语音数据库》《裕固语话语材料》及各类音像资料150盘，征集传统服饰等实物1000余件。[①]

（三）传承活动开展有序

肃南县在加大保护力度的同时，注重传承工作的深入，投入大量的人力、物力和财力，积极组织开展了各类行之有效的传承活动。一是以项目为依托，建成了2个裕固族服饰传承基地、2个非遗保护成果展示厅、1个非遗传承培训基地和8个乡镇非遗保护传承培训点，与14名传承人签订了传承协议，[②]并督促传承人每年有计划地培训、培养新人，为更好地开展保护传承工作奠定了良好的基础。二是积极与省内外高校和有关专家学者合作，加大了培训力度。坚持每年选送部分传承人参加各类文博会、民族文化旅游节、非遗展览和考察学习等活动，使传承人开阔了眼界、增长了技能，也为开展保护传承工作培养了一批本土人才。三是以乡镇文化艺术节、民俗文化周等活动为平台，坚持每年举办原生态民歌大赛、传统民族服饰展演和原生态歌舞晚会等文化活动。四是完成了3本裕固族传统文化乡土教材的编写工作，并在小学和幼儿园尝试开展了裕固族文化教研活动；组织中小学生开展裕固族口语比赛，成立裕固族民歌培训班，成立裕固族原生态民歌合唱团。五是认真挖掘裕固族传统歌舞，创编了以《天籁·裕固》为代表的裕

---

① 资料来源：肃南县文化馆内部资料。
② 同上。

固族传统歌舞节目和裕固族广场舞；研发了裕固族久已失传的传统乐器天鹅琴和牛角鼓。六是完成了《裕固语汉语词典》的编纂工作，整理出版了《裕固族民间文学》《裕固族传统文化图鉴》《裕固族服饰画册》及《裕固家园》《裕固族原生态民歌档案》等展示非遗保护成果的画册、光盘；在县广播电视台开办了以裕固语、藏语播出的"民族之窗"节目。①

（四）对外宣传力度不断加大

积极配合中央电视台、甘肃电视台、广西电视台等新闻媒体拍摄和展演了《住黑帐篷的裕固人》《藏家祭祀这一天》《漫漫传承路》《生命的礼仪》等反映肃南县传统民族文化和风俗习惯的专题节目。广泛征集裕固族传统图案，设计制作了美观大方、易于洗涤的现代服饰，并在宾馆饭店、旅游景点、商业门点等服务行业予以推广。以民族工艺美术品、旅游纪念品为突破口，开发制作了民族服饰、皮制工艺品、绣制挂毯等民族文化产品；组织或参加了裕固族传统手工艺品展览、文博会、甘肃省非遗展览、民族民间手工艺品展、祁连玉石展等活动。②

第三节 肃北阿克塞哈萨克族非物质文化遗产保护现状

一 阿克塞哈萨克族自治县概况

阿克塞县地处甘、青、新三省交汇处，是全国三个哈萨克族自治县之一，也是甘肃省唯一的哈萨克民族自治县。总面积 3.1 万平方千米，辖 2 乡 1 镇、11 个行政村，总人口 1.06 万，其中哈萨克族 3165 人，占总人口的 36.8%。③

二 阿克塞哈萨克族非遗资源

阿克塞县自 2008 年正式启动"非遗"普查保护工作以来，经过 4 年的努力，已有故事、长诗、谚语、谎歌、民歌、铁尔麦、呼麦、劳动舞、黑走马、狗熊舞、阿依特斯等民间艺术，折刀、刺绣、乐器、服饰、奶制品、风干羊肉、毡房、接骨、雕刻等民族技艺，狩猎、婚礼、葬礼、部落系谱、念经、祷告、那吾热孜节、赛

---

① 资料来源：肃南县文化馆内部资料。
② 同上。
③ 阿克塞县统计年鉴编委会，《阿克塞县统计年鉴（2014）》，第 1 页。

马、叼羊、姑娘追、沃尔铁克等民族习俗，共32项被列入县级非遗名录，13项被列入酒泉市保护名录，其中哈萨克族刺绣、毡房、叼羊、姑娘追等5项为省级项目，阿肯弹唱被列为国家级项目。目前，阿克塞县共有1名国家级代表性传承人、4名省级传承人、4名县级"民间艺术大师"和4名县级优秀民间艺人。[1]

（一）阿肯弹唱

哈萨克族阿依特斯即为阿肯弹唱，哈萨克人把即兴编词弹唱、对唱的优秀诗人和歌手称作"阿肯"，"阿肯"能用诗歌来进行哲理的辩论和才智的较量。阿肯弹唱具有历史悠久、根基深远、社会影响力广泛、群众色彩浓厚、民族特色鲜明等特点，也是具有很强生命力的说唱艺术形式（见图6-10）。2008年被列入第一批国家级非遗扩展项目名录。

图6-10 哈萨克族阿肯弹唱会[2]

阿肯的主要才华表现在即兴创作上，他们一般能触景生情、出口成章。除了在平日生产生活中的即兴弹唱外，阿肯的重要活动是参加哈萨克牧人聚会时的对唱。这种对唱双方歌手即兴编词，边弹边唱，一问一答，以物比兴，借景发挥，用优美的歌词、娴熟多变的弹奏技巧，折服对手，取悦听众。答词切题准确、语言机智幽默、演唱经验丰富、内容生动有趣者取胜。牧民们把对唱中取胜的阿肯

---

[1] 资料来源：阿克塞县文化馆内部资料。
[2] 吴静2014年8月拍摄于阿克塞县。

与骏马、英雄相提并论。但对失败者也不轻视，称誉他们是"敢于搏击风雨的雄鹰""敢进沙漠的骆驼"，给予热情鼓励。弹唱会结束时，要为评选出的优秀阿肯颁发奖状奖品，赠送精美的冬不拉。对德高望重的老阿肯，要给他们献上传统的长袷袢。按照习俗，败阵的阿肯还要给得胜的一方赠送毛巾、手帕等物，以示友好祝贺和虚心求教。①

哈萨克民族是一个能歌善舞的民族，优美动人的诗歌是哈萨克民族丰富多彩的文化传统最集中的表现。阿肯则是诗歌的创作者、演唱者和传播者，无论是婚丧嫁娶、宗教典礼、生活习俗等都有一套比较完整的传统演唱。这些诗歌对民族发展史、民族关系史和宗教史的研究都有很重要的价值。同时又是研究历史学、人类学、社会学、民族学、民俗学的重要资料。

（二）哈萨克族刺绣

哈萨克族民间刺绣是一种有动感创作过程的工艺美术品（见图6-11）。刺绣题材、内容、色彩都与牧民生活、文化息息相关。它历史悠久，并随长期的民族文化交融、社会生产力的发展及科技的进步而提高。

哈萨克族刺绣工艺种类很多，比如花毡子、服装、挂毯、各种小花帽、毡房陈设等。传统的手工刺绣是先用盐和奶混合调汁，在黑、红、紫三色的绒布或白布衬底上，勾勒出草木花卉、飞禽走兽、抽象纹饰及刺绣者的种种独特想象，然后用自制的五彩毛线，沿草图或勾、或挑、或刺、或缝，精心绣制而成。绣花毡则更复杂，除了在薄毛毡上用钩针和彩线按绘制好的图案直接刺绣外，还常用各色布头剪出各种花纹，然后以彩色粗线镶边，缝绣在素色毛毡上；或把毛毡剪成各种纹饰，然后染色、缝绣拼接、缀连成片。用这种原料制作成的服装、鞋靴、被褥、壁毯华丽炫目，美观大方。特别是以日月星辰、云水花草等形象装饰出的手工制品上的图案更是着色浓郁，对比鲜明。②

随着时代的发展，哈萨克族刺绣在借鉴其他民族刺绣的基础上，技法更加多样，图案更为精致，取材也更丰富。不仅有传统的手工绣，还有快捷省力的缝纫机绣；除了用毛线、丝线绣外，还以串珠、金银线装饰绣品，颇受年轻人欢迎。现在哈萨克族妇女利用自己的刺绣手艺，开发加工旅游产品，来增加收入。不仅

---

① 资料来源：阿克塞县内部资料。
② 同上。

带动了旅游业的发展，同时也促进了哈萨克族刺绣艺术的繁荣。

图 6-11　哈萨克族民间刺绣图①

（三）毡房

在广袤无垠的草原上，缀满了白色蘑菇似的毡房，由于毡房是由白色毡子做成的，里面又布置得十分讲究，所以人们称之为"白宫"。毡房是哈萨克族传统建筑中最为普及、最为常见、造型独特、结构简便的建筑类型。毡房历史悠久，嫁给哈萨克族祖先乌孙王的细君公主在《黄鹄》歌中唱道："穹庐为室兮毡为墙，以肉食兮酪为浆……"其中就描写了毡房，可见哈萨克的毡房最少有两千年的历史了。

毡房造型的最大特点是使用面积大，阳光直接照射面积小。毡房种类有18种之多。毡房一般高3米左右，占地面积二三十平方米，四周是环形的毡墙，上面是圆形的屋顶。毡房的骨架是戈壁滩上的红柳木做的，外围的墙篱是用芨芨草编的，横竖交错成菱形的围墙也是用细红柳木做的，连接的材料是牛皮绳和牛筋，门框和门用松木制作，还要用大量的毡子和毛绳，整个毡房不用一枚钉子。毡房的设计者和建造者，不仅使毡房轻便耐用，而且使它富有浓厚的民族艺术特色。

---

① 吴静 2013 年 5 月拍摄于阿克塞县。

扎围墙用的彩色主带，宽约20~40厘米，全部用五颜六色的毛线织成，花纹美丽大方。这种彩带还用于房杆的接头处，不仅使毡房牢固且使毡房显得富丽堂皇。房门制作也很讲究，并雕有花纹，绘有图案，吊在门上的毡子也用彩色的绒线绣出各种鲜艳夺目的图案，显得大方、富有艺术感染力。①

也许有的毡房外表不怎么起眼儿，但内部却布置得大方、合理、井井有条，试想在一个只有30多平方米的毡房内，既要有客厅、卧室，又要有伙房、库房，要安排得好是不容易的。毡房的门一般朝东开，毡房的前半部分放物品、用具，后半部分住人、待客。有时三代人要住在一个毡房里，他们也会安排得很好。进门左上方是儿子和儿媳的床位，床前挂有缎幔；正中上方摆被、褥、衣、箱等物，前面铺有华丽的毡子和地毯，是客人坐的席位；右上方是主人的床位，一般不允许晚辈在上面坐卧；右下方摆有食物和饮具；左下方放置牲畜用具和猎具，正中央的天窗下放铁皮炉。毡房的四周几乎摆满了东西，中间还留有很大的空隙，一般来十几位客人也不显得拥挤，有时在毡房里举行赛歌会、音乐会和舞会，② 可想而知这草原上的"白宫"容量有多大。毡房现在重点用在旅游景点上。

（四）叼羊

叼羊，不仅是哈萨克族牧民所进行的一项扣人心弦的马上游戏，而且是一种力量和勇气的较量，是一场马术和骑术的比赛（见图6-12）。据说这种游戏最早是从阿尔泰一带发展起来的，一般都在节日期间举行。

每当节日前夕，牧民们就要派出代表到各个毡房去张罗叼羊的事，并进行选择地点、确定日期的工作。叼羊这天，男女老少都穿着节日的盛装，喜气洋洋地来到指定地点，自觉地站成一个大圈进行围观。叼羊的形式最主要的有三种：一是两人叼，即一人抓住羊的一端，拼命争夺，谁夺到羊谁就为胜；二是分组叼，过去一个部落为一组，部落与部落之间进行争夺，获胜者为部落的光荣；三是集体叼，即一只羊被主持者扔在地上，谁叼到手不被别人抢去且又把羊能扔到某一家的毡房上，谁就是胜者。

---

① 资料来源：阿克塞县内部资料。
② 同上。

图 6-12　哈萨克族叼羊比赛①

叼羊开始前，主持者先将一只已宰了头、扒掉内脏的"阔克拉合"（青灰色的山羯羊尸体）放在场中，各路骑手便在周围排成两队待命。当主持人打响枪声，英勇的骑手就急驰出发，瞬间骏马猛烈地向场中扑去……一场惊心动魄的叼羊搏斗就这样展开了。领先的骑手迅速地把马鞭咬在口中，双手丢开鞍缰，跃身抓住羊尸，飞箭冲出人围，催马向着目标处奔驰；其余的骑手则快马加鞭、奋起直追；观众们欢呼雀跃、呐喊助威。后来者紧追上去，抓住羊尸一端，使劲进行争夺；时而几人相持，难解难分；时而一人抢去，摔掉了对手。就这样，众多的骑手在交锋，英武的骏马在助威，各不相让。一边叼一边跑，直到把羯羊尸体上的皮毛剥尽，由最后叼到手的骑手提着羊尸，飞马环绕目的地一周，最后将羊尸放到原处，才算真正的胜者。因为这种胜利是以力量和速度得来的，牧民们无不心悦诚服。但整个活动并没有结束，叼羊的胜者还要把叼来的羊尸随意从别人家的毡房顶上扔进去，这时毡房主人就认为是莫大的吉庆，便组织全家人宰羊煮肉，用手抓肉、奶疙瘩等上等佳肴热情招待前来恭喜的所有客人，还要唱歌、跳舞，进行通宵达旦的娱乐活动。叼到羊的骑手是自豪光荣的，大家纷纷给他披红挂花；同时吃到这只叼羊肉的人也是幸福的，按哈萨克族人的传统说法，吃了这只叼羊

---

① 吴静 2014 年 8 月拍摄于阿克塞县。

肉的人不仅会避过灾难,且能交上好运。①

哈萨克族人的叼羊游戏,每年都定在金秋节日举行。一方面是为了庆贺当年牧业丰收,预祝明年牧业增产;另一方面也是为了鼓励牧民们精心饲养马匹,培育优良马种,锻炼英勇骑手,提高马上战术,发展畜牧事业。因此,深受广大牧民欢迎,并世代传承。

(五)姑娘追

姑娘追,哈萨克语叫"克孜库瓦尔",是哈萨克族的马上体育、娱乐活动,多在婚礼、节日等喜庆之时举行。

关于姑娘追的起源,哈萨克族民间还流传着不少有趣的传说。其中一则为:一个猎人和天鹅仙子结成夫妻,在结婚那天骑着两匹雪白的骏马,像白天鹅一样飞翔,互相追逐。他们就是哈萨克人的始祖。②后来成为哈萨克族男女青年反抗宗法封建礼教,摆脱父母包办婚姻和自由恋爱的一种方式,许多人就是通过这种戏谑性的追逐互相认识、互相了解而萌发了爱情,最终结成伴侣的。而今它已成为一项饶有风趣的群众性体育活动了,不少已婚的成年男女也喜欢参加。

活动由不同氏族部落或地区的男女青年交错组合,一男一女两人一组。活动开始,二人骑马并辔走向指定地点。去时小伙子可向姑娘逗趣,开各种玩笑,甚至可接吻、拥抱,按习惯怎么嬉闹都不为过,姑娘也不会生气。到指定地点后小伙子立即纵马急驰往回返,姑娘则在后面紧追不舍,追上后便用马鞭在小伙子的头上频频挥绕,甚至可抽打以报复小伙子的调笑,小伙子不能还手。不过姑娘一般不会真打,特别是如果姑娘本来就喜欢小伙子,那她就会把马鞭高高举起轻轻落下。但如果是姑娘不喜欢的小伙子,在去的路上又说了许多脏话或做了不少过分的动作,那姑娘就会毫不客气地挥鞭狠狠抽打。

(六)纳吾热孜节

每年春暖花开之际,哈萨克族都要迎来传统节日——纳吾热孜节,哈萨克族称为"乌勒斯腾乌勒库尼",意思是"幸福的日子,伟大的事业开始的时候"。这个节日相当于汉族的春节(见图6-13)。

纳吾热孜节日来临前一个月为纳吾热孜月,在这个月中哈萨克族家家户户互

---

① 资料来源:阿克塞县文化馆内部资料。
② 同上。

相邀请共享"阔杰",相互祝福。节日期间不外出远行,不骂人打架,讲究与人为善、和谐共处。节日当天,男女老少都穿着新衣服,欢聚在亲朋好友家载歌载舞,歌颂丰收,祈祝来年好运,并要吃纳吾肉孜饭。据说纳吾肉孜饭既有忆苦思甜的深刻意味,又有祈祝五谷丰登、六畜兴旺的美好愿望。[①]

图 6—13 哈萨克族欢度纳吾热孜节[②]

这个节日传承着哈萨克族的许多传统美德,丰富多彩的活动展示了哈萨克族的民俗民风和历史文化。凡哈萨克族人居住的地方,都很有必要把这种节日文化重视、保护起来,让祖祖辈辈都能欢度这个祥和的节日。

三 阿克塞县非遗保护状况

(一)广泛布点拉网,坚持常年搜集整理

阿克塞县充分发挥文化馆、乡镇文体站的作用,建立民间文化搜集点,普查摸清"家底",确定了一批民族民间口述文学、音乐、舞蹈、美术、传统工艺、习俗等具有重要历史价值的保护项目。

(二)举办特色活动,传承保护民族文化

近年来,阿克塞县围绕非遗保护工作,积极组织开展了一系列民族民间文化活动。自2006年开始,每年8月下旬都要举行大型的"赛马会暨哈萨克族风情

---

① 资料来源:阿克塞县文化馆内部资料。
② 同上。

旅游节",包括阿肯弹唱比赛、刺绣工艺品展览及赛马、赛骆驼等民族传统项目比赛。同时每年还邀请新疆阿肯协会、新疆阿勒泰民间工艺传承人在阿克塞举办阿依特斯暨民间舞蹈培训班、刺绣培训班和青少年冬不拉培训班等,积极传承民族文化,打造民族文化品牌。另外各乡镇也要轮流举办阿肯弹唱比赛,甚至有些少数民族群众在婚嫁、给孩子举办"成人礼"时也要举办赛马、赛骆驼等比赛。

(三)加大保护力度,拓展传承保护空间

阿克塞县政府投资500万元完成哈萨克民俗博物馆,收集整理民族服饰、兵器、生活用具等各类展品600余种、2000多件,[①]力求集中展现哈萨克族生产生活场景、传统文化习俗等特色文化。

第四节 肃北雪山蒙古族非物质文化遗产保护现状

一 肃北蒙古族自治县概况

肃北县地处河西走廊西段,是甘肃省一个以蒙古族为主体的少数民族县,也是甘肃省唯一的边防县。自治县周边与1个国家(蒙古国)、3个省区(新疆、青海、内蒙古)、10个县市接壤。全县总面积66 748平方千米,约占全省总面积的14.8%,是甘肃省面积最大的县。辖3个乡镇、26个村,总人口1.31万人,其中蒙古族占38.2%。[②]

肃北县地处西北边陲,这里是广阔的戈壁沙漠和山脉地带,游牧文化和农耕文化互相交融渗透,孕育了独特的民族民间文化。肃北蒙古族素称"雪山蒙古族",历史悠久,文化底蕴深厚,历史上遗留下来的文化艺术相当丰富。现有省级保护单位7处,县级保护单位28处,馆藏文物104件。[③]

二 肃北雪山蒙古族非遗资源

肃北有着较为丰富的非遗资源,有17项被列入酒泉市级非遗名录(见表6-3),其中蒙古族马头琴制作技艺、雪山蒙古族马上用具制作技艺、蒙古族祝赞词等4

---

① 资料来源:阿克塞县文化馆内部资料。
② 肃北蒙古族自治县县志编纂委员会,《肃北蒙古族自治县县志》,甘肃人民出版社,2013年,第1页。
③ 同上。

项为省级项目,雪山蒙古族服饰被列为国家级项目。[①]

表6-3 肃北县蒙古族市级非遗名录[②]

序号	项目名称	序号	项目名称
1	肃北蒙古族服饰（国家级）	10	肃北蒙古族银饰品加工制作技艺
2	马上用具制作技艺	11	肃北蒙古族婚礼
3	马头琴制作技艺	12	肃北蒙古族洗娃娃习俗
4	蒙古包制作技艺	13	肃北蒙古献哈达礼节
5	敖包祭祀	14	肃北蒙古族民歌
6	蒙古族祝赞词	15	肃北蒙古族民间文学
7	蒙古族长调	16	肃北蒙古族民族语言文字
8	肃北蒙古族那达慕大会	17	肃北蒙古族过年习俗
9	肃北蒙古族象棋		

（一）雪山蒙古族服饰

肃北蒙古族服饰是当地蒙古族历史文化的缩影。考古资料证明，蒙古族服饰与我国古代北方游牧民族的服饰是一脉相承的。据《汉书·匈奴传》记载，"食畜肉""皮毡裘"的匈奴妇女的头饰与雪山蒙古族妇女的头饰非常相似。肃北蒙古族服饰在长期的游牧生产生活中产生和应用，至元朝已基本定型。15世纪中叶，肃北蒙古族先民从大兴安岭、小兴安岭和科尔沁地方西迁至阿尔泰山一带驻牧，受当地卫拉特蒙古族文化习俗的影响，组建和硕特蒙古部落。17世纪初叶，和硕特部迁居青藏高原，又与当地藏族在民俗文化方面进行了广泛交流，在受到藏族服饰文化影响的同时，保留了和硕特蒙古族特有的民族传统服饰特点。[③] 而这些民族服饰的一个共同特点就是适应高原气候，有较强的防寒作用且便于骑乘，长袍、坎肩、皮帽皮靴自然就成了首选服饰。

（1）蒙古袍：男女都穿宽下摆长袍，需要系腰带。男式长袍为长领子，领

---

① 资料来源：肃北县文化馆内部资料。
② 同上。
③ 同上。

第六章　甘肃其他少数民族非物质文化遗产资源与保护现状

子右面直到右袖根在左端入怀，一般用深蓝、海蓝或天蓝色衣料制作。女式长袍则为短领子，领子两端只到两肩，衣领、衣襟、袖口，皆有艳色的镶边，衣扣多用黑绦子绣制，或缀以特制的黄铜扣，多用红、绿、黄色绸缎制成，不但款式较多，且制作工艺复杂和讲究。（2）腰带：腰带不但有束腰作用，还用来装饰。腰带多用红、浅绿或黄色绸缎缝制，且有精美的图纹装饰和银饰。（3）帽子：肃北蒙古族男女冬夏两季都戴帽子。夏季戴一种缠巾，颜色主要以紫红色为主。冬季戴一种吊面皮帽，样式很多；还有一种尖顶红缨蓝色吊面女士帽，帽檐用白羊羔皮装饰，是肃北蒙古族妇女特有的装束之一。（4）配饰：肃北蒙古族妇女不仅穿娇艳瑰丽的服装，还佩戴各种装饰物。如已婚妇女特有的发袋，装饰有玛瑙、红珊瑚和银碗形及银圆饰物，其做工复杂，是一件艺术水平较高的刺绣工艺品。头饰物还有银质镶以各色宝石的耳坠、护身符盒。同时还要戴数串琥珀、玛瑙、翠玉、蚌等组配的项链，在无名指、中指上戴银质、玉质戒指，手腕上戴象骨、琥珀、玉石、玛瑙质手镯。还有一种佩挂在袍子右上襟扣子上的饰物，叫"布特格"。这种饰物，小巧玲珑，精致华美。（5）靴子：肃北蒙古族人讲究穿袍子必须穿靴子。蒙古族钟爱的靴子分皮靴和布靴两种，蒙古靴做工精细，靴帮等处都有精美的图案，靴子为小底圆头，用香牛皮或马皮制作。[①]

（二）蒙古族马头琴制作技艺

马头琴是蒙古族最具特色的民族民间乐器之一，因琴首雕有马头而得名，蒙古语为"莫林胡尔"。其前身是蒙古语称为"潮尔"的民间拉弦乐器，马头琴距今已有一千多年历史，对于蒙古族来说它就是艺术地记录历史发展载体。特别是在过去，蒙古族每个家庭不论条件好坏，都会将该乐器供奉在佛的旁边，以此辟邪。马头琴有着深远的文化渊源和人文底蕴，不仅是民族民间乐器中的艺术瑰宝，也是一种独具特色的民族民间工艺精品，具有很高的保存和收藏价值。

马头琴的制作程序复杂，选料考究，每一道工序都是老艺人靠手工精雕细刻而成的。马头琴是一种弓拉弦鸣音乐，由共鸣箱、琴头、琴杆、弦轴、琴马、琴弦和琴弓构成。共鸣箱呈正梯形，也有做成六边形或八边形的，琴箱框板多由乌木红木或桑木等硬杂木制成，上下两框板中开有装入琴弦的共鸣箱，板面上开有出音孔，琴箱正背两面蒙以马皮、牛皮或羊皮，上面绘有精美图案。琴头琴杆多

---

① 资料来源：肃北县文化馆内部资料。

用一整段优质木料制作,琴杆用梨木、红木制成,大者全长124厘米,小者70厘米。琴头呈方柱形,顶端向前弯曲,造型为雕刻精美的马头。弦槽后开,多有槽盖,两侧横置两个弦轴,皮面中央置木制桥形琴马,琴弓用藤条或木料制作弓杆,两端拴以马尾为弓毛拉弦。马头琴的琴弦很特别,是用几十根长马尾合成的,两端用丝弦结住,系在琴上。用马尾弓摩擦马尾弦,发出的声音甘美、浑厚,特别动听(见图6-14),这在中外拉弦乐器中都是极为独特的。[1]

图6-14　蒙古族马头琴演奏[2]

(三)蒙古族马上用具制作技艺

蒙古族被称为"马背民族",他们驰骋疆场的重要伙伴就是马。马是他们主要的交通工具,也是战争中的骏骑、伙伴及玩友,马上用具自然成为重要的物品。肃北马上用具的制作技艺精湛,选料考究,是蒙古族在长期的生产生活中不断发展完善和世代传承的,集皮革加工、金属工艺、编织扎制、美术设计装饰于一体的民族手工技艺(见图6-15)。

肃北蒙古族马上用具主要有马鞍、马笼头、马嚼子、马绊、马绻子等,其中马鞍的制作加工更为重要和著名。马鞍不仅是骑马的必备之物,而且也是骑手和马的重要装饰物。马鞍的前后鞍鞒都有各种装饰,或彩绘图案,或镶嵌贝雕、骨

---

[1]　资料来源:肃北县文化馆内部资料。
[2]　吴静2013年8月拍摄于肃北县。

雕，还有软垫、鞍鞯、鞍鞴、鞍花等均饰以边缘纹样或角隅纹样。鞍花多用银或铜制作，软垫多用刺绣。马鞍主要以优质木材以及银、铜、铁等金属材料为骨架，动物的皮毛、绒线加工制作成鞍软垫、鞍鞯边、鞍鞴、鞍花、鞍坐垫等配件和装饰物。马头上佩戴的马笼头、马嚼子用皮革和毛织品加工制作，并进行装饰，漂亮且结实耐用。目前有许多马上用具已成为收藏价值极高的工艺品和文物。[①]

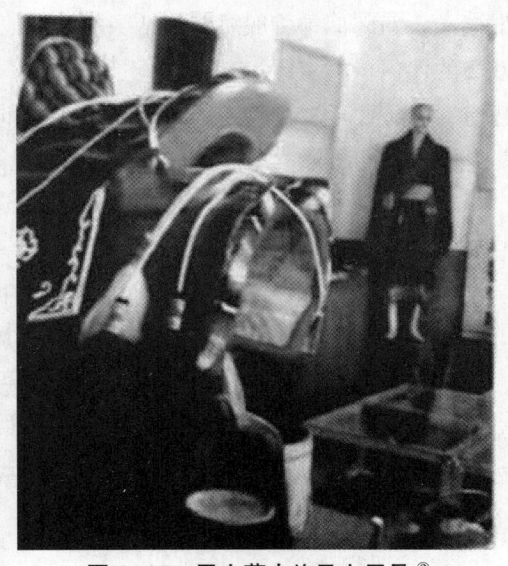

图6-15 雪山蒙古族马上用具[②]

（四）蒙古族祝赞词

蒙古民族天性豪爽、乐观豁达、热情奔放，历来有崇尚诗歌的传统和出口成章的本事，不论是出征狩猎、祭祀大典，还是喜庆节日、酒宴聚会，包括新婚嫁娶、竞技比赛、婴儿诞生、毡包落成，都要用各种美好的诗句称颂一番，久而久之，就形成一种特有的民间文学形式——祝赞词，蒙古语称"仓"。

蒙古族祝赞词不仅内容广泛、题材丰富，而且句式结构完整、语言简洁、形象生动、短小精悍、意味深长，还经常采用比喻和夸张的形式祝福和赞美特定的事物，具有浓郁的生活气息和鲜明的民族风格。尤其是在一些隆重和喜庆的场合吟诵起来，情绪高昂，热情奔放，抑扬顿挫，娓娓动听，深受人们的喜爱和欢迎。

---

① 资料来源：肃北县文化馆内部资料。

② 吴静2013年8月拍摄于肃北县。

蒙古族祝赞词，很多是世代相传的宗教仪式上诵念的诗章，也有一些是朗诵过程中触景生情、即兴填词、烘托气氛。大部分祝赞词在合辙押韵上没有限制，句型长短比较随意，吟唱舒展流畅，饱含真情，朗朗上口，一气呵成，毫无矫揉造作、冗词赘句的书卷气。蒙古族祝赞词有许多的经典名篇，比如《新郎新娘赞》：一个是马背上的勇士，一个是天宫中的仙女；祝贺这天作之合吧，人人都会心中欢喜。新娘如白鹤般温顺，新郎似神驹般矫健；姻缘的线把他们两人连在一起，这是神驹白鹤比翼双飞的伴侣。

蒙古族祝赞词还有：《祝酒词》《献哈达祝词》《祭火祝词》《迎亲颂》《心神颂》《摔跤手颂》《献牲羊祝词》《公马祝词》《打马鬃祝词》《剪羊毛祝词》等等。[①]

（五）敖包祭祀

据《蒙古秘史》记载：成吉思汗在早期被蔑尔乞特人追赶时，藏在不罕山里，蔑尔乞特人绕山三圈都没有抓住成吉思汗。蔑尔乞特人远去，成吉思汗下山后说："不罕山掩护了我，保住了我的性命，我将每天祭祀，每日祝祷，让我的子孙都知道这件事。"说完，即"挂其带于颈，悬其冠于腕，以手椎膺，对日九拜，酒奠而祷"。[②] 元代忽必烈曾制典，皇帝与蒙古诸王每年必须祭名山大川。由于有的地方没有山或离山较远，牧民就"垒石像山，视之为神"，蒙古语称"敖包"（见图6-16）。

"敖包"在草原人们的心目中象征着神灵，世袭传颂，构成了极其强烈的信仰。祭祀敖包，是蒙古民族生活中的一件大事。清朝时期才开始有了以部落为单位，每年举行一次"祭敖包会"的习俗。一般要持续三四天，如同过节一样，远远近近的牧民无论男女老少都前往参加。先举行赛马，然后摆上供物，由喇嘛念经行祭，参加祭祀的人们纷纷往敖包上添加石块。祭祀结束，进行摔跤、唱歌、跳舞等文体活动。[③]

---

① 资料来源：肃北县文化馆内部资料。
② 同上。
③ 同上。

图 6-16　蒙古族祭敖包会①

（六）肃北蒙古族洗娃娃习俗

肃北蒙古人把孩子称为"扣问"，孩子出生被看作是人生的第一件喜事，要举行比较隆重的喜庆仪式。

孩子出生后第三天太阳出升时，家人请来接生婆或医院妇产科大夫给婴儿洗胎脂、穿衣服，众亲近邻各持具有民族特色的礼品前来庆贺，俗称"洗三"或"洗娃娃"。饶有趣味的是，蒙古人洗娃娃时要在婴儿脚底放一白一黑两块小石头。黑石象征国家和政权，白石象征纯洁、善良和智慧，意为祝愿孩子成人后，意志像岩石一样坚强，脚踏国土，多行善事，为民效力，为国立功。②

三　肃北县非遗保护状况

（一）认真开展非遗普查工作

各乡镇和文化行政主管部门将普查摸底作为非遗保护的基础性工作来抓，统一部署，分级实施。在充分利用已有研究成果的基础上，根据非遗资源现状和濒危程度，参照中国民族民间文化保护工程《普查工作手册》和《甘肃省民族民间文化保护工作指南》，分级、分类制订了普查工作方案，全面了解和掌握了当地

---

① 吴静 2013 年 5 月拍摄于肃北县。

② 同上。

非遗资源状况，及时向社会公布普查结果。并且运用文字、音像、数字化等多种方式对非遗进行真实、系统和全面的记录，分级建立档案和数据库。

（二）制定非遗保护规划

各乡镇、各相关单位在科学论证的基础上，根据《甘肃省民族民间文化保护工程实施方案》，制定了本地区非遗保护规划，明确了保护范围和保护措施，提出长远目标和近期工作任务，分步实施。

（三）分级建立了非遗保护名录

按照国家和本省非遗评审标准，经过科学论证和认定，建立了市、县两级非遗代表作名录。

（四）建立了科学合理的传承机制

对列入各级名录的非遗项目，同级政府制订了科学的保护计划，明确保护的责任主体，进行切实有效的保护，并采取命名、授予称号、表彰奖励、资助扶持等方式，鼓励传承民间艺术、技艺。对年事已高、生活困难的传承人给予适当的经济补助，资助他们开办"讲习所"或授徒，通过社会教育和学校教育，使非遗后继有人。并且积极组织开展"民间艺术之乡"的创建活动和民间艺术大师的评选命名活动。[1]

（五）开展了对蒙古族服饰专项保护工作

近几年专项保护肃北蒙古族服饰工作取得了丰硕成果，既增强了蒙古族服饰的丰富性、多样性和差异性，也展现了蒙古族服饰的历史、文化和艺术价值。从2006年开始，在对肃北蒙古族服饰进行田野调查、研究论证和风格鉴定等保护工作的同时，对其特征和传统款式制定了标准，发布了《肃北蒙古族传统服饰》标准。这一标准为规范蒙古族传统服饰的制作和使用提供了科学、权威的依据，为保护、传承民族优秀传统服饰文化开辟了新的途径，又对18套服饰和16套头饰进行了复原性制作，这是肃北县历史上规模最大、时间最长的蒙古族服饰专项保护活动。从2011年开始，又在全县境内收集各具特色、异彩纷呈的20余套传统服饰的彩色效果图、款式图、裁剪图。[2]肃北蒙古族服饰保护从田野调查、项目论证、复原制作到展览展示，不论在理论层面还是实践层面都为本县非遗保护

---

[1] 资料来源：肃北县文化馆内部资料。

[2] 同上。

第六章 甘肃其他少数民族非物质文化遗产资源与保护现状

积累了有益经验。

第五节　张家川回族非物质文化遗产保护现状

一　张家川回族自治县历史文化概况

张家川县是陇东南和关中—天水经济区唯一的少数民族自治县，也是目前全国回族人口比例最高的少数民族自治县。张家川县位于天水市东北部，陇山西麓。总面积1311.8平方千米，辖3镇12乡、258个村委会，总人口33万人，其中回族占69%。[①]

张家川县是秦的发祥地，县境内文物古迹众多，共有各级文物保护单位和文物点90处。早在远古时期，先民们就在这里从事农耕。先后有西氏、吐蕃等少数民族居住，唐宋时期，阿拉伯、波斯等国的贡使、商贾，经"丝绸之路"相继迁入。明、清时期，有大批的回族进入，形成了一个以回族为主的少数民族聚居区，在发展中各种文化流派相互融合、变化，各民族和睦相处。[②]

二　张家川回族非遗资源

张家川非遗资源种类丰富、分布范围较广，全县15个乡镇均有分布。现已公布了第一批县级非遗名录，有民间文学、民间美术、民间音乐、民间器乐、民间手工艺、消费习俗、人生习俗、民间习俗、民间信仰9大类，包括民间神话、民间传说、民间故事、民间谚语、民间歌谣、根雕、张家川花儿、付川小曲、旱船船歌、回族口弦、草编、竹编、梁堡合绳、织麻袋、麻鞋制作、剪纸、荷包、耳枕、绣鞋、回族服饰、清真食品、回族茶歌、回族婚礼、回族葬礼、张家川社火、张家川庙会等26个项目。其中，张家川回族口弦、张家川花儿为天水市非遗项目，张家川花儿会被列入国家级和省级名录。[③]

（一）张家川花儿

张家川花儿是回族群众在长期劳动生活中创作、演唱的一种民间音乐形式。

[①] 张家川县统计年鉴编委会，《张家川县统计年鉴（2014）》，第1页。
[②] 同上。
[③] 资料来源：张家川县文化馆内部资料。

243

最初形成于张家川县恭门镇、马鹿乡,后来被全县群众广泛传唱。是这一地区民族个性特征与独特精神的主要表现,也是表现民族情感和理想的主要载体。

张家川回族花儿与当地的汉族小曲、小调经过不断融合、变化,逐步形成了独特的张家川花儿流派。它的演唱多以独唱、对唱、联唱为主,无乐器伴奏。张家川花儿与河州花儿、洮岷花儿大体相似,在格律调式、结构上形成了其独特的风格,商调式、羽调式最为常见,乐句、乐汇中渗透着小曲的音韵,曲调深沉、高亢悠扬。演唱者多加滑音、连音、颤音等装饰音,分外动听。节奏有缓慢的自由板,又有欢快的二拍、三拍及五拍等。唱词以自由式居多,字数不等,长短不一,以七言居多。唱词中大量引入本地方言土语,如"干散""攒劲""阿达"等,具有明显的地域特色和民族特色,使得唱词自由灵活、通俗易懂。①

新中国成立初至 20 世纪六七十年代,张家川"花儿"处处可闻,老艺人、年轻人、小孩嘴里也惯传了几句自豪的喊唱。但到了 80 年代以后,随着经济的发展,人们的生活发生了天翻地覆的变化,文化娱乐方式也日新月异,山间地头劳动间隙喊唱"花儿"的人越来越少。

(二)张家川回族口弦

口弦又称"口琴""响篾"或"弹篾"。早在原始社会母系氏族时期,就有类似口弦的乐器,如"簧""竽""笙"等。自唐以来,口弦逐渐成为回族妇女表达情感的民间器乐;到宋元时期,在陇东南经商的阿拉伯、波斯商贾落户张家川,此时,他们所接触到的称"铁叶簧"的拨叶簧即是口弦;时至民国,口弦已在全县得到普及,甚至有向外传播的趋势。

口弦演奏内容多以表达爱情和生产生活为主,也有少数舞曲,并可以演奏民间叙事长诗和即兴诗歌,是回族妇女劳动耕作之余,围暖歇凉之时抒发感情、表达心声的主要娱乐形式。口弦的演奏者大多为回族妇女,其特殊的身份使得口弦在流传中形成的调式多达 40 余种,如《滴檐水》《泉水响叮咚》《雄鸡报晓》《蜂而奋了》《宋涛声》《风铃声》《风起云涌》《秧歌曲》《锣鼓曲》《夜漫漫》《静夜思》《鹊曰喜枝》《乱弹》《鸟鸣山中》……口弦有竹制和金属制两种,竹制最为常见。张家川地区的口弦,多以长 10 厘米、宽 20 毫米、厚约 2 毫米的竹片制成。

---

① 资料来源:张家川县文化馆内部资料。

口弦的丰富内容和基本特征及其传承历史,在我国其他民间乐器中比较罕见。因而,其发掘、抢救和保护就更有价值也更为紧迫。①

(三)张家川回族婚俗

张家川回族结婚习俗包括以下几个程序:

(1)"提亲"。当男方相中女方,由男方请媒人说合后,拿上"四色情"(即四样礼品),去女方家提亲,女方若留下礼物则表示初步同意。

(2)"送开口茶"。提亲后,女方探听男方为人、家庭基本情况等,如中意便给男方回话表示同意。此时男方家则要通过媒人向女方家"送开口茶",表示初步定亲。

(3)"定亲"。男方备好衣料、鞋袜、首饰、化妆品等,由媒人、新女婿、家长及亲友一行8人去女方家定亲,女方家盛筵款待。同时媒人与男女双方家长商酌、言定彩礼数目、衣服件数、人情礼品份数和送礼日期。告别时,男女双方互送礼物,叫"接换手",表示同意。

(4)"送礼"。按预定日期,由男方家带上彩礼等礼品数份,并提红公鸡、黄母鸡一对(称"提话鸡")前去女方家送礼。女方家以筵席招待,亲房②户族以"出汤面"招待。三餐后,女方家摆出回送礼品,赠予男方。

(5)"嫁娶"。嫁娶是男女双方家中最大的喜事,结婚日期,除星期二(阿拉伯语为"斜扇拜")视为不吉祥外,其他日子都可举行,一般以"主麻日"(星期五,即聚礼日)嫁娶者居多。结婚这天,男女双方家宰牛羊,搭棚结彩,盛筵款待宾客。新娘迎娶进门第一道仪式是请阿訇念"尼卡哈儿"(结婚证词),新人严肃恭听。接着阿訇询问两人结婚意愿后就宣布男女双方在宗教意义上成为合法夫妻。证婚仪式后,由阿訇撒喜物意为感谢真主赐给的良缘,祝新郎、新娘长生到老,早生贵子。仪式完毕,新娘入新房,盘起辫子,戴上回族妇女的白帽,表示由姑娘成为媳妇。接着男方家要盛筵款待女方家来送亲的人,吃第一道菜,称"下马筵席",然后到就近居住的亲房请"喝汤"(吃出汤面),最后吃正筵"十三花",名曰打发娘家。最后新娘要拜送娘家人,名曰"拜作钱"。同时娘家人送"回盘"(熟肉和莲花馍馍),至此婚礼结束。

---

① 资料来源:张家川县文化馆内部资料。
② 亲房:血统较近的同宗族成员。

（6）"吃眯眼饭"和"吃睁眼饭"。在闹洞房人走后，新人在新房对吃饺子，以示婚后和睦相处，俗称"吃眯眼饭"。在次日凌晨，二人又对吃饺子，俗称为"吃睁眼饭"，以示白头到老。

（7）"试手面"。婚后4天，由新娘亲自擀一顿长面，请家里人吃，意在看新娘烹饪手艺和勤俭持家的能力。

（8）"看十天"。新婚后第十天，娘家母和亲戚中的妇女们要去婆家看望新娘，去的人要给新娘带一件衣服；婆家则以席招待。娘家人走时，婆家人还要送礼物给每一个人。[①]

三 张家川县非遗保护状况

近年来，张家川在非遗保护方面做了许多工作。利用媒体加大宣传力度，首先让老百姓了解非遗，让非遗保护理念进入寻常百姓家；利用节庆、节会、文化遗产日等节假日举办各种展示、展演活动，扩大非遗影响力；积极争取省、市文化主管部门对张家川非遗项目、传承人保护的支持力度，建立更加完善的保护名录体系；采取分期保护、属地保护的原则，开设非遗传习所和非遗保护中心，以使保护工作取得长足发展。

第六节 陇南文县白马藏族非物质文化遗产保护现状

一 文县白马藏族历史文化概况

文县，位于甘肃南陲，坐落在甘、川、陕三省交界处，地处秦巴山地，素有"陇上江南""大熊猫故乡"美誉。境内气候宜人，具有"一山有四季，十里不同天"的特征，被著名地质学家李四光称为"复杂的宝贝地带"，俗称"千山万壑藏黄金，两江八河流白银"。境内景色宜人，既有北国之雄奇，又具江南之秀美。文县是文化部命名的中国民间文化艺术之乡（白马人民俗）、中国民间文艺家协会命名的中国白马人民俗文化之乡。

白马人是古代氐人的后裔，也就是古文献中常常提到的"白马氏"，被汉代

---

① 资料来源：张家川县文化馆内部资料。

第六章 甘肃其他少数民族非物质文化遗产资源与保护现状

以后的史书称为氐族。氐人是中华民族大家庭中一个古老而神秘的族群。氐族发展壮大始自东汉、西汉及魏晋南北朝时期，甘肃陇南曾是其主要聚居地和活动区域。氐人以骁勇善战著称，曾建立"前秦""大凉"等政权。栖息在今天陇南市的"白马氐"，先后建立了"武都国""仇池国""阴平国"等地方政权，前后延续了380多年。当前，白马人主要生活在甘肃省陇南市文县铁楼乡白马河流域和四川省平武县、九寨沟县境内，人口约1.4万。

铁楼为文县四大边寨之一，因古传挖掘出一大铁炉而得名，又叫铁炉寨。这里历史悠久，开发较早，据文县文化局工作人员介绍，铁炉寨目前还有马家窑、齐家文化等遗址。而铁楼最为著名的当属境内的白马藏族文化历史源远流长，是我国民族大家庭中的一朵奇葩，至今依然保留着古朴原始的民族文化和独具特色的奇异风俗。

白马藏族没有自己的文字，却有自己的语言。据有关专家考证，"白马语"的特点是保存古羌语的本音比较多，和藏语之间的差别已大大超过了藏语内部各种方言之间的差别。所以，"白马语"应是一个独立的语言。据此，研究者认为白马语是"从古羌语母体中分化出来的一个相近的支系"。实质上，二者是同源而异流。

他们的风俗习惯、文化、宗教信仰都不同于藏族。白马藏人会说藏语，却不认识藏文，而且多数人会使用汉字；他们不信仰藏传佛教，却信仰太阳神、山神、火神、五谷神；他们不修庙宇，不供佛像，却只在家供奉祖先的牌位。

文县白马河流域的白马藏族，大都居住在高寒山区的向阳山坡和河谷地带，房屋依山而建，木楼彩绘，一寨一村，一户一院。白马人在生产和生活中还保留了较多的传统游猎习俗。宗教信仰方面也有许多原始信仰的遗俗，主要为自然崇拜，日月山水、风雨雷电及动植物等，皆为崇拜对象。白马人最崇敬的神灵是始祖神盘瓠（hù）爷、太阳神和五谷神，每年都要举行隆重的"池哥昼"祭祀活动。[①]

二 文县白马藏族非遗资源

（一）傩舞"池哥昼"

"池哥昼"又称"鬼面子"。是陇南白马语的音译，"池哥"意为山神，"昼"是舞蹈，因表演时头戴面具，亦称"白马面具舞"。是白马人最经典、最具代表

---

① 资料来源：文县宣传部内部资料。

性的文化遗产。其表演原始古朴、粗犷豪放，充满了神秘的宗教气氛和浓郁的娱乐色彩，是集舞、歌、乐为一体的民族民间艺术（见图6-17）。同时，这也是至今还遗存在白马人生活中的一种古老的具有原始风貌的群体祭祀舞蹈。

图6-17 白马人的面具舞表演[①]

"池哥昼"有固定的表演形式，一般在表演前有隆重的祭祀仪式（见图6-18），整个表演以舞蹈贯穿始终。按照角色及分工分为男面相舞、女面相舞、知玛舞三部分。其中，四人扮成山神，又叫"池哥"，传说是白马先祖达玛的四个儿子；两人扮成菩萨，又叫"池姆"。四个"池哥"头戴青面獠牙、插有锦鸡翎的木雕彩绘山神面具，翻穿羊皮袄，背负一串铜铃，足蹬牛皮靴，左手持宝剑，右手握用牛尾刷制作的拂尘，形象凶猛恐怖，舞步遒劲粗犷。两位菩萨"池姆"，头戴雕绘菩萨面具，慈眉善目，端庄秀丽，身穿对襟长裙，手持花手巾，紧跟"池哥"之后，舞姿轻盈飘逸。"知玛"脸抹锅墨，身穿破衣烂衫，四处随意乱唱狂跳，表演诙谐滑稽，颇似舞台丑角。

"秋昼"是白马人在"池哥昼"表演中间进行的一种情景性双人舞，两位"池哥"双手持牛尾刷，表演相向弓步进退、斗肩、双挽手、双手搭肩、背靠背进退、肩并肩进退、搂抱、脚尖对脚尖、膝盖对膝盖、双手推挤、相互挽肘等动作。整场表演节奏明快，动作坚实有力，气氛紧张热烈，体现出"池哥"的强健与威猛。

---

① 路永安2013年春节拍摄于文县。

第六章 甘肃其他少数民族非物质文化遗产资源与保护现状

"帕贵塞",即"杀野猪",是"池哥昼"表演队伍在进入白马人家中表演完"池哥昼"以后表演的一种情景舞蹈。表演由三位池哥、两位知玛、一位头戴面具的野猪和民众共同参与。整场表演有傩舞动作、知玛、野猪、民众动作等几类。这组表演中野猪是中心角色,主要表演模仿野猪游走、低头啃庄稼、窜逃等动作;民众分男女两队,唱着《玛知玛咪萨敛叨》等歌曲,手拉手平移、行走、跑动紧紧追赶野猪。整个表演舞蹈与歌声结合,气氛激越,再现了白马人团结拼搏求生存的历史。①

图 6-18 "池哥昼"开始前隆重的祭祀仪式②

(二)白马人傩舞"麻昼"

白马人傩舞"麻昼"表演,主要流传在铁楼乡、石鸡坝乡等乡镇的白马村寨。在每年的正月初六到正月十六或者重大的节庆时,都要举行盛大表演活动,它是一种集歌、舞、乐为一体的娱神、祭祀性民间乐舞。"麻昼舞"被附近汉族群众称之为"十二相"(见图 6-19)。

在传统的表演中,一般十二生肖不能表演完整,即不能同时将十二张面具全部戴上表演,这也是道家一种"守弱处下"哲学观的体现,即凡事不能全满,满则亏则损的理论,所以在表演时,一般只有 6 个角色,它们分别代表十二生肖,

---

① 资料来源:文县文化馆内部资料。
② 路永安 2013 年春节拍摄于文县。

第一相用兽王狮子头代表鼠和羊；第二相是牛头，并代表着马；第三相是虎头，并代表狗；第四相是龙头，并代表猴；第五相是鸡头，并代表蛇；第六相是猪头，并代表兔。另外的六张面具一般是只供奉在场子中作为观瞻之用。

图 6-19　白马人傩舞"麻昼"表演[①]

表演者的服饰颜色非常艳丽，这就是根据这六种动物的颜色而制，猪面具穿一身黑色衣，虎面具穿条形斑纹衣，狮子着红色衣，牛是棕色衣，龙为绿白相间衣服，鸡上身为红色衣。

傩舞"麻昼"表演过程中舞蹈动作极其丰富，有12大阵、72小路。主要表达的是祛邪祈福和对美好生活的憧憬。

（三）白马藏族服饰

在漫长的社会演变中，白马人保留了完整而独特的生活习俗和服饰特色。他们的服装有别于其他藏族，服饰中以头饰最具特色。白马藏族青年男女都戴白色荷叶边毡帽，缠绕有红、蓝、黄、紫等色线，垂飘在帽檐之外。无论男女，其帽顶前端有一簇锦鸡颈羽装饰并插白色雄鸡尾羽，这是白马藏族的标志。男子插一支挺直的羽毛，表示心要直，人品要好；女子插几支弯曲的羽毛，象征美丽。这种帽子被当地的白马人称之为"沙嘎"。

---

① 路永安2014年春节拍摄于文县。

第六章　甘肃其他少数民族非物质文化遗产资源与保护现状

白马男子服饰多为麻布长衫或短衫，大都是黑白两色或绛青色，均系偏襟。将两前襟操拢，腰缠毛腰带，膝下扎麻布绑腿。夏天穿木、麻剥皮编织的麻耳草鞋，冬天穿不同样式的番鞋，头缠青布帕或丝帕，反穿羊皮褂子。白马女性服饰奇丽多彩，是用五颜六色的布条和对顶三角形四方布块制成，用布料和毛料制作，背上常缝扎一朵"米"字形图案，胸前佩戴三至六块方块形鱼骨牌，腰缠羊毛线织成的红腰带，前系三色围裙，上身套花坎肩，足穿绣花尖尖鞋，头缠丝帕，丝帕紧裹长辫，红头绳串上六至九块鱼骨，四色玉石小珠，系在头上吊至右耳旁，戴上耳环、戒指、手镯，既端庄古朴，又美丽大方，别具一格。[①]

（四）白马藏族民间歌曲

白马人的民间歌曲丰富多彩，是白马人代代传承、积累下来的精神食粮。每逢重大活动必有群众性演唱，寨子里几乎全民参与，上至七八十岁的老人，下至稚气未脱的孩童，人人争先恐后，场面热烈，阵势庞大。白马人歌曲描述的是白马人历史的和现实的生活世界，有什么活动就有什么歌曲，有个人独唱、也有集体合唱，还有对唱。歌曲洋溢着鲜明的特色和浓郁的生活气息，歌声激昂、欢腾，大起大落，宛如吹响了嘹亮的号角，以古朴豪放、粗犷动听而著称。白马人的生活地域大都是高寒林区，天长日久，养成了人人喝酒、家家酿酒的习惯，白马人相聚，总是一边跳舞唱歌，一边举碗豪饮。

（五）白马藏族的"海餐"

白马人春节文化活动异常隆重热烈，从正月初一至十七，每天都有名目繁多的传统民俗文化活动（见图6-20），尤其元宵节前后，各种活动便进入了高潮。在此期间，各村寨都实行"海餐"，各家院落或厅堂内安放着饭桌，摆着饭菜和青稞酒，各类客人（包括外客）随到随吃，热情招待，概不收费。到了晚餐时间，主家老幼总要用民族语言唱起敬酒歌，随之便大碗大碗地给客人们敬上青稞酒，酒不喝干，歌唱不停。[②]

三　文县白马藏族非遗保护现状

文县的白马人主要生活在白水江支系白马河畔的高山地带，生存环境相对脆

---

① 资料来源：文县文化馆内部资料。
② 同上。

弱,是汶川大地震的主要受灾区。村落的房屋修建是文县灾后重建的重点,但比起房屋,受损更严重的是他们的族群文化。白马文化的保护工作随着灾后重建启动,至今已取得令人瞩目的成就。

图6-20 白马人跳起欢乐的"火舞"①

(一)加强对白马藏族文化的普查与研究

近年来,陇南市把加强白马人民俗文化的保护传承作为落实华夏文明传承创新区建设、推进特色文化大市建设的重要内容,强化措施,深入推进。组织专家深度研究,先后邀请中国社会科学院、中国文联、中国民协、兰州大学文化学者和全国白马人文化研究人士深入文县实地调查研究,举办了首届中国白马人民俗文化研讨会。依托市白马人民俗文化研究会以及兰州城市学院、陇南师专等高等院校,深入研究白马人文化,取得了丰硕的研究成果,出版了《陇南白马人民俗文化研究》系列丛书,以及《文县白马人》《白马人民俗文化图录》等专著,《白马人语言词典》即将出版。成立专门工作组,对民俗文化原始资料进行了广泛的收集整理。已收集翻译白马语言文字8000余字,拍摄白马服饰工艺8种、白马舞蹈12支,记录白马传说故事10段,录制白马歌曲168首。注重活态传承,完善了8个民俗文化传习所、3个表演场所的配套设施,培养民俗文化传承人60多人,发挥他们在民俗文化发展中的带动、示范、传承、引导作用。

---

① 路永安2014年5月拍摄于文县。

（二）非遗传承保护与文化名镇建设相结合

文县把特色文化保护传承与文化名镇名村建设、生态文明新农村建设、旅游产业开发等紧密结合起来，努力建设看得见山、望得见山、留得住乡愁的特色村寨。白马人村落文县铁楼乡入贡山村、草河坝村、石门沟村案板地社和文县石鸡坝乡哈南村被评为国家级传统村落，草河坝、案板地、石门沟等村已经建设了民俗文化寨门、图腾柱、文化广场、仿古栏杆，修复古廊桥、水磨坊等，建成了特色鲜明、环境优美的白马人民俗风情村寨。文县还利用毗邻九寨沟的区位优势，加快推进九寨沟至文县民俗文化精品旅游线路建设，积极发展具有白马人民俗文化特色的乡村旅游，吸引了大量游客来体验古朴的民俗风情。

（三）宣传力度不断加大

文县积极利用各类媒体平台、节会平台，持续宣传白马人民俗文化等地域文化，努力打造文化品牌。邀请北京伯璟文化传播有限公司拍摄制作了《探秘东亚最古老的部族（文县白马人）》纪录电影。与陇南师专合作编排了大型音乐舞蹈史诗《池哥昼》。组建白马人民俗文化表演团队，先后参加中国第四届艺术节、永靖国际攀岩节、伏羲文化艺术节、文博会、兰洽会等各类大型节会，进行现场展演，受到广泛好评。

（四）知名度进一步提高

为全面落实中央关于"要梳理传统文化资源，让收藏在禁宫里的文物、陈列在广阔大地上的遗产、书写在古籍里的文字都活起来"的指示精神，进一步推进华夏文明传承创新区建设，2015年3月5日至6日在陇南市文县举办了第一届中国（陇南文县）白马人民俗文化旅游节，节会主题为"白马情·中国梦"。推进白马人民俗文化的研究保护，促进活态传承，推动文化与旅游深度融合，进一步扩大白马人民俗文化的知名度和影响力。[①]

---

① 资料来源：文县文化馆内部资料。

第七章　自然灾害与民族地区文化遗产保护

第一节　民族地区常态自然灾害

自然灾害是人类生存所面临的一大公敌。21世纪以来，全球约有8亿人受到自然灾害的影响，死亡人数高达300万。2008年全球发生的300起大灾中就有137起属于自然灾害，造成24.05万人死亡和2690亿美元的经济损失，特别是2008年5月发生在汶川的8.0级大地震，死亡人数超过8.74万，数万人失踪，造成1240亿美元的特大经济损失。[1]

我国是世界上自然灾害最为严重的国家之一，灾害种类多、分布地域广、发生频率高、造成损失重。70%以上的城市、50%以上的人口分布在气象、地震、地质和海洋等自然灾害严重的地区。近15年来，我国平均每年因各类自然灾害造成约3亿人（次）受灾，倒塌房屋约300万间，紧急转移安置人口约800万，直接经济损失近2000亿元。[2]

伴随着全球气候变化以及中国经济快速发展和城市化进程不断加快，资源、环境和生态压力加剧，自然灾害防范应对形势更加严峻复杂。有关研究表明，全球气候变暖对我国灾害风险分布和发生的影响将是全方位、多层次的：强台风将更加活跃，暴雨洪涝灾害增多，发生流域性大洪水的可能性加大；局部强降雨引发的山洪、滑坡和泥石流等地质灾害将会增多；北方地区出现极端低温、特大雪灾的可能性加大；北方地区沙漠化趋势可能加剧；农林病虫害危害范围可能扩大。[3]

由于地理和历史的原因，长期以来我国民族地区经济基础薄弱、防灾减灾基础设施较差、防灾减灾意识淡薄、抗灾能力又弱，灾害一旦发生，民族地区群众几乎丧失了抵御能力。新中国成立以来发生的5000多起破坏性较大的灾害中，

---

[1] 瑞士再保险股份有限公司，《2008年的自然灾害与人为灾难：北美和亚洲严重受灾》，R.sigma，2009年，第2期。
[2] 《国务院办公厅关于印发国家综合防灾减灾规划（2011—2015年）的通知》（国办发〔2011〕55号）。
[3] 同上。

有1000多起集中发生在民族地区,严重破坏了民族地区的生态、社会、经济系统,而导致民族地区自然灾害频繁发生的因素又是多种多样的,如洪灾、旱灾和雪灾是由气候变化引起;泥石流、滑坡、堰塞湖等是由多因素引发的地质灾害;沙尘暴、森林草原火灾、虫灾等是由偶然因素引起的灾害。通过对文献、年鉴资料等总结得出,雪灾、地震、泥石流滑坡已成为民族地区频发的常态自然灾害。[1]

一 灾害的分类

灾害是造成生态系统破坏、生物多样性丧失、人员伤亡、财产损失、社会安定失稳的一种或一系列现象和突发事件,即灾害是自然环境和社会综合作用的结果,灾害具有突发性、群聚性、复杂性、危害性大和危害范围广等特点。

从成因来看,灾害可分为自然灾害、环境灾害和人为灾害3大类。其中,自然灾害又可分为大气圈灾害、水圈灾害、岩石圈灾害、生物圈灾害、天文环境圈灾害5类;环境灾害则可分为环境污染、土地退化、灾害性天气、地表形变、地方性疾病、植被(森林)枯竭6类;人为灾害可分为政治性灾害、经济与技术性灾害、生活与道德性灾害3类。[2]

从时序来看,灾害可分为直接灾害、次生灾害和衍生灾害。直接灾害是相关联灾害中首先发生的灾害,如地震、洪水;次生灾害指的是紧随直接灾害而来的灾害,如地震、台风造成水灾、火灾、滑坡、泥石流等;衍生灾害是次生灾害之后发生的相连灾害,如大地震导致次生灾害,会引起社会秩序混乱和家庭结构的破坏或由于卫生环境的急剧恶化,死伤人员大量出现,从而引起瘟疫等灾害(见表7-1)。[3]

表7-1 灾害分类[4]

灾害成因	灾害大类	主要灾害类型
自然灾害	大气圈灾害	沙尘暴、台风、大雪、霜冻、雷电、臭氧层破坏
	天文圈灾害	太阳黑子活动
	水圈灾害	洪水、内涝、赤潮、富营养化、干涸、厄尔尼诺
	岩石圈灾害	地震、火山喷发、滑坡、泥石流、山崩
	生物圈灾害	病害、虫害、鼠害、物种灭绝

---

[1] 荣宁,《建国40年来西部民族地区自然灾害的初步研究》,《青海民族研究》,2007年第2期。
[2] 刘波、胡如虹,《灾害管理学》,湖南人民出版社,1998年,第2页。
[3] 段华明、刘敏,《灾害社会学研究》,甘肃人民出版社,2000年,第23页。
[4] 同上。

（续表）

灾害成因	灾害大类	主要灾害类型
环境灾害	环境污染	大气污染、水体污染、土壤污染、固体废弃物污染
	土地退化	地力衰竭、风蚀沙化、水土流失、盐渍化、草场退化、冻融
	森林枯竭	森林病虫害、森林火灾、森林死亡
	灾害性天气	异常干旱、日灼、暴风雨、寒潮
	地表形变	地表塌陷、地面下沉、融蚀、隆起、地面断裂
	地方疾病	氟中毒、大骨节病、大脖子病
人为灾害	政治性灾害	武装冲突、战争
	技术与经济性灾害	生物技术灾害、高科技灾害、计算机病毒、金融风暴
	生活与道德性灾害	艾滋病、传染病

二 民族地区常态自然灾害的特点

民族地区自然灾害具有多样性和易发性等特点，农业自然灾害具有群发性和突发性等特点。从西部民族地区经济发展趋势与灾害关系分析，二者具有经济逐步发展与灾害问题日益恶化相同步的特点，具体表现为气候灾害频繁、地质灾害活跃、因生态环境恶化导致的灾害变多；从民族地区自然灾害本身出发，民族地区常态灾害的特点可表述为：第一，灾害频发，近于常态。如云南楚雄仅2000年以来就发生过4次6级以上强地震；第二，灾害强度大、范围广、持续时间长，如雪灾积雪深、地震震级高；第三，单次灾害多损失小，但灾害损失总量很惨重，单次损失重大的灾害越来越频发；第四，常态灾害的发生逐渐与民族地区生态环境的脆弱性、经济社会发展的同步性相关联。

三 民族地区最有代表性的常态自然灾害

（一）地震

地震又称地动，是地壳快速释放能量过程中造成振动，期间会产生地震波的一种自然现象。地震常常造成严重的人员伤亡，能引起火灾、水灾、有毒气体泄漏、细菌及放射性物质扩散，还可能造成海啸、滑坡、崩塌、地裂缝等次生灾害。地球上每年约发生500多万次地震，即每天要发生上万次地震。其中绝大多数太小或太远以至于人们感觉不到，真正能对人类造成严重危害的地震大约有一二十次，能造成特别严重灾害的地震大约有一两次。①

我国位于世界两大地震带——环太平洋地震带与欧亚地震带之间，受太平洋板块、印度板块和菲律宾海板块的挤压，地震断裂带十分活跃。中国地震主要分布在五个区域，即台湾地区、西南地区、西北地区、华北地区、东南沿海地区和23条地震带上（见图7-1），而少数民族集中分布于西北与西南两个地震带上。②所以这些民族地区自新中国成立以来地震频发（见表7-2），对民族地区的新疆、西藏、广西等九个省份的人口、房屋造成直接损失，也影响到了老百姓的生活生产。甘肃民族地区也是地震频发的区域，近十年来地震造成了民族地区极大的损失（见表7-3）。

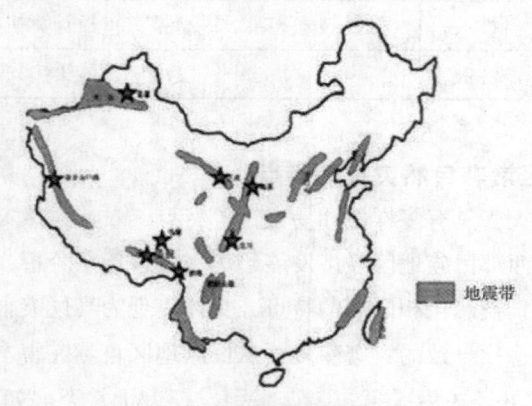

图7-1 我国地震带分布图③

表7-2 1949—2006年民族地区主要地震灾害资料统计表④

省份	次数	平均强度	受灾范围（km²）	人口 死亡	人口 受伤	房屋 倒塌（m²）	房屋 倒塌（m²）	直接经济损失（万元）
新疆	49	6.0	148 960.1	482	5571	6 668 972	23 892 354	375 921.5
云南	73	5.7	900 975.2	19 799	74 463	20 059 582	92 876 776	4068 082.24
西藏	15	6.0	35 246.2	7	102	43 545	1784 275	36 173.35

---

① 《地震》，百度百科，2015年4月26日。
② 刘柱，《民族地区常态灾害防灾减灾体系构建》，《中南大学学报》，2010年第2期。
③ 《中国主要地震带的分布情况》，百度百科。
④ 刘柱，《民族地区常态灾害防灾减灾体系构建》，《中南大学学报》，2010年第2期。

（续表）

省份	次数	平均强度	受灾范围（km²）	人口 死亡	人口 受伤	房屋 倒塌（m²）	房屋 倒塌（m²）	直接经济损失（万元）
四川	37	5.6	45 991.8	2437	5192	2 119 471	6 721 688	200 121.3
广西	3	4.8	18 900	1	42	5669	113 265	6502.308
青海	20	5.7	37 593	238	482	241 310.2	2 674 411.93	135 020.509
甘肃	12	5.6	13 110.8	75	1610	663 404.6	8 551 856.8	187 739.869
内蒙古	11	5.8	71 753	74	2441	993 589	23 536 593	438 078
宁夏	3	5.5	790	117	427	39 552	228	91 409

表 7-3 甘肃省历史地震情况统计表[①]

年	月	日	震级	震中位置	死亡	受伤	经济损失（万元）
2001	7	11	5.3	甘肃省肃南裕固族自治县	0	0	117
2002	12	14	5.9	甘肃玉门	2	350	7020.17
2003	10	25	6.1–5.8	甘肃民乐—山丹	10	46	50 140
2003	11	13	5.2	甘肃岷县—临潭	1	133	8792
2004	8	26	4.5	甘肃礼县	0	10	786.92
2004	9	17	5.0	甘肃岷县	1	36	6600.189
2006	3	27	4.3	甘肃宕昌	0	1	449.2
2006	6	21	5.0	甘肃武都、文县间	1	19	7335.15
2008	3	30	5.0	甘肃省肃南裕固族自治县	0	0	3933.05
2008	4	21	4.2	甘肃省肃南裕固族自治县	0	0	1322.64
2008	5	12	8.0	四川汶川（甘肃）	365	7595	4 472 452.869
2012	5	3	5.4	甘肃省酒泉市金塔县与内蒙古阿拉善盟额济纳旗交界	0	0	861.61

---

① 甘肃省地震局，《甘肃省近十年地震情况总结》，2013 年 1 月。

（二）雪灾

冰雪灾害是一种常见的气象灾害。我国的雪灾主要发生在内蒙古草原、西北和青藏高原的部分地区（见图7-2）。[①]而新中国成立以来民族地区的冰雪灾害主要发生在新疆北部、内蒙古中东部和青藏高原地区，尤其是这些地区的牧区（见表7-4），冰雪灾害发生的频率高、强度大。雪灾对畜牧业的危害，主要是积雪掩盖草场，且超过一定深度，常常造成牧畜流产、仔畜成活率低、老弱幼畜饥寒交迫、死亡增多。同时还严重影响甚至破坏交通、通讯、输电线路等生命线工程，对牧民的生命安全和生活造成威胁。

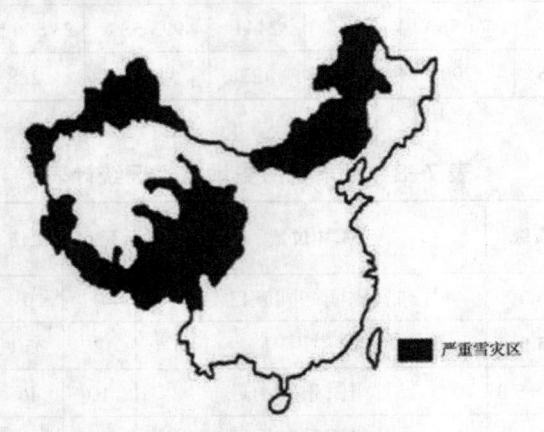

图7-2　我国雪灾分布图[②]

表7-4　1949—2000年民族地区雪灾资料统计表[③]

省份	次数	强度（雪深cm）	人口 死亡（人）	人口 受伤（人）	房屋 房屋倒塌（间）	房屋 交通受阻（次）	直接经济损失（牲畜死亡头数）
新疆	171	759.4	228	766	26 428	30	7 785 518
云南	51	56.7	178	49	8131	8	136 651
西藏	75	92.3	0	0		1	989 921

---

① 《雪灾》，百度百科，2014年4月22日。
② 同上。
③ 刘柱，《民族地区常态灾害防灾减灾体系构建》，《中南大学学报》，2010年第2期。

（续表）

省份	次数	强度 （雪深cm）	人口		房屋		直接经济损失 （牲畜死亡头数）
			死亡 （人）	受伤 （人）	房屋倒塌 （间）	交通受阻 （次）	
四川	47	135.8	39	752	3400	7	7 976 611
青海	42	163.2	0	832	227	3	9 047 300
内蒙古	90	149	41	48	0	12	19 138 468
宁夏	14	12.9	0	0	0	0	100 000

（三）泥石流

泥石流是指在山区或其他沟谷深壑、地形险峻的地区，因为暴雨、暴雪或其他自然灾害引发的山体滑坡并携带有大量泥沙及石块的特殊洪流。泥石流在中国集中分布在两个带上：一是青藏高原与次一级的高原与盆地之间的接触带，另一个是上述的高原、盆地与东部的低山丘陵或平原的过渡带（见图7-3）。[①]青藏高原周围又是少数民族的聚居区，生态环境脆弱，泥石流高发（见表7-5）。而民族地区又集中在云南、四川、广西、甘肃、贵州五个省。因为泥石流具有突然性、流速快、流量大、物质容量大和破坏力强等特点，发生泥石流常会冲毁公路、铁路等交通设施甚至村镇等，造成巨大损失。[②]甘肃民族地区主要集中于甘南，比如2010年8月7日，舟曲县突降强降雨，县城北面的罗家峪、三眼峪泥石流下泄，由北向南冲向县城，造成沿河房屋被冲毁，泥石流阻断白龙江，形成堰塞湖。据中国舟曲灾区指挥部消息，舟曲"8.8"特大泥石流灾害中遇难1434人，失踪331人，累计门诊人数2062人。[③]

[①]《泥石流的分布特点》，百度快讯，2009年8月3日。
[②] 刘柱，《民族地区常态灾害防灾减灾体系构建》，《中南大学学报》，2010年第2期。
[③]《2010年舟曲特大山洪泥石流》，互动百科。

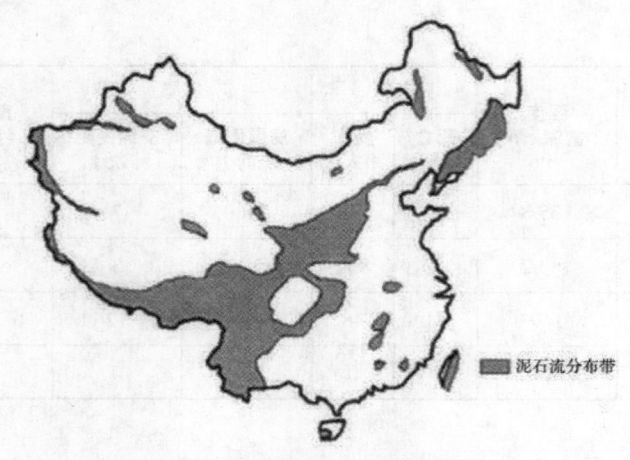

图 7-3 我国泥石流灾害分布图[1]

表 7-5 1949—2008 年民族地区主要泥石流滑坡灾害统计资料表[2]

省份	受灾面积（亩）	人口 死亡（人）	人口 受伤（人）	房屋 倒塌（间）	房屋 破坏（间）	直接经济损失（万元）
云南	262 666.2	774	307	23 791	40 949	225 680.5
四川	55 144	1506	442	4969	13 060	22 055
广西	——	77	47	1275	85	1498
甘肃	43 480	107	19	469	1033	14 202.4
贵州	74 920.4	304	45	557	1023	1699.1

第二节　自然灾害对民族地区文化遗产保护的消极影响

　　文化遗产是人类创造的有形或无形的资产，是在文化价值纬度记录的人类历史，和人类一样需要适合的生存空间，因此对环境有着和人类一样的要求，那就是安全、舒适，远离各种自然的和人为的灾害；和人类一样需要"繁衍生息"，

---

[1] 刘柱，《民族地区常态灾害防灾减灾体系构建》，《中南大学学报》，2010 年第 2 期。
[2] 同上。

第七章　自然灾害与民族地区文化遗产保护

存续传承。文化遗产是不可再生的资源，运用先进的科学技术妥善保存我们的文化财富，并完好地传给后代是文物保护者的神圣职责，尊重和珍惜文化遗产的程度是一个国家和民族文明程度的重要体现。我国是文化遗产大国之一，文化遗产的保护工作是非常重要的，而文化遗产的防灾减灾是文化遗产保护工作中重要的环节。

一　自然灾害对文化遗产造成的损毁

文化遗产时刻面临着各种自然灾害的威胁。世界文化遗产中有许多人类建造的"奇迹"，如埃及的金字塔和中国的长城等，它们都是在漫长的历史演进中浓缩的人类文明结晶。不少希腊历史学家在公元前2世纪时，从他们知晓的北非、中东、地中海沿岸地区中，挑选了七个宏伟建筑，称之为"世界七大奇迹"，追溯它们的印迹会发现，在这七大"奇迹"中仅有埃及金字塔基本完好，其他六项均毁于灾难中，对这些奇迹的消失地震都有不可推卸的责任；2003年1月19日，湖北武当山古建筑群中的遇真宫荷叶主殿遭遇火灾，不仅使最有价值的3间正殿化为灰烬，周边文物也受到不同程度的影响，在国内外引起了强烈反响，联合国教科文组织为此还对我国世界文化遗产的保护工作提出了质疑；陕西安康城，因地势低洼，历史上水患频繁，常受洪水袭击，明万历十一年（1583）古城遭灭顶之灾，溺死500多人。[①]

2008年"5.12"汶川突发大地震，不仅危及震区人们的生命，也严重威胁着灾区各类文化遗产的安全，遗产保护事业面临着巨大挑战。据统计，此次地震灾区仅四川就涉及世界文化遗产1处（都江堰），全国重点文物保护单位49处，省级文物保护单位225处，县级文物保护单位684处；此外还涉及历史文化名城1处（成都）、历史文化名镇3处、历史文化名村1处；四川省馆藏文物损失1800余件。重庆市13处全国重点文物保护单位、20处市级文物保护单位受到不同程度的毁坏。甘肃省共有18处全国重点文物保护单位、17处省级文物保护单位、19处市县级文物保护单位出现不同程度的裂缝或部分坍塌；文物收藏单位受损文物600余件，其中珍贵文物50余件。陕西省有56处文物保护单位发生灾情，其中29处为全国重点文物保护单位；同时馆藏文物中有308件可移动文物受损，

---

① 李宁等，《文化遗产防灾减灾体系研究》，《中国文物科学研究》，2011年第2期。

包括珍贵文物 41 件。①

二 自然灾害对民族地区非遗保护的消极影响

自然灾害不仅对物质文化遗产产生如此严重的破坏，也对非遗造成毁灭性的影响，但无论是政府还是社会各界，往往看到的是有形文化遗产的损失，在灾害损失的评估、灾后重建中重视的也往往是物质文化遗产。事实上，自然灾害下非遗遭受的创伤更重，这使得本来就显得薄弱的非遗保护工作更为严峻，而灾后的民众更加需要民族记忆，需要通过文化的重建，培育族群意识，强化民族认同，因此抢救和保护非遗的需要更为迫切。

（一）汶川大地震对羌族非遗的影响

汶川大地震给羌族非遗保护与传承带来了传承人、文物、精神、经济、生态等方面的巨大损失和消极影响，使羌族非遗保护与传承陷入了一定的困境。

1. 羌族非遗保护与传承人员的损失。非遗保护应遵循"以人为本、整体保护和活态保护原则"，即要重视非遗传承人所持有的技术或技艺的保护。只要传承人能够得到精心的保护，非遗就自然得到了有效的保护和传承。但是汶川地震造成羌族传承人大量伤亡，不少民间传统文化的代言人遇难或受伤，给羌族非遗保护和传承造成了巨大的损失。

羌族的"释比"是羌族文化的集大成者，也是羌族原始宗教的执行者。他们世代传唱的宗教经典是羌族重要的精神财富。羌族文化由羌族长者，特别是"释比"来传承，地震导致不少原本就为数不多的通晓羌族语言、历史、文化的老人去世。"北川县文化馆、研究所的民间老艺人 80% 都不幸遇难，其中包括民族舞蹈家、音乐家、民俗研究专家。"②

羌族民歌以演唱本民族历史的歌曲和礼仪歌最多，且保留着原始古朴的风貌。羌族的民歌曲调经过无数歌手、"释比"的不断加工改进，曲调越来越完善丰富。其中最有代表性的《吉农吉刹》是羌族祭祀山神、庆贺丰收等活动中所演唱的风俗歌的总称，体现了羌族奋发向上、勇于进取的精神。但在汶川地震中，有 40 多位羌族文化传承人和学者遇难或失踪。如北川县羌族民歌传承人计学文及曾代

---

① 四川省文物考古研究院文化遗产规划研究中心：《5.12汶川大地震四川文物保护单位受损调查报告》，《四川文物》，2008 年第 4 期。
② 同上。

表羌族参加全国鼓舞、鼓乐大赛，表演羌族特色铃鼓舞的代表人物，都在地震中遇难，对羌族非物质文化遗产的传承造成了无法估量的损失。

2. 羌族非遗保护与传承中文物的损毁。羌族是一个只有语言而没有文字的古老民族，历史上千百年来遗留下来的文物是羌族历史文化的一个重要载体，反映了羌族形成与发展的历史过程，表现出羌族人民的价值观、审美观和艺术情趣，具有独特的民族风格，对研究羌族历史文化具有非常重要的意义。但汶川大地震给羌族文物保护造成了不可估量的损失。文化部在2008年6月11日通报灾区非遗受损情况时，对羌族文化着重做了介绍："我国唯一的羌族自治县——北川县在此次地震中被夷为平地，羌族现存的非遗实物和普查数据全部被掩埋。"

北川羌族博物馆、文化馆、图书馆、大禹纪念馆、羌族民俗博物馆、禹羌文化研究中心等文化场馆都在地震中倒塌。据绵阳市博物馆统计：北川在大地震中被埋的有国家二级文物2件、三级文物121件、一般文物280余件及大量的文字、图片、音像数据。羌族民俗博物馆建筑总面积960平方米，馆内设有历史文物、民俗文物等展厅共4个，办公室、资料室等4个，珍贵二、三级馆藏文物123件；新征集的羌族民俗文物、实物805件。但在地震中博物馆所有文物、数据、房屋等全部被埋入废墟。博物馆专门负责文物管理的吴晓华在接受记者采访时痛心地说："许多文物都是孤品，而且非常珍贵，几乎不可能再找到了。"[①] 另外，许多储存在计算机里的数据、研究成果也被毁掉了。羌族许多著名的历史文化遗迹在地震中受到不同程度的损毁，据报道：汶川县最大的羌寨——萝卜寨房屋严重受损。

3. 羌族非遗保护与传承中的精神损失。"汶川大地震"造成羌族人口大量伤亡，对羌族人口从数量、质量、结构和分布等各方面都造成重大影响。据调查显示：大约有2万多羌族人在这次地震中丧生或失踪，约占羌族总人口的10%。大量通晓羌族语言、历史、文化的羌族人遇难，大量文化器物被埋或遭严重毁损，对羌族文化的传承影响巨大。[②] 此外，地震后受灾羌族群众大规模迁徙他处，也会导致羌族文化载体的消失。这很可能意味着很多重要的羌族非遗因此后继无人，

---

① 四川省文物考古研究院文化遗产规划研究中心，《5.12汶川大地震四川文物保护单位受损调查报告》，《四川文物》，2008年第4期。

② 同上。

羌族文化面临灭绝威胁。若不能及时采取有效措施进行抢救，将影响羌族及古老珍贵的羌族文化可持续发展的能力，甚至羌族的民族特性和民族精神都有丧失的危险。

4. 羌族非遗保护与传承中的经济损失。在北川羌族文化遗产中，有许多民俗、民风保护得比较完整的历史久远的村寨、古建筑、遗迹受到严重破坏。许多建筑古迹已无法恢复，给羌族文化和当地旅游资源带来严重损失。少数民族非遗在民族旅游资源利用和旅游产业发展中有着重要的经济价值，是民族地区经济发展的支柱产业。据统计：北川县不可移动文化遗产损失 226 处，直接经济损失就超过 3000 万元。[①]加上防护设施的损失，总损失超过 4000 万元。

5. 羌族非遗保护与传承中的整体性受破坏。我们对文化遗产实施"整体性保护的原则"，其中内容之一就是要保护好文化遗产地的文化生态环境，因为某种文化现象的出现不是孤立的，而是植根于特殊的文化生态中的。历史文化遗产构成人类遗产的基本特征，是丰富和协调发展当代文明和未来文明的重要源泉，每一项文化及自然遗产的消失都会造成绝对损失，并造成该遗产不可逆转的枯竭。在一个生活环境加速变化的社会里，人类平衡发展的关键就是保存一个适合人类居住的生活环境，以便使人类在这个环境中能与祖先传承下来的文明保持联系。由于羌族传统村寨多分布在半山上，许多村寨在地震中受到毁灭性破坏，恶劣的环境已不再适合人类居住，羌族文化依存的生态环境受到破坏，大量的羌族同胞将被移民安置。在移民安置中，若不能充分保障羌族文化在一定范围内的文化语境的主体地位和话语控制权，不能培育有利于民族文化发展的文化生态环境，羌族文化在很大程度上就会丧失持续发展的条件和能力。

（二）汶川大地震对甘南藏族非遗的损毁

甘南州也是汶川地震中的重灾区。造成的生态灾害主要有山体滑坡、道路堵塞、泥石流堆积和水质遭到不同程度的污染。舟曲县巴寨朝水节、采花节盛行地山体大面积滑坡（有的地方滑坡达十几公里之多），已无法进入该地区，生态受到不可估量的损失。其一，传承人生活更加艰难。甘南州非遗代表性传承人本来生活就困难，加之灾后牛羊死亡过多，正常的生产生活资料紧缺，他们的生存就更加艰难。如卓

---

① 四川省文物考古研究院文化遗产规划研究中心，《5.12汶川大地震四川文物保护单位受损调查报告》，《四川文物》，2008 年第 4 期。

第七章　自然灾害与民族地区文化遗产保护

尼木雕传承人安玛尼是全省残疾人自强模范，只有兄弟两人相依为命，靠给寺院雕刻佛像为生。民歌传承人达老年事已高，无经济来源，是特困户。像这样的生活困苦、无经济来源的传承人占绝大多数。其二，非遗传习所损毁严重。如舟曲县多地舞的传习所在这次灾害中已倒塌。据统计，由于山体滑坡、道路堵塞、地面塌陷、房屋倒塌等原因造成23处传习所已不能使用，还有45处急需修缮。[1]其三，非遗实物受到了不同程度的破坏。在这次灾害中，与非遗紧密相关的一些实物受到不同程度的破坏，政府尽最大努力才征集了原始巴郎鼓10面、铜箫1支、鹰笛3支、年代较早的多地舞服饰8套等实物。目前急需征集的国家级非遗保护项目实物有：藏医挂图"曼唐"、"道得尔"乐队原始曲谱和完整的"道得尔"乐器一套、甘南州早期艺术大师的唐卡画、搜集喇嘛崖洮砚矿石及其典型制品等。省级非遗保护项目所需征集的实物有：稀缺的六孔、八孔藏鹰笛，牛角琴，各种牦牛毛、羊毛、布帐篷，原始的桑钦木（狮舞）、哈钦木（鹿舞）服饰和面具，各式的藏棋棋盘，甘南各种地区最具特色的藏族服饰、原生态的青稞酒制作器皿等。[2]

第三节　抢救保护灾区的非物质文化遗产

甘肃要建设华夏文明传承创新区，非遗传承保护是其中重要的组成部分。而当前非遗生存困难，有些甚至濒临灭绝，抢救任务十分紧迫。加之甘肃民族地区频繁的自然灾害给少数民族非遗带来近乎毁灭性的打击。我们不仅需要在灾害来临之前有一种警醒意识，而且在灾后重建中应该看到少数民族语言与文化传承困难重重，缺乏有效的供血机制，缺乏民族文化认同感，规划与政策体系不完善，灾后重建与文化空间重建的矛盾突出等问题。大力保护灾后民族地区的非遗，既是探究解决其发展问题的思路与方法，也是促进灾后民族文化遗产繁荣的一种方略。如何把灾后少数民族非遗保护工作推向深入，如何有效地调动社会各界力量共同参与非遗的抢救、挖掘和保护，不能不考察灾后少数民族所处的人文社会环境及自然环境条件，并准确把握非遗保护的状况，寻找解决问题的办法和发展的对策，从而制定出切实可行的保护实施规划。

---

① 资料来源：甘南州文化馆内部资料。

② 同上。

一　明确损坏状况，建立潜在风险评估体系

灾后非遗损坏评估是对现有少数民族非遗抢救、修复、保护和传承必不可少的重要环节，也是政府和学术界关注的重点问题之一。汶川地震、舟曲特大山洪泥石流、雅安地震、岷县地震等自然灾害造成甘肃民族地区许多村庄和独特的建筑被破坏、大量代表民族文化的器物被掩埋或遭严重毁损、许多通晓民族文化的传承人和大量人民群众死亡和伤残，灾害极大地摧毁了人们的生产生活设施和文化设施，有的非遗博物馆被夷为平地。因此，对灾后民族地区非遗损失进行评估，明确灾后其损坏程度和潜在风险，理清项目类别和损坏数量，显得特别重要。有利于唤起公众保护民族文化的意识，进而促进非遗重建、保护和传承。

二　制定灾后抢救性保护的专项规划和工作方案

抢救工作是灾后非遗保护的重要环节之一。在实际操作中，必须注意以下三点：

（一）制定非遗保护专项规划

文化部门应规定灾后非遗抢救性保护的程序、措施、原则与法律责任，制定非遗保护专项规划和工作方案，同时建立濒危项目名录。一般规定该遗产应该有"重要价值"或"珍贵性"，但是否能达到需要一个认定过程，故在灾后修复重建的特殊情况下，应使认定与保护一起展开，适当放宽认定要求。在抢救濒危非遗时，应由县以上文化行政部门负责为妥。

（二）抢救现存的非遗珍贵实物资料

运用文字、录音、录像、数字化多媒体等多种方式，挖掘、抢救、征集、清理被掩埋、损毁的档案数据、珍贵实物和音像数据，并分类建立档案，妥善保存。文化机构要广泛向民间征集、收购少数民族文化遗产资料和实物。灾后修复重建中，很多东西会被遗弃，应组织人员，加大力度收集、整理少数民族民俗文物、历史文物和史料，为将来重建非遗博物馆做准备。

（三）对私人所有的非遗的处理

文化机构在对灾区文化遗产数据和实物进行征集、收购时，涉及私人所有的非遗，应遵循自愿、公平原则，合理评价，并保障权利人的精神权利，同时可以考虑依法征用及征用程序、权利义务，对捐赠者应当给予表扬，并颁发捐赠证书。

三 做好灾区非遗普查，完善灾后数据库建设

要抢救灾区非遗，必须全面了解和掌握非遗的生存困境与受灾状况，为制定抢救、保护、传承和发展措施提供必要条件。建立遗产数据库是普查与确认的逻辑延续，也是有效管理、保护、传承的重要手段。为了依法实现社会共享，传承文化，需要规定整理、建立文件的主体、程序与管理，做好数据库管理与利用。具体而言：

（一）各个文化机构职责应当明确

整理、认定由省文化厅、县文化行政部门牵头，组织专家依据是否具有历史、艺术、科学价值，是否具有破碎性、脆弱性、濒危性，将灾区非遗置于历史背景考察，不宜过严；可以考虑适用、原生态标准。建档以非遗名目为依据，以县文化局为基础，分级建档。因为有的村寨、乡镇人员有伤亡，而且居住地理环境被破坏，灾后这些地方经济萧条。可明确上级政府的经费扶持义务与程序；明确上级文化主管部门在业务上对下级文化部门的指导义务、程序与责任。

（二）处理好公共利益与私人利益的关系

基于灾区非遗修复的复杂性，其建档涉及各种权利关系，需要处理好公共利益与私人利益的关系。对私人拥有的非遗项目在建档时，要保障私人的合法权益。但当私人不予配合时，行政机关是否有权强制则有疑问：一是个人拥有的技艺、技能，在权利人不配合进行相关调查、文字或者影像记录时，行政机关是否可以强制？二是个人拥有的相关物品，在权利人不配合进行相关调查时，行政机关是否可强制？对于前者，基于技艺、技能的人身性质，不能强制进行相关建档工作。对后者，可考虑在必要时依法征用，但须保障私人所有权，并依法补偿。对此立法上应有相应规定。

（三）完善档案资源管理结构体系

非遗档案应分类管理，即包括非遗工作档案（泛指在非遗保护中形成的各类事务性文书档案，也包括遗产申报过程中形成的具有档案价值的各种数据）、非遗项目档案（针对遗产名录而建立起来的，记录和反映项目本身特质、活态承续历程与现状的档案集合）和非遗传承人档案（针对遗产项目代表性传承人或传承群体建立起来的，记录和反映其社会文化活动、标识其民族或族群文化特征的档案集合）。

269

四 抢救和保护非遗传承人

非遗的最大特点是不脱离民族特殊的生活、生产方式，是民族个性、民族审美习惯的"活"的显现。它依托于人本身而存在，以声音、形象和技艺为表现手段，并以口传身授作为文化链而得以延续，是"活"的文化及传统中最脆弱的部分。由于甘肃许多少数民族没有文字，这些民族的语言、文化均靠年长者口授身传来传承，因此对于民族地区非遗传承来说，人就更不可或缺，特别是通晓本民族历史文化的宗教活动者对民族文化的记述和传承至关重要。非遗的载体是传承人，保护非遗最重要的是保护传承人和传承活动方式；特别要对年事已高、掌握特殊传统技艺的传承人，给予抢救性保护。灾难造成大量民族地区人民（包括传承人在内）的死亡和伤残，传承人的死亡可能就意味着某项活态遗产断档。因此要根据未来民族地区非遗保护与传承的特殊需要，采取必要措施抢救保护那些掌握、从事民族文化生产的文化、工艺、技艺的传承人；要完善四级名录体系代表性传承人的申报与认定工作，慰问和帮扶传承人；重点支持传承人开展传习活动，便于传承队伍的培养与熏陶；要制定传承人奖励管理办法，使其履行传承责任的积极性。通过这些保护措施，为民族地区非遗传承人创造良好的生活环境和传承条件，以维持和修复传承链。即将出版的《国家级非遗项目代表性传承人辞典》，对已入选的四批国家级非遗项目代表性传承人的基本情况和技艺特点进行了介绍，旨在为有关的研究和保护工作提供资料依据。

第四节　民族地区文化遗产防灾减灾体系建设

一　文化遗产防灾减灾体系的构成

民族地区文化遗产防灾减灾体系的研究要打破领域界限进行整体层次的研究，既要强调领域的发展，更要注重总体的协调。要改变传统的防灾减灾的条块结构式研究思路，从文化遗产防灾减灾整体层面上进行共性、关键性问题的研究，在保障文化遗产防灾减灾体系协调发展的前提下提炼出民族地区文化遗产防灾减灾的战略方向和重点。通过研究建立一个文化遗产防灾减灾体系的框架，该框架由文化遗产的灾害特征、各行业的防灾减灾体系、具体措施保障体系组成。首先要确立文化遗产所面临的各种灾害，再次通过建立灾害库确立文化遗产各行业的防灾减灾体系，最后通过四大措施的顺利进行确保整个文化遗产防灾减灾体系的建设，使文化遗产防灾减灾的总体水平得到较快提升，以保障文化遗产免于灾害，长期完好地保存下去。

文化遗产防灾减灾体系包括基础理论体系、法律法规体系、技术标准体系、防灾技术体系、应急保障体系和防灾管理体系五大体系。保障体系建设的四大措施，即资金投入、宣传管理、学科人才、试点项目。

二　文化遗产防灾减灾体系的各分体系建设

（一）法律法规体系

在我国防灾减灾法律中，直接针对文化遗产防灾减灾的法律法规还是一片空白。相关的法律中涉猎了一些内容，但有许多不足之处。比如文物概念的界定模糊、区域性文化遗产的保护不足、有关文化遗产修复的法律缺少、灾后鉴定和加固没有法律化。

针对我国现有文化遗产防灾减灾法律法规的不足，应从法律法规和规章标准等方面去构建文化遗产防灾减灾的法律法规体系。"首先，应有一部《文化遗产防灾减灾法》，应包括预防、预警、管理、应急、修复等方面的内容"[1]；其次，为补充、完善和细化上述法律，还应有针对性地制定一些行业的法规和条例，如行政法规、地方法规、《文化遗产灾害监测管理规定》《文化遗产灾后鉴定管理规定》等等。

（二）技术标准体系

我国现有的工程建设防灾标准主要集中在火灾与爆炸、抗震和防洪方面，但直接针对文化遗产的标准基本没有。

建立的文化遗产防灾减灾标准体系框架，应以现有工程防灾减灾技术标准体系或城市防灾减灾技术标准体系为基础，提炼出文化遗产防灾减灾的相关内容，并扩大防灾的覆盖面，力求做到层次清楚。技术标准体系应设基础标准、通用标准和专用标准三个层次。[2]

---

[1] 李宁等，《文化遗产防灾减灾体系研究》，《中国文物科学研究》，2011年第2期。
[2] 同上。

(三)防灾技术体系

我国灾害防御领域的建设投入和科技支撑不足,迫切需要加大对地区综合防灾投入和科技创新的支持力度。对文化遗产防灾减灾的研究还处于起步阶段,主要存在以下几方面的问题:(1)缺乏对文化遗产灾害风险评估的全面认识。(2)文化遗产灾害风险评估管理体制与办法不足。国外在这一领域的研究早于我国,相关的管理体制尚在探索之中,还未达到完善的程度。(3)文化遗产灾害风险评估的方法不实用。(4)防灾技术不全面。像区域性的文化遗产没有针对具体灾害进行灾害防治规划的研究。监测预警与应急技术于城市综合防灾的技术也是相对落后的。

防灾技术体系是制定标准体系和应急管理体系的关键,防灾技术水准的提高才会使防灾标准的水平提高。"文化遗产防灾减灾体系主要包括评估体系、灾害防御与规划体系和监测预警技术体系。"[①]

(四)管理体系

发达国家经过多年探索,大都形成了运行良好的综合防灾管理体制,包括应急管理法规、管理机构、指挥系统、应急队伍、资源保障和信息透明等,形成了比较完善的应急救援系统。在应急管理上都设立了协调有效的专门机构,但由于各自的行政管理体制与法律制度不同,应急组织管理体系的设置与职能也不尽相同。我们应该从中吸取先进的防灾管理经验,并将其应用到文化遗产防灾减灾管理之上。

民族地区在文化遗产防灾减灾管理中,应由当地政府主要负责处理,而不是依赖中央机构。根据我国应急管理预案和实际情况,应在市级政府应急部门设立文化遗产防灾减灾办公室,负责全市文化遗产的防灾减灾,应具有独立的工作职能,直接向省级有关部门负责,在中央也应设立专门机构来负责全国文化遗产防灾减灾管理工作,制定重大灾害的应急举措。

(五)保障体系

对文化遗产所在区域的灾害态势进行分析,确定各地区需要应对的各种灾害。按灾害种类分别列出需要建立的减灾救灾保障体系。一般而言,文化遗产防灾减灾的保障体系主要包括资金保障、物资保障、队伍保障和信息保障四个方面。(1)

---

① 李宁等,《文化遗产防灾减灾体系研究》,《中国文物科学研究》,2011年第2期。

资金保障中，应把财政资金、遗产所有者自筹款物、实验性的保险赔付和设立防灾救灾基金作为资金保障的主要方式。（2）物资保障方面，文化遗产管理者根据各类灾害可能发生的情况，列出发生灾害时文化遗产可能需要的救援物资，一方面对关键设备和物资要进行"实物储备"，建立救灾储备库，并与其他地区形成救灾物资仓储网络。另一方面要进行"合同储备"，通过与救灾物资的生产厂商和销售商家签订供货协议，保证在灾难发生时紧急需要的物资能够立即调用。（3）队伍保障方面，各地区文物保护部门建立起专业技术人才和专家资源库，并建立起一支专业修复队伍，由于文化遗产经过历史、灾害的洗礼，大多都处于不完整状态，文化遗产不同于一般的财产，不可能按照一般财产进行修复和加固，只有具有文化遗产专业知识和加固修复技术的人员才会在其修复过程中很好地保护文化遗产的特点，使其特点能够尽最大能力恢复。（4）信息保障方面，文化遗产防灾应该从主要灾种入手，在分析其成灾模式和过程中建立合适的管理信息系统，这是制定防灾预案和应急决策的基础。运转良好的信息系统和应急措施，对减轻灾害和防止灾害蔓延来说尤其重要。

三 保障文化遗产防灾减灾体系建设的重点

（一）资金的投入

文化遗产的防灾减灾应有充足的资金注入，日本、美国防灾减灾都有大量的资金，这也使得其防灾减灾做得最好，所以文化遗产防灾减灾体系的快速、高效建立，政府充足的资金投入是必不可少的。

（二）宣传和管理

加大文化遗产防灾减灾宣传教育力度，充分利用新闻出版、广播电视、互联网等公共媒体，传播文化遗产的特点和防灾减灾思想，普及文化遗产知识，推动实用的防灾减灾技术，营造鼓励文化遗产防灾减灾创新的良好社会气氛。

宣传教育的组织和实施主要包括：（1）由市文物保护主管部门联合防灾、教育、民政等部门组成领导小组，组织实施。（2）建立宣讲材料的准备和定期更新制度。（3）宣传形式。举办短期训练班和开展学术交流活动；利用广播、电视、电影、录像、广告等向企事业单位和广大市民进行宣传；设立宣传栏：在公园、影剧院等人流集中的公共场所及大型企事业单位，设立文化遗产宣传橱窗、画廊等；利用各种书刊宣传包括出版和发行防灾报告文学、通俗读物、科普图片等；充分利用互联网，建立文化遗产防灾减灾知识咨询网站，定期发布文化遗产防灾信息。

（三）学科人才队伍建设

现在的文化遗产仅仅局限于保护工作，对于灾害的防御往往很少涉及，其主要原因就是文化遗产防灾减灾专业人才奇缺，为了推动文化遗产防灾减灾科学教育体系的完善和发展，需要培养高水平的文化遗产防灾减灾科技人才。教育部门应根据文化遗产防灾减灾的跨行业、跨领域、综合性、边缘性特点，将文化遗产防灾减灾学科设立为二级学科，可隶属于防灾减灾学科或考古学科，并在有关高等院校建设文化遗产防灾减灾重点学科。

（四）防灾减灾试点项目

"文化遗产的防灾减灾应遵循'点、线、面'的规律来进行"。[①]由于文化遗产防灾减灾刚刚开始，应先设立文化遗产防灾减灾试点项目："在点状文化遗产的试点项目中，可以以将《木构文化遗产地震风险评估及对策》《砖石文化遗产地震风险评估及对策》《单体古建筑抗震加固措施和方案》作为试点项目；在面状文化遗产的试点项目中，可将《区域性文化遗产地震风险评估与对策》《历史文化名城综合防灾规划》《民族地区非物质文化遗产灾害风险评估与对策》作为试点项目。"[②] 这些试点项目的实施会对文化遗产防灾减灾起到一个带头作用。

[①] 李宁等，《文化遗产防灾减灾体系研究》，《中国文物科学研究》，2011年第2期。

[②] 同上。

第八章 甘肃少数民族非物质文化遗产保护策略

甘肃是华夏文明的发祥地，文化是甘肃的本根。其发展历史的长度、积淀的厚度和民族多样性，塑造了甘肃多彩多姿的人文面貌，也造就了甘肃文化资源大省的潜在实力。然而，资源只有被主动发掘、规范保护、科学配制、合理利用，才会变成优势，变成特色，变成力量。

近些年来，甘肃在文化上做文章的意识被唤醒。无论是建设华夏文明传承创新区的宏大构思，还是统筹全省文化资源和各类生产要素，以文化建设为主题，以经济结构战略性调整和经济发展方式根本性转变为主线，确定的"一带""三区""十三板块"的工作布局(简称"1313 工程")，都是把文化上升到战略高度去打造的，而非遗保护传承位居"十三板"块中的第二位。

如何将文化战略细化为可操作、能见效的"战术"，正是本章所要探讨的内容。

第一节 加快地方法规建设，运用法律保护非物质文化遗产

十八届四中全会首次把"全面推进依法治国"作为大会的主题。其后不久，又将依法治国置于"四个全面"战略布局之中。建设法治国家、法治政府、法治社会，从理念走向实践。

法律既具有"约束力"，又具有"保障力"。对少数民族非物质文化遗产这样脆弱的"事物"而言，法律的保护和支撑就显得尤为重要、尤为必须、尤为迫切。

羌族文化在 5.12 大地震中的损失，使得更多人开始思考如何采取积极有效的手段去保证少数民族文化遗产的传承和保护问题，制度性、法律性的保护成为共识。有文物专家建议："国家应尽快制定少数民族文化资源保护的有关法规，完善少数民族文化保护的法规体系，加快少数民族文化保护的法制化进程，为做

好少数民族文化保护工作提供良好的法治环境。"①

这些共识,促成了我国第一部非物质文化遗产法的诞生。2011年2月25日,《中华人民共和国非物质文化遗产法》经全国人大审议通过。非遗的传承、保护终于进入了法治轨道,实现了"有法可依"的历史性突破。然而,仅靠这一部国家法,还远远不够。只能解决一些普遍性、原则性、一般性的法律问题,与之配套的地方性法规建设在解决区域性、民族性、具体性的问题上,更为实用。

甘肃省现已公布了两百多部地方性法规,其中有关文化的有四部,关于非遗保护的地方性法规是今年刚刚出台的《甘肃省非物质文化遗产条例》(2015年3月27日省十二届人大常委会第十五次会议通过,自2015年6月1日起施行)。当前甘肃省除了加大《非遗法》与《甘肃省非物质文化遗产条例》的贯彻落实,还应利用立法的权限,修订《甘肃省民族民间传统文化保护条例》,在此基础上,针对少数民族非物质文化遗产濒危严重、亟待立法保护的现实需求,依据《宪法》第四条、第二十二条、第一百一十九条等的规定,制定专门针对少数民族非物质文化遗产保护的地方性法规,彰显甘肃多民族聚居区的特点,彰显甘肃文化资源的地域性、民族性、多样性特点。

一 加强对传承人的权利保障

子曰:"文王既没,文不在兹乎?天之将丧斯文也,后死者不得与于斯文也;天之未丧斯文也,匡人其如予何?"②孔子作为礼乐文化的传承人,是礼乐文化继承发扬下来的关键。在非遗保护中同样应重视传承人和传承制度的建立。"所谓传承人制度是指为了促进非遗传承和发扬,国家确立非遗传承人的地位,并给予财政支持和明确其职责的法律制度。"③传承人是非遗的本质、灵魂和载体,只要抓住保护传承人这个关键,保护非遗才能纲举目张。

《非遗法》第二十九条规定:"非遗项目的代表性传承人应符合下列条件:一是熟练掌握其传承的非遗;二是在特定领域内具有代表性,并在一定区域内具有较大影响;三是积极开展传承活动。认定非遗代表性传承人,应参照执行本法

---

① 《保护少数民族文化遗产须法治快行》,四川省人民政府法制信息网,2009年6月13日。
② 《论语·泰伯》。
③ 《中华人民共和国非物质文化遗产法》(中华人民共和国第十一届全国人民代表大会常务委员会第十九次会议于2011年2月25日通过)。

有关非遗代表性项目评审的规定，并将所认定的代表性传承人名单予以公布。"第三十条规定："县级以上文化主管部门根据需要，采取下列措施，支持非遗代表性传承人开展传承、传播活动：一是提供必要的传承场所；二是提供必要的经费资助其开展授徒、传艺、交流等活动；三是支持其参与社会公益性活动；四是支持其开展传承、传播活动的其他措施。"

正是立法的宏观性，使得一些传承人出现生存危机时，没有对传承人进行物质保障的具体措施和步骤，导致非遗保护和传承成为一句空话。因此，建议甘肃在立法中对传承人的确立方式、物质保障和生活保障权利范围、传承的具体人数和方式做出具体的规定，切实将传承人纳入法律保护的范围。传承人的认定与选拔也应制定操作规范，建立传承人动态信息报告制度，执行奖励和退出机制，借鉴日本和韩国的"人间国宝"制度，建立评优表彰扶助激励机制。

《非遗法》第三十一条规定："非遗代表性传承人应当履行下列义务：一是开展传承活动，培养后继人才；二是妥善保存相关的实物、资料；三是配合文化主管部门和其他有关部门进行非遗调查；四是参与非遗公益性宣传。非遗代表性传承人无正当理由不履行规定义务的，文化主管部门可取消其代表性传承人资格，重新认定该项目的代表性传承人；丧失传承能力的，文化主管部门可重新认定该项目的代表性传承人。"

二 非遗保护地方立法中应坚持的原则

（一）落实政府主导原则

从2000年起，各级政府文化管理部门都普遍增加了非遗保护这一工作职能，然而各地政府对基础保护工作投入仍普遍不足。政府一个很重要的方面便是资金的支持，缺少必要的保护资金，非遗的保护就会成为空话。地方立法中应明确各级政府资金投入的责任，明确将保护非遗所需经费纳入财政预算中，并随当地财政收入成正比例增长。各少数民族地区政府应建立本民族的非遗保护基金，该基金由非遗保护协会负责管理，同时改革专项资金的拨付方式，加强监督机制，发挥经费使用的最大效益。

（二）坚持差别保护的原则

平等不是不加区分的一视同仁，而是在尊重个体差异的基础上，让每个个体得到它应得的部分。甘肃是多民族的省份，不同的地区、不同的民族经济和社会发展水平很不一致，不同民族的非遗所处的状况也各不相同，有的面临着生死考验、处在消亡的边缘，有的发展势头强劲、风景这边独好。甘肃还处在经济不甚发达的阶段，各项建设需要大量的资金，在僧多粥少、资源有限的情况下，如果在保护这些少数民族的非遗工作中，胡子眉毛一把抓，没有紧扣重点和中心工作，就必然是广种薄收、难见成效。解决这个难题的出路就是实事求是，在非遗保护中确立差别保护的原则，对特有的少数民族非遗给予特别关注，在立法中应采取特别对待、特别保护的方式；对一般的非遗给予一般关注，在立法中采取一般对待和保护的方式。

三 加强对非遗知识产权的保护

甘肃少数民族地区的民族性、宗教性等特征较为鲜明，这一地区的少数民族非遗保护，既应当立足于地方特性之上，通过地方性立法而设置适应性较强的规则，又应当通过现有的知识产权制度来保护。现在许多发展中国家将非遗纳入知识产权保护体系，主张利用国内的知识产权法对其实施保护。从理论上而言，知识产权本身就具有保护非遗的先天优势。如通过著作权对于口头传说等提供保护时所采用的是自动保护原则，不需要通过登记或者申请注册，则方便了少数民族非遗保护。"如果舍弃知识产权体系的保护，则意味着一些原本有效的保护规则被浪费，并且为保护少数民族非遗又须额外增加立法负担，也极易造成法律之间的冲突。"[①]少数民族地区习惯法较为丰富，但能与国际保护进行链接的制度性资源并不多，而少数民族非遗遭受侵害的情形如"生物盗窃"等多发生在国际社会，因而现今我们尚不能舍弃知识产权这一有限但也有效的保护体系。

《非遗法》所确定的非遗范围包括："（一）传统口头文学以及作为其载体的语言；（二）传统美术、书法、音乐、舞蹈、戏剧、曲艺和杂技；（三）传统技艺、医药和历法；（四）传统礼仪、节庆等民俗；（五）传统体育和游艺；（六）其他非物质文化遗产。"在这六项范围中，口头传统主要为口头相传的神话、传说、史诗、诗歌等，其可纳入著作权规范以及专门的民间文学规范进行保护；对于传统表演艺术而言，邻接权可为其提供保护；传统的手工艺技能可得到专利权方面的保护，一些代表传统手工艺技能的招牌、名称等也可获得识别性知识产权

---

① 马治国、权彦敏，《基于TRIPS框架下的传统知识保护问题》，《西安交通大学学报》，2004年第3期。

方面的保护；有关自然界和宇宙的民间传统知识和实践中的有关传统科技的部分，也可通过知识产权进行保护。而对于民俗活动、礼仪、节庆等而言，不宜统一性地采用知识产权进行保护。对于具有表演性质的风俗活动等可作为知识产权保护的客体，而对于一般的社会风俗、礼仪、节庆无法采用知识产权进行保护，因为知识产权是一种私权，这种垄断性的保护无法推动文化的传播，而且一些诸如信仰等的内容，本身就无法通过知识产权进行保护。对于"与上述表现形式相关的文化空间"而言，若该文化空间表现为工具、实物等，则可用《物权法》或《文物保护法》提供保护，自然也就无须知识产权保护。

在运用知识产权保护甘肃少数民族非遗时，须认识到保护的目的并非是为了建立权力垄断，而是为了保存以及促进开发利用。为此应当做好西部少数民族非遗的调查、统计等工作，并在此基础上做好少数民族非遗效用分析、类型甄别等工作。对于那些"不能通过与物质文化、制度文化的相互渗透、相互作用而参与现实社会生活实践的观念文化"[1]，只进行保存，而不赋予知识产权进行保护。对于能借助汇编、数据库等形式来加以保护的非遗，应当加快其文献化的时间，及早积极主动地动用现有法律予以保护。

四 明确宣传教育责任

《非遗法》第三十四条规定："学校应当按照国务院教育主管部门的规定，开展相关的非遗教育。新闻媒体应当开展非遗代表性项目的宣传，普及非遗知识。"甘肃应通过立法规定新闻媒体进行非遗义务宣传的责任，利用新闻媒体的力量，让人们认识到保护非遗的重要性。同时解决各地非遗进校园工作的零敲碎打的局面，将非遗纳入不同阶段的教育内容之中，培养学生的非遗保护意识，破解传承难题。同时将开展非遗博物馆建设工作写入立法，为非遗的传承、保护、宣传和弘扬构建平台。

---

[1] 何显明，《传统文化创造性转化的社会实践基础》，《哲学研究》，1999年第7期。

第二节 运用现代技术手段，实现数字化保护

人类已进入信息化时代，作为历史性、里程碑意义的"数字化"，以其彻底的革命性作用深刻影响了人类各个领域的生产和生活。主动适应"被数字化"，创造性地将数字技术运用到生产生活的各个方面，不仅可以提升物质生产的效率和质量，也为文化的传承、保护、创新提供了崭新的平台。[①]甘肃民族地区多属文化资源丰富、文化生态脆弱、文化基础薄弱、交通极其不便、经济发展滞后的贫困山区。非遗虽然富集，但挖掘和保护才刚刚起步，基础工作非常薄弱，频发的自然灾害不断动摇着民族文化的根基，因此把数字技术引入民族地区非遗传承保护和传播事业中显得更为重要和迫切。

一 数字化技术在非遗保护中的运用

（一）数字化采集和存储技术为非遗完整保护提供了保障

现在的非遗保护还基本上停留在拍照、采访、记录、物品收藏等简单的层面上，这种文字、录音、摄影、录像等传统的保护手段，曾保存了大批珍贵的非遗。但书籍生霉、录像带老化、录像色彩蜕变、录音带失真等，都会使所记录的信息不同程度地失真，影响了长期保存和利用。"数字化技术为非遗保护提供了许多全新的采集记录手段，包括图文扫描、立体扫描、全息拍摄、数字摄影、运动捕捉等。数字化存储技术也为非遗的保护提供了许多新的保护手段，包括通过数据库、磁盘阵列、光盘塔、光纤和网络连接以及一系列相关规定、协议，实现对非遗资源的有效保护。"[②]通过这些现代数字化采集和储存技术，不仅可把一些非遗档案资料如手稿、音乐、照片、影像、艺术图片等，编辑转化为数字化格式，保存于数字磁盘、光盘等物质介质中，还可利用多媒体网络数据库来存储和管理，使他们完整有序、便于检索，这能够整体提升非遗保护的水平。

目前运用数字化多媒体等现代科技手段对珍贵、濒危并具有历史价值的非遗进行真实、系统和全面的记录，并建立档案和数据库已成为中国非遗保护工程的主要实施内容之一。然而非遗包括传统文化表现形式和其赖以生存的文化空间，

[①] 权玺，《大众传媒在非物质文化遗产传承中的功能与缺失》，《北方传媒研究》，2008年第1期。
[②] 黄永林，《中国非物质文化遗产数字化保护与开发》，《华中师范大学学报》，2012年第2期。

单一的数字化存储通常忽视了其赖以生存的文化空间，很难将非遗作为一个完整的整体给予保存。如在传统的记录保存中，演员的舞蹈动作多通过文字、照片、视频进行记录，难以对舞蹈表演，特别是演员的表演动作进行准确全面的记录。拍摄录像或 DV 只能从几个有限的角度以二维图像的方式进行录制，记录的数据虽可方便地存贮在录像带、电脑硬盘等媒体中，但数据的可重用性和可编辑性较差，在重现时还需要舞蹈艺术家和演员的参与。现代数字信息获取与处理技术能更好地整理、收集、记录信息，可突破传统意义上的保护方式所不能达到的展示要求与保真效果，可以更为安全和长久地保存这些弥足珍贵的文化遗产。

（二）数字化复原和再现技术为非遗有效传承提供了支撑

非遗传承之难，归根结底是由于生产方式、生活环境的变化，而维持原有的生产方式、生活方式，是与全人类的现代化奋斗目标相抵触的。这就是在非遗保护问题上最根本的两难选择。"现代计算机图形学、数字图像处理与虚拟现实等数字复原和再现技术及设备日趋成熟，为非遗传承提供了更先进的手段与方法。可将传统的非遗资源进行数字化后，制作成可视化虚拟产品，供人们在非遗知识方面进行学习、交流与创新。"[①]

（三）虚拟现实技术为非遗开发利用提供了空间

"运用先进的虚拟现实技术对非遗进行数字重建时，虚拟现实的人机交互技术是其应用发展过程中的关键技术，与虚拟现实技术相应的高性能硬件设备是其产业化的重要条件"[②]，随着科学技术的进步，数字化、信息化的发展，这些关键技术将被攻克，高端设备也将被制造出来，这将大大提高非遗生产性保护的能力。非遗资源数字化最大的益处是不仅可以记录和保存非遗各方面的信息，而且可以在不改变非遗原貌的情况下利用这些信息进行数字生产（数字复制、数字出版、数字再现）和数字传播，发挥非遗独有的文化价值、经济价值。因此，利用数字化虚拟现实技术实现对非遗的开发和利用，进行产业化生产与经营，有利于形成新的行业及衍生产品，延长产业链，使文化产业的比重得到提高，这对当今文化产业发展具有不可估量的经济价值和意义。比如通过数字化技术加快非遗的产业化步伐，促使各民族服饰文化、民间技艺、民间文学、民间舞蹈、民间音乐、

---

① 黄永林，《中国非物质文化遗产数字化保护与开发》，《华中师范大学学报》，2012 年第 2 期。
② 同上。

消费习惯、节日庆典、娱乐游戏以及饮食文化等的价值不断得到增值。

二 数字化保护过程中应当注意的问题

不可否认，大众传媒在甘肃民族地区非遗的保护、传承和发展中起到了积极作用。众多濒临灭绝的非遗通过数字化手段对其包装、传播，从而得到保留和延续。但媒介技术还不足以完整地记录全部文化代码，不可避免地会造成某种程度上的信息缺失和消解，给公众理解上造成偏颇。"大众媒体对非遗的传播和展现并非镜像似的全面反映，而是经过选择的结果。"[①]非遗往往与区域文化空间无法分割，但在传媒报道过程中，肯定只能对非遗本身进行描述而无法将文化空间一并表现出来，呈现在传媒中的非遗都是从当地文化空间中抽离出来的文化样式，具有碎片化、单一化的文化特征。作为农业文明的产物，非遗是人类思维、意识、审美等的外化，通过语言、声音、体态、形象、技艺等来再现蕴含于人类社会交往、生活习性、行为举止中的无形的群体认同感和文化价值观，而正是这种认同感和价值观凝聚了一个民族的精神寄托、生活智慧、风俗习惯、审美标准和群体归属感。在非遗保护方面，要避免把文化保护完全交付给一种技术，以至于造成文化的数据化，必须高度重视由于数字技术强大的影响力、传播力所产生的一些消极影响。

（一）用好数字化这把双刃剑

既要最大限度还原文化生态环境，又要创新传播方式，这就提醒我们对于甘肃民族地区非遗原生态保护和影像传播一定要把握好度，必须正确认识数字技术的"双刃剑"性质。数字技术对于文化遗产和文化多样性具有正反两方面的作用，它可带给世界以生动、丰富、形象的文化多样性，也会使那些不具传播强势的弱势文化受到来自"文化单极化"的挤压，进而在更大范围内影响弱势文化的生存条件。要注意避免被其强大的媒介语境淹没，要注意保持原汁原味。

非遗具有自身的精神实质和独特魅力，"假如忽略蕴含其中的精神追求和生存观念，只注重具有视觉冲击效果的新、奇、绝的文化样式，仅限于表层传播，割裂遗产传承人的文化衔接，脱离其赖以生存的原生态文化语境，难免会使影像

[①] 彭冬梅、潘鲁生、孙守迁，《数字化保护——非物质文化遗产保护的新手段》，《美术研究》，2006年第1期。

视野中呈现的非遗沦为缺乏制作过程和深层意涵的文化碎片。"[1]

从本质上说，所谓原生态歌舞、原生态音乐、原生态唱法、原生态旅游等等，都是技术复制时代的文化生产。非遗脱离了其生存的文化生态，进入一个被生产、被建构的陌生化过程，成为被展示、被欣赏、被塑造的对象，它的独一无二性被破坏了，它的遥远感、距离感消失了，它生存的世界被剥离了。失去了生存的空间，脱离了发展的语境，将使非遗越来越远离其日常生活形态的本真样貌，创新发展就会变得南辕北辙，严重背离文化遗产传承的初衷。在影像数字化传播过程中进行适度包装和合理开发是必要的，关键不能失去文化遗产的民族精髓和精神血脉。

（二）真实还原文化遗产的生存空间与文化语境

原生态民族文化背后有着广阔的蓝天、祖先的记忆和心灵的慰藉，还有着现世的稀缺和对消逝的忧虑。非物质遗产与物质遗产的区别就在于，它不是躺在博物馆里的文物，而是活生生的文化传承，"需要重新启蒙的观念是：今天我们保护非遗是对人类千百万年延续下来的无比珍贵的生存经验的自觉，是对历经沧桑还依然活在民间的文化传统的自觉延续。充分认识到非遗的生存形态、传承链条、保护难度以及它对一个民族、一个国家深刻而悠远的影响，都促使我们亟须更新观念、创新手段，将其作为一个整体进行全面保护。"[2] 否则，在大众传媒话语权的笼罩下，非遗则呈现出简单、空洞和变异的趋势。比如世界级非遗《格萨尔王》，它是一部活态的英雄史诗，全面反映了藏民族从原始部落联盟到国家产生，从格萨尔作为天神之子降生人世，到降妖伏魔、安定三界，最终返归天界，涵盖了藏民族独特的文化精髓。但在传媒语境中仅呈现为说唱艺人平白的说唱，它本身具备的民俗意义在传媒选择过程中被有意识地放逐了，展现在公众面前波澜壮阔的英雄史诗的丰富的民俗样式转变为单一的说唱形式。这样的简单化倾向在大众传媒对非遗的传播中一再发生，并通过传媒之间的简单复制而不断演化、扭曲，甚至成为主流话语管道中表演语汇的重要组成部分，完全丧失了作为民间生活习俗的本真性。无疑这样的结果并非保护者的初衷，也越出了媒体本身的预期，更不是公众所希望获得的信息。

---

[1] 胡小强编著，《虚拟现实技术》，北京邮电大学出版社，2005年，第21页。
[2] 彭冬梅、潘鲁生、孙守迁，《数字化保护——非物质文化遗产保护的新手段》，《美术研究》，2006年第1期。

非遗具有明显的个性特征，它与个体的生活经历、爱好等联系在一起，带有生命体验的痕迹。如甘南的传统泥塑工艺、临夏的刻葫芦、裕固族的皮雕等，有着鲜明的民族特色和独特内涵，植根于民间，又与民族生活息息相关。我们关注的不单单是被捏出的那尊佛像、雕刻出来的艺术品，而是作为制作主体的这些匠人、这些传承人在制作过程中代代相承的技艺，特别是他们的信仰审美、习俗传承的诸多特点，以及这些作品展出和供奉的时空环境和民俗功能。他们把历史糅进香土、葫芦、皮革之中，遥远的记忆成为久久的回味。因此要了解的不仅仅是甘肃民族地区非遗的文化形式和记忆碎片，更多的是蕴含在形式后面的深层文化内涵和独特的生命体验，不能把目光只放在它本身，必须连同与它的生命休戚与共的人文环境一起加以活态传承。

（三）大力培养复合型人才，使数字传承人有用武之地

非遗的数字化保护与开发工作是一项系统性、持续性和技术性很强的工作，然而由于甘肃民族地区文化领域缺乏有经验的数字化技术专家，导致优势技术的应用和深层次文化内涵的结合成为薄弱环节。因此人才队伍培养成为甘肃非遗数字化发展的关键。非遗数字化人才除了要具备较高专业素质，还要有跨学科研究的严格训练。必须加强各个高校、科研机构对非遗数字化技术专业人才的培养，融合民族、人文、艺术、资讯工程等学科资源，将培养复合型高层次人才作为一项重要工作内容，纳入文化产业经济发展与人才队伍建设规划，探索建立多渠道培养、多元化评价、多层次使用、多方式激励、多方位服务的复合型人才培养机制，逐步建立一支懂文化、通管理、精技术的复合型文化人才队伍。

在今天轰轰烈烈的遗产运动中，各类传承和保护主体纷纷登场，除了民间传承人之外，中央和地方政府、学者、商人、新闻媒体等也都加入了这场博弈，与数字化技术同步进入这场运动的还有一类新型主体——数字传承人。"数字传承人，就是指掌握并利用数字化技术对文化遗产进行数字化加工、处理、再现、解读、保存、共享和传播的主体。"[①] 在这个过程中，文化遗产从唯一、不可共享和不可再生变成了无限、可共享和可再生的。因而数字传承人是民族文化遗产传播、生存和发展中的又一类新型主体，是遗产数字化过程中技术和表述规范的制

---

① 阮艳萍，《数字传承人：一类遗产表述与生产的新型主体》，中国非物质文化遗产网，2012年10月8日。

定和贯彻实施者、把关人和议程设置者,也是民族文化遗产数字化生存中各个环节的一个交汇点,与各个因素密切作用。具体来说,纪录片创作者、数码摄影者、网站策划制作人、影视动画编导、拿起 DV 的村民和学生等,他们创作的纪录片、DC 影像以自己善于发现的数字眼睛看到了美妙绝伦的文化遗产,把它们介绍给了更多的眼睛,把当地人眼中熟视无睹的日常生活和场景在当代进行充分的二次发育,使非遗得到"时空并重、纵横结合"的传承,覆盖面大大增加了。所谓"你比普洱人更了解普洱""你比会泽人还会泽人",说的就是这些数字传承人在遗产地得到当地人的肯定与褒奖。比如数字高清纪录片《德拉姆》就是田壮壮娴熟运用自己手中的数字设备和视听语言,以"仰视、欣赏、赞美"的态度,用直观的影像、声音记录了生活于茶马古道上人们的生存状态,完成了人类学期待的文化遗产的横向和纵向的传承。学者贾宏曾评价说,《德拉姆》"让观众了解民族、民俗、民风的生成和发展,更深层次地包含有一定历史的厚重感和对中华民族的总体性认识"[①]。从这个意义上来说,纪录片《德拉姆》的价值在于它成了一种多种民族、民间文化保存、延续的手段。《非遗公约》中说道:"各个群体和团体随着其所处环境、与自然界的相互关系和历史条件的变化不断使这种代代相传的非遗得到创新,同时使他们自己具有一种认同感和历史感,从而促进了文化多样性和人类的创造力。"像云南大学东亚影视人类学研究所正在推进的"村民影像"计划,就是通过数字化影像设备的培训使年轻的村民们成为记录者,制作媒介影像作品,具有广泛传播的教化意义。

(四)建立非遗资源数字化分类体系,实现新技术综合运用

甘肃民族地区非遗品种丰富、形式多样,既有多姿多彩的民俗文化,如风土人情、传统礼仪、宗教及节庆活动等;又有口头流传的各种民间文学,如传说、史诗、民间故事、寓言、民谣、谚语等。既有淳朴生动的各类表演艺术,如音乐、舞蹈、民间戏剧、曲艺杂技等;又有技艺精湛、美轮美奂的工艺美术,如唐卡、剪纸、编织、刺绣、彩绘、砖雕、皮雕、根雕等。应建立非遗资源的多层次分类体系,即利用数字化技术对非遗资源进行学术分类、信息化存储,以便科学地建立非遗数据性的符号库和素材数据库。

[①] 马玉峰、李彬,《选择了一生中最愉快的事业——田壮壮电影纪录片〈德拉姆〉交流座谈会》,《北京电影学院学报》,2004 年第 6 期。

非遗是经过长期实践检验传承下来的，可以代表一个地方的文化，它包括与群众生活密切相关的各种传统文化表现形式和文化空间。其文化空间具有活态性、传统性、整体性等特殊性，仅通过文本、图像、视频或动画等表示的说、唱、舞等形式难以将其错综复杂的关系完整地表达出来。因此需要将多种新技术手段综合运用到非遗保护中，并构建非遗保护与传承技术体系。"该技术体系主要由非遗的数字化技术、情景建模及行为控制技术、资源管理与服务技术、可视化技术的融合构成。"[1]甘肃省目前就正在着力抓好非遗数字化保护工作，并将建成非遗数字化虚拟博物馆。

甘肃民族地区的非遗是人类的精神植被，是活态文物，是一种无形的、不可重复的历史遗存和文化记忆，是民族的血脉。我们应该增强民族文化的自觉意识和危机意识，充分认识到保护与传承非遗的紧迫性和重要性，珍爱、尊重祖先遗传下来的精神财富，充分发挥数字化传播的直观性、多维性、审美创新性的长久保存、广泛传播的优势，积极实现数字化与甘肃非遗保护和传承的双赢，传其神韵，把"根"留住。

第三节 激活造血功能，促进生产性保护

一 非遗"生产性保护"的内涵

有关非遗生产性保护这一概念含义的表述虽各有不同，但基本认识是一致的，即"非遗生产性保护是指在不违背传统手工生产规律和运作方式、保证其本真性、整体性、手工核心技艺和传统工艺流程的前提下，使传统技艺、传统医药药物炮制技艺、部分传统美术类非遗项目在创造社会财富的生产活动中得到积极有效的保护。"[2]

"生产性"是这类非遗项目的共有属性，这些非遗的文化内涵和技艺价值要靠人的手工创造来体现，只有在生产实践中，这些非遗的传统工艺流程、核心技

---

[1] 谈国新、孙传明，《非物质文化遗产数字化保护与开发的技术体系构建》，中国非物质文化遗产网，2013年12月31日。

[2] 吕品田《"生产性方式保护"的意义与前景》，《中国文化报》，2009年2月27日。

第八章　甘肃少数民族非物质文化遗产保护策略

艺等才能实现保护、传承和弘扬。它的前提是，生产性方式保护，而不是生产性方式开发。在生产与经营流通等环节中使此类非遗项目得到有效、健康的发展，最终达到科学保护，这是这一保护方式的终极目的。这一保护方式与目前在文化创意产业领域中推行的生产经营模式有很大的不同。在文化创意产业领域中，一般更为注重产品的生产与经营理念，强调创意和创造，注重文化产品通过市场的生产与经营活动所取得的经济效益。而在非遗保护领域，则重点强调"保护方式"，更加关注"生产过程"，关注蕴含和体现非遗核心技艺和文化内涵的环节——手工艺生产实践，这是二者的重要区别。但在工作实践中有时往往容易混淆这两个概念，因而使一些非遗项目的保护偏离正确轨道的现象时有发生。

2011年，文化部公布了"第一批国家级非遗生产性保护示范基地名单"，环县道情皮影保护中心（皮影雕刻）和庆阳祁黄文化传播有限公司（庆阳香包绣制）入选，标志着甘肃省非遗生产性保护工作已进入了新的发展阶段。甘肃民族地区也充分利用本地丰富的非遗资源，鼓励各类项目保护单位和项目传承人及相关企业积极开展生产性保护，目前已形成产业化的非遗项目主要有甘南藏族服饰、甘南藏族唐卡、卓尼洮砚、临夏砖雕、临夏刻葫芦、回族擀毡、保安族腰刀、回族清真食品、哈萨克族刺绣、裕固族传统服饰和皮雕等。

二　甘肃民族地区非遗生产性保护的重点与难点

在面对非遗项目开发利用问题上，必须要保持一种理性的思维，对祖先创造的优秀文化遗产首先要保持敬畏之心，在对项目开发利用时要有所节制，把握好一种"尺度"。绝不能对一个有着悠久历史和较高文化价值的非遗项目，像开采一个小煤矿一样那么粗野。遏制过度开发、盲目开发，甚至大肆滥发现象的发生是保护工作的一个紧迫任务。

（一）关注生产过程，坚守手工制作的核心技艺

在开展"生产性保护"工作中，一定要坚持非遗项目的手工制作技艺和传统工艺流程这一重要性质，这是开展此类项目保护的底线。同时应更加关注生产过程，关注蕴含和体现非遗核心技艺和文化内涵的环节。在生产实践中，如果一旦冲破这一底线，一旦项目的制作工艺被完全机械化，那将会断送这些非遗的生命，从而也就丧失了它的文化价值和艺术魅力。实际上，一些纯体力性质的工作可交给机器去做，但在一些跟人的情感紧密结合、在造成其差异性的部分，在人的智

慧有所伸展的部分，应高度保持手工性。因为这些东西如果不去手工操作的话，手工的优点、人的智能与能力都得不到体现，那么它本身也就丧失了作为手工劳动的价值。手工技艺往往要运用工具，随着技术的进步，工具也越来越先进，而手工技艺并不排斥工具，也不需要强调百分之百"纯手工"。自古以来，手工技艺也都要借助工具，比如像制作玉器。所以强调守住手工技艺核心技艺，即最能体现劳动者的创造力、智慧、能力，以及它的文化历史积淀，在很大程度上表现为产品的"赋形"阶段。在产品的原材料准备上可借助工具生产，减轻体能的消耗。"像日本的陶艺，在泥料置备过程中就采用一定机械的介入。当然在泥料置备的关键环节，如制陶当中的'成腐'工序，在决定其内在质量的关键环节，还是需要手工的。"①像临夏刻葫芦、卓尼洮砚制作、甘南金饰和银饰的打造就必须要依靠手工。所以说手工的好，是因为它将传统精华的东西都聚积在那儿了，而不是简单地说只要是手工的就好。重要的是它的文化内涵，使得手工技艺制作凝聚感情，可与人交流沟通。

（二）在生产活动中坚持非遗的本真性、完整性及人文性的保护与传承

保护非遗是要让其回到原有的生态中。这个生态本身也是不断处于变化当中，是一个不断循环的体系。我们要努力恢复这样的循环体系，而不是将它从这个体系中剥离出来，将其偏执化、片面化地进行发展。所以要避免将生产性保护单纯地往市场经济追求商品化上发展，要避免不考虑其社会内涵、社会生态环境，使之旅游化、表演化、商品化。"自工业革命以来，经济学的概念和立场已扭曲了一些人类文明的概念，比如生产性，它不只是物质生产，还包括精神性生产；它不只是客观的、外部世界的改造，还有自我的创造和改造；它不只属于经济学的，还包括社会学、政治学、伦理学的。所有的人类文化、文明的价值，都应包含在这个体系中。"②所以马克思说"劳动创造了人本身"，强调的就是人本身而不是物质。但现代经济学把所有这些生产概念、劳动概念，都转换为一个纯粹的经济学概念，现在一提生产性就指商品生产，这是错误的。今天在非遗保护中，要努力恢复人文内涵，要充分把握生产性保护中的人文内涵，而不仅仅是经济内涵。

---

① 吕品田，《"生产性方式保护"的意义与前景》，《中国文化报》，2009年2月27日。
② 同上。

（三）非遗生产性项目的发展需要引入现代设计理念

非遗生产性项目的发展首先要立足于对传统的遵守和保护上，这是这些项目能成为民族遗产在国家层面加以保护的根本和基础。但是这些生产性项目的保护、传承与发展，必须与当下社会发展和人们生活紧密相连，只有这样保护才具有广泛的基础，才能顺应时代的发展。这就需要在合理利用方面融入或引进现代的设计理念，关注当代人的审美心理和审美观念；在思路上既坚守传统又面向现代。在保护传统非遗产品生产方式的基础上，要设计研发一些具有时代感和现代气息的产品，赢得年轻一代人的喜爱，从而在现代市场竞争中占有一席之地。以保安族腰刀锻造技艺为例，腰刀在古代是战争的利器，但在和平年代其作为武器的功能已不被需要，于是它增加了大量的花纹，功能朝着装饰性转换，同时利用中国人祈求平安、镇宅辟邪的心理诉求，增加了它在今天的功能与作用。此外，一个好的产品也需要有很好、很独特的个性化包装和装饰，这是产品进入现代市场的不可忽视的重要环节，也是现代社会消费生活中十分重要的内容。现在甘肃民族地区的不少非遗产品，内容很好，但作品缺乏好的包装，缺乏艺术的点缀，与内容很不相称，有的包装过于单一，甚至较为简陋，缺乏新意和民族特色，严重影响了作品的效果。包装未能起到提高作品品味、提升作品影响力的作用，一定程度上也影响了作品的前景。这是一个值得关注的问题。要解决这一问题，需要有设计专家、非遗专家和传承人的共同介入，需要政府管理部门的正确引导和有力支持。提倡传统技艺的"生产性保护"，就是要使手工艺介入到当代物质财富的创造中，而不仅仅是一种技艺表演，只有这样才能真正实现保护的目的。

生产性保护可为某些项目的传承与发展提供更为有效和实际的途径；但生产性方式并不是非遗保护中放之四海皆准的途径。如岁时节令、婚礼习俗、祭祀祭典等，是不可进行生产的，更不可创新。[①]

（四）积极培育非遗项目的骨干企业，鼓励本真性生产和技术进步

对成长性好、市场潜力大、具有出口创汇前景的民营企业，给予政策扶持，鼓励其改进基于非遗本真性技艺传承的生产技术，不断提高自身发展实力，壮大企业规模，带动相关产业发展。

---

① 《中华人民共和国文化部非物质文化遗产司副司长马盛德演讲》，新浪财经通讯，2012年1月7日。

1. 建设清真食品加工出口基地

大力发展清真食品加工业，逐步培育清真饮品、清真乳制品、清真肉制品等品牌，集中力量扶持优势行业和重点企业，扩大生产规模，推进技术升级，逐步延伸产业链，着力培育具有较强竞争力的清真品牌，把临夏建成全国重要的清真食品生产加工和出口基地。扶持雪原肉业、燎原乳业、华羚干酪素、华安生物、康美牛业、八坊清河源、协恒源糖业、莲花湖食品、伊味思食品等清真食品龙头企业继续扩规模、创品牌、占市场。吸引国内知名食品加工企业在民族地区设立生产加工基地，提升清真食品产业发展的规模和档次。

2. 大力扶持少数民族特需商品生产经营

以地毯、皮革、民族服饰、民族建筑、砖雕、香类、宗教特需用品等为重点，扶持兴强地毯、雪羚地毯、学和服饰等龙头企业扩大生产规模、提升效益。做大做强皮革、毛纺加工业，以宏良皮业、顺发毛纺等龙头企业为重点，延伸产业链条。

3. 建设藏医药研发加工基地

以甘南州和天祝县为重点，加快高原中藏药材种植基地、保护基地、研发基地和交易中心的建设，实现规范化种植和规模化生产。大力发展中藏药饮品加工和成药加工，推动药材种植、药品制造、包装运输等相关产业发展，形成藏医药资源综合开发产业链。支持甘南佛阁制药厂、玛曲独一味科技公司、夏河拉卜楞藏药厂等企业加大技改投入，构建藏药生产加工和市场营销体系。"积极采用现代技术改造提升传统工艺，努力提高技术装备水平和产品档次，做大做强藏医药产业。"[①] 支持甘南藏医药研究所建立和完善藏医药科研体系，加大研发力度，推动传统藏医药规模化、标准化生产。

对不适宜大规模工厂化生产的手工技艺项目，也要对传承人给予政策和资金扶持，改善其生产环境和条件，为产品的宣传、推介提供便捷有效的信息服务。符合条件的，要积极向国家申报设立生产性保护基地，同时研究设立省级非遗生产性保护基地的标准和评审办法。

生产性保护是我国探索非遗保护中的重要方式之一，也是符合非遗自身传承规律的保护手段，只要在实践中注意研究总结，遵循遗产规律，把握方向，注意引导，就一定能够在带动地区经济和社会发展、改善人民生活方面发挥积极的作用。

---

① 《甘肃省非物质文化遗产生产性保护概述、措施及成果》，百度快讯，2012年2月6日。

第四节　全方位、多层次对非物质文化遗产进行整体性保护

非遗保护的目的是以全方位、多层次和非简化的方式来反映并保存人类文化的多样性。它涉及整体性文化的各个方面，几乎包括了传统和民间文化的所有表现形式，而不仅仅是个别文化形式的有限综合。甘肃民族地区非遗都与特定的生态环境相依存，因此对于非遗的保护应有一个整体性的原则，从整体上加以认识，在整体上进行关注和保护。"所谓整体性保护，就是要保护文化遗产所拥有的全部内容和形式，也包括传承人和生态环境。"[①]从这一视角出发，提出如下几个原则。

一　建立文化生态保护区，从空间上进行整体性保护

甘肃作为华夏文明的发祥地之一，有着极为丰富的文化遗产。面对这样宝贵的文化传统，不能以对一个个具体的文化事象的保护来替代对优秀文化遗产全局的关注和保护。

（一）建立文化生态保护区

文化生态保护区是中国非遗保护工作发展到活态、整体性保护阶段，对非遗保护方式的新尝试。"文化生态保护区是指在一个特定的区域中，物质文化遗产（古建筑、历史街区与村镇、传统民居及历史遗迹等）和非物质文化遗产相依并存，并与人们的生活生产紧密相关，与自然环境、经济环境、社会环境和谐共处的生态环境。它是以历史地形成并在当代存续状态良好的非遗为核心，以自然环境为依托，以与非遗相关的物质遗产为载体，且由诸多文化表现形式构成的良好的文化生态链。"[②]自2007年开始文化部已批准公布了16个国家级文化生态保护区，而甘肃省还没有国家级文化生态保护区，急需加大建设的力度。

在文化生态保护区的建设中，首先要将完善国家、省、市、县四级非遗名录体系作为首要工作，并做好名录项目保护的各项配套工作。这是保障非遗整体性保护和文化生态保护区文化基因保有生命力的坚实基础。其次，做好项目代表性传承人的保护工作，注重对他们开展传承活动的重点支持，激发他们进行文化传承的主动性和自觉性，并调动他们参与保护区的管理。第三，保护好文化生态保

[①]《关于文化生态保护区建设的几个问题》，浙江文化信息网，2014年11月21日。
[②] 王巨山、夏晓晨，《整体性原则与非物质文化遗产保护》，《民俗研究》，2012年第6期。

护区内与非遗传承密切相关的物质文化遗产。相关的遗址、遗迹和文物是非遗开展传承活动的空间场所和载体,保护好它们对传承非遗和保持良好的文化生态具有重要作用。第四,保护好文化生态保护区内各级自然保护区。"自然保护区是保存有完整的综合自然生态系统的区域,是当地自然环境的代表区域"[①],因此是文化生态保护区的重要组成部分。第五,实施少数民族特色村寨保护和发展工程。编制《甘肃省少数民族特色村寨保护与发展规划》,启动少数民族特色村寨保护与发展试点工作,逐步探索具有少数民族特色的路子,为保护少数民族特色村寨积累经验。可在全省回族、藏族、东乡族、保安族、裕固族聚居村寨中确定一些符合条件的村寨,开展试点工作,争取用5到10年时间,使少数民族特色村寨保护与发展工作取得明显成效。

（二）强调综合性保护

应在全民范围内树立和提高对整体性文化的保护意识,只要是能体现人类在特定时空内的文化形态及创造力的,都应给予关注、研究并注意保护。如不能从整体上对非遗加以关注并进行综合保护,如仅仅以个别"代表作"的形式对已认证的文化片段进行"圈护",那就可能在保护个别文化片段的同时,漠视、忽略、遗弃或伤害更多未被"圈护"的优秀文化遗产。对非遗保护不应也不会仅仅停留在保护一个个"文化碎片"或"文化孤岛"上。历史的经验及世界文化遗产保护的发展趋势都告诉我们,坚持整体性原则是非遗保护的必然方向。

在保护过程中,不能将具体文化事象从它的生存环境中割裂出来保护,否则只能是切断其自我更新、自我创造的能力,最终使民族文化根基受损。"不但要保护非遗的自身及有形外现,更要注意它们所依赖的环境。不仅要重视这份遗产静态的成就,尤其要关注各种事象的存在方式和存在过程。"[②]比如保存了民间故事的文字记录,并不能替代它的讲述场景、讲述氛围和讲述技巧等重要过程的真实全面的记录。仅仅有哭丧歌歌词远远不能反映哭丧仪式中的悲怆情绪和死别心境;仅仅有情歌歌词同样难以表达恋爱过程中情感交流的丰富内涵。总之,既要保护文化事象本身,也要保护其生命之源。

---

① 《关于文化生态保护区建设的几个问题》,浙江文化信息网,2014年11月21日。
② 刘魁立,《论非物质文化遗产保护的整体性原则》,中国社会科学在线网,2012年10月19日。

二 注重非遗时间向度上的整体性保护

传统是发展的、流动的，它有自己运行的客观规律，文化遗产作为传统的一个方面，同样存在于发展中，不可能一成不变。如维吾尔族的十二木卡姆是人类所创造的熔音乐、歌唱、舞蹈、戏剧、文学于一炉的一种综合性艺术。广大维吾尔族民众和杰出的艺术代表把整个维吾尔族的精神和灵魂融进了这一伟大的创作之中；它是一种活的生命，像一川奔腾不息的万年流水，由许多涓涓细流汇集在一起，不舍昼夜、奔腾向前，流动是永久的，变化和丰富也是永久的。甘肃民族地区的非遗也不例外。

"我们不能只注意文化遗产的历史形态，以为文化遗产的'过去式'就是最合理的存在，忽视甚至歧视文化遗产的现时状态和将来发展，割裂了它的发展和流变，人为地将还在生活着的文化遗产'化石化'。"[1]所有的非遗资源都是存在于特定群体生活之中的活的内容，是发展着的传统行为方式，无法被强制地凝固保存。在《非遗公约》的定义中，对"创新"和"可持续发展"的强调，是很值得我们认真思考的。我们切不可把有形文化遗产的保护方法简单地挪用为非遗的保护方法，不应割裂这种文化传统与民众生活方式的关联，把这种文化传统固定在既有的时态上，遏制了它在新的生存时空下的新的发展。因此，承认并理解文化遗产自身的嬗变，正意味着对它的尊重。我们应该重视文化遗产的自身发展，保护不应是把它凝固地定影在某个历史的时空点上。

三 关注和尊重蕴含其中的文化价值观

一方面，非遗承载着生活制度和行为规范的内涵，是广大民众生活当中须臾不可离开的一个有机组成部分。例如诸多民族的不成文法多是以口头传承的艺术作品表现出来的，侗族的"款词"、瑶族和苗族的"石牌话"，都是最好的代表。非遗还是民族价值观的反映，是民族情感的寄托，是民族精神和民族性格的体现。另一方面，蕴含在各民族民间文化中的价值观又构成了这一文化的灵魂。"非遗事象的本质在于它的价值，即在于人同这一文化的关系。脱离了核心价值判断的文化事象只能是徒有其表、内无神韵的玩偶。"[2]保护非遗应十分关注、大力发

---

[1] 刘魁立，《论非物质文化遗产保护的整体性原则》，中国社会科学在线网，2012年10月19日。
[2] 同上。

掘和精心保护蕴涵其中的价值观念。这样保护才具有了本质性的意义,才能使之呈现为活的文化。曾有一位民族地区的负责人说,要把一位民间故事家"推向世界,推向市场",这割断了民间故事以及故事家同生活、同民众的联系,使其丧失了原有的价值观,进入茶社、演艺厅,重建一种市场价值观,这种脱域性使得原来的民间故事变质了,原来的民间故事家也就不存在了。

"民族民间文化主要是指由特定民族或特定区域的人群所传承的,反映了该民族或该地区人群的生存历史、生活习俗、心理特征及所赖以生存的自然环境、社会环境、宗教信仰等多种内容的文化表现形式的总和,而不是单一的文化表象。"[①]申报世界非遗代表作的条件之一就是要求这一文化必须深深扎根于一个地方的传统文化历史中,能体现一个地区的文化特质和价值,对社会团体起到促进作用。这一要求提醒我们,文化遗产当中所蕴含的价值观念,同时也是这一文化所赖以生存和发展的灵魂。文化形态与价值观念,共同构成了这一文化所独具的文化生态。文化生态的平衡关系一旦被打破,并造成文化基因谱系的断裂,这种文化形态的存在也就失去了意义。所以舍弃了对价值观念这一文化灵魂的保护,也就等于肢解了这一文化的有机生命,文化也就不再是活的文化,对其抢救和保护也就会徒具形式或事倍功半。

四 突出非遗的广泛性和共享性特点

甘肃省是一个多民族省份,我们要特别关注多民族的历史和现状对非遗的影响。许多非遗不是特定民族、特定地区、特定群体独创或独享的文化。如赛马节、赛龙舟、朝水节、剪纸、玉雕、傩戏等习俗或艺术形式都是为多个族群所保有和传承的。马头琴艺术、阿肯弹唱、花儿等同样是不同民族的历史悠久、内涵丰富、根基深厚、枝繁叶茂的优秀文化遗产。保护遗产就不能忽略其中享有和传承这一遗产的有关族群的响亮声音。无论是出于怎样的考虑,文化保护的过程都不应成为文化垄断的过程,不能因为遗产保护的立项而把这一部分或那一部分共享的群体割裂开来或排斥出去。不能把民族团结和人类交流的凝合剂变成影响团结交流的障碍。跨群体、跨地区、跨民族的非遗保护应成为共创、共享该文化的各群体、各地区、各民族的共同权益与责任。

---

① 刘魁立,《论非物质文化遗产保护的整体性原则》,中国社会科学在线网,2012年10月19日。

第八章　甘肃少数民族非物质文化遗产保护策略

　　与有形文化的单一性、排他性、不可再生、不可复制的特点不同，非遗本身就具有共享性、变异性（多样性）的特点，因而也就具有了传播、享用的广泛性。我们社会中的每个人、每个群体，对文化的追求都是多样的；民族地区的人民希望摆脱传统的"包袱"，希望谋求本地区的发展，这本无可厚非，但由此而付出的代价并不是每一个人一开始就能清醒认识的。当人类追求文化多样性时，而生活在特定文化中的群体和个人，同样也有对多样性生存方式的选择自由，不应要求他们为了给世界保存一种特定的文化，而让他们牢固地圈守在原有的文化空间之内，抛弃对另一种生存方式的追求，使他们成为世界文化多样性追求的牺牲品。

　　"当文化成为一种商业资源，一种可获利的手段时，这一文化的享用者们就有可能最大限度地寻求对文化的垄断。垄断诉求一旦出现并被付诸实施，就可能在保护此一群体的文化遗产的同时，伤害着另一群体的文化共有和共享。"[①]非遗是区域间复杂交错的文化形式，是不受行政区划界线制约的，所以非遗保护不应成为特定群体对某种共享的无形文化资源的独占，此一地方、此一群体的非遗保护行为不应成为剥夺和排斥其他地方、其他群体同型文化享用的借口。要十分注意尊重文化共享者的价值认同和文化认同。

第五节　有效利用和传承非遗，实现旅游开发性保护

　　非遗是一种重要的旅游资源，对于非遗与旅游的关系很多学者进行了有益探讨，多数认为非遗保护和旅游开发具有相互促进性，一方面非遗作为一种独特的人文旅游资源，丰富了旅游内容；另一方面旅游开发创新了非遗的保护方式，为其营造生存土壤，培育更多受众，提供资金支持，促进了保护和传承发展。但同时不合理的旅游开发对非遗也有消极影响，主要表现为加速非遗的消亡和其文化原真性的变异等。甘肃民族地区非遗旅游开发优势明显，这种优势不仅体现在丰富的非遗资源上，还体现在众多的历史遗迹、优美的自然风光、明显的区位优势、便利的交通条件等方面。因此，在甘肃省构建华夏文明传承创新区的大背景下，民族地区应该采取何种开发理念以实现非遗保护和旅游开发的双赢成为关注的焦点问题。

[①] 刘魁立，《论非物质文化遗产保护的整体性原则》，中国社会科学在线网，2012年10月19日。

一 坚持可持续性，在普查基础上做好科学规划

非遗保护的十六字方针"保护为主，抢救第一，合理利用，传承发展"明确了保护的目标和原则，即保护是根本，合理利用是途径，传承与发展是关键。因此甘肃民族地区非遗旅游开发应走可持续发展道路。通过对民族地区非遗现状的普查，全面了解和掌握其种类、数量、地域分布、生存环境、保护现状及存在问题等，不仅是抢救和保护的需要，也可以为旅游开发和利用提供基本素材和科学决策的依据。通过普查筛选一些对游客具有吸引力、市场前景好并容易转化成为旅游产品的非遗进行有选择的开发。开发时以资源的永续利用和可持续发展为计，注意其不可再生性和脆弱性，保护好当地的自然、人文环境，关注其传承和发展，坚决杜绝盲目性、掠夺性、破坏性的开发。

二 保持原真性，根据遗产特点选取合适的开发模式

非遗的重要价值是其真实而鲜活的地域文化，原真性既是其价值所在，又是保护、传承和开发的根本。因此，在旅游开发中，既要通过合适的开发形式使非遗的原真性得以有效的保护，又要通过不同形式的文化展示满足人们的社会文化和精神消费需求，满足旅游者的原真性体验。不同地域、不同类型的旅游资源要采取不同的、合适的开发模式。对于非遗来说，由于其自身的特殊性使得我们在进行旅游开发时必须采取不同于一般旅游资源的开发模式。

（一）主题园区的旅游开发模式

"主题园区是指具有特定的主题，通过营造大规模的人造景观来吸引游客的休闲娱乐活动空间。"[①] 主题园区旅游开发模式目前主要有两种：一种是以展现少数民族文化底蕴为主题，以满足旅游者多样化休闲娱乐为目的，在原生态民族地区进行集中展示，具有极强参与性和知识性的主题公园，以满足游客原汁原味的文化旅游需求、民族传统文化得以传承和保护的需求为目标。按其是否具有移植性，民族文化主题公园分为异地模拟型和就地展示型两类。其中就地展示型民族文化主题公园一般要求旅游开发遵循"保护第一，开发第二"、特色性、文化真实性、参与性、区域联合开发的原则，是民族地区非遗旅游开发可借鉴的模式。

---

① 朱莎，《非物质文化遗产的旅游开发模式与绩效评价——以张家界"土家族风情园"为例》，中国硕士论文网。

如甘、宁、青都有"花儿"，但保护与开发处于零散、盲动、各自为政的状态。如能将甘肃规模宏大、特色突出的莲花山、松鸣岩、二郎山等几十处大型花儿会与宁夏回族山花、青海河湟花儿结成整体保护系统，制定时间上线性延伸和空间上横向互补的综合保护与开发策略，建立先后相连、持续推进的大型花儿产业格局，既能全面促进花儿产地文化经济，也利于从整体上保护花儿生存环境，同时还能全面带动地方文化产业走向兴盛。甘南各县的草原游牧文化与青海海南藏族自治州各地，陇南文县白马藏文化与四川的平武、九寨沟等县之间，都可结成同样性质的保护开发系统。

另一种是在兴建的旅游景点中，把某一时期或某一民族或区域的民俗文化，依照一定的方式和风格加以集中反映的人造旅游景观的民俗文化主题公园。将各类民俗事象微缩于特定时间和空间内集中展示，供游客观赏、游乐，满足游客在最短的时间和路程内欣赏尽可能多的民俗文化景观的需求是其突出特点。甘肃民族地区各县都有条件建立这样的主题公园。

（二）节会旅游开发模式

"节会旅游是以传统的节日、庆典、聚会为主要形式的特殊旅游形式"[①]，目前已日益成为各地发展旅游业的一种重要方式。如多年前傣族就盛行的泼水节，随着历史的进程传承至今。如今的泼水节除了是傣族的传统节日外，更成为当地享誉中外的旅游活动，每年的泼水节都会有大量中外游客赶往云南，泼水送福。甘肃民族地区也有许多民族特色的节会，比如甘南正月的大法会、玛曲的格萨尔赛马节、临夏的花儿会、天祝的赛马节等，非遗中的表演类、技艺类等就通过与节会等活动相结合进行开发，这样既主题鲜明又有特色。不管是对传统节庆进行包装为旅游业所服务，还是对区域特色进行节庆形式的策划产生定向吸引，两者都需要目的地具有某种自然、人文、历史、文化等方面的区域或民族特色，以此策划的节庆活动才有可能产生预期的效益。

（三）博物馆模式

"博物馆是征集、典藏、陈列和展示有关人类历史、文化、科学、艺术等方

[①] 朱莎，《非物质文化遗产的旅游开发模式与绩效评价——以张家界"土家族风情园"为例》，中国硕士论文网。

面遗产实物的场所,也是外地游客了解旅游目的地的重要地方。"[1]甘肃的省级博物馆、市州级博物馆,以及各个县的文化馆,应该在现有藏品的基础上,设立非遗展示专区,依据"收藏——保管——展示——研究——观众参与"原则,通过文献、田野材料,借助现代电子数码科技手段,将现实中易于用实物载体表现的或已濒临灭亡、难以维系其自身传承的非遗尽可能客观地录制、保存和呈现给大众,并使其成为博物馆文化传承的主力军。比如:总投资2.6亿元人民币建成的敦煌莫高窟游客服务中心利用现代数字化展示技术,改变传统的石窟参观游览方式,为古老的洞窟减压,达到保护与利用的双赢。游客到了敦煌莫高窟数字展示中心,首先观看20分钟的大型球幕电影《梦幻佛宫》,该影片通过精细的数字化技术,以全方位、立体化的虚拟洞窟场景,使敦煌壁画的绚丽画面、细腻的纹理都可以清晰地向人们呈现,引领游客徜徉在流光溢彩的千年敦煌艺术中。之后再适度实地参观洞窟。敦煌将数字化技术与古老的石窟相结合,不仅成功实现了珍贵壁画的文物信息保存,还有效压缩了游客在洞窟内的参观时间,改善了莫高窟的开放环境,实现了敦煌莫高窟永久保存、永续利用的目标。[2]

(四)休闲演艺模式

休闲演艺是最近几年才兴起并发展很快的一种开发模式,它既可作为单独的表演项目,也可与有关景区结合进行演绎。该模式主要挖掘利用当地的历史文化,通过鲜明的主题以歌舞形式展现,具有浓郁的地方特色,增加了旅游体验,深受游客的欢迎。这种模式也是宣传当地旅游业的有效手段之一。广西桂林推出的"印象刘三姐"将广西桂林的民间传说、经典山歌、民族风情、漓江山水渔火等自然和人文元素创新组合,创造了中国演艺产品的奇观,轰动了海内外,被誉为"与上帝合作之杰作"。"印象刘三姐"除了成为桂林旅游的新亮点外,更是将刘三姐传说这一非遗推向了国内外。甘肃民族地区对非遗进行休闲演艺开发也同样具有得天独厚的优势,可以借鉴桂林模式,利用当地本民族的民间音乐、民间舞蹈、戏曲等传统文化元素,形成独特的旅游吸引点。

(五)村寨模式

这类模式是对静态博物馆模式的改造,弥补了博物馆在满足旅游者参与体验

---

[1] 刘建平,《论旅游开发与非物质文化遗产保护》,《贵州民族研究》,2013年第3期。
[2] 冯志军,《莫高窟利用现代数字技术为古老洞窟"减压"》,中国新闻网,2012年11月16日。

方面的不足，通常表现为民族民俗文化村寨、文化街形式。"它往往是以少数民族村或民俗集中分布区为旅游目的地，以目的地自然风光、民居、饮食、节庆和其他民俗事物为旅游吸引物，以体验异地文化、追求纯朴洁净、满足'求新、求异、求乐、求知'的心理需求为目标的旅游活动，具有自然朴实的特色，是一座活生生的露天博物馆，能较好地满足旅游者欣赏和体验民族文化的需要，兼具民俗旅游、乡村旅游和生态旅游的特征。"[①]云南和贵州少数民族村寨旅游开发比较成功。

（六）度假区模式

目前度假区模式开发最多的是民俗旅游度假区，它是在城市边缘地带结合生态旅游和农业旅游，建立具有乡村野趣的民俗旅游度假村。甘肃民族地区已建立的藏家乐、农家乐就是这样的度假村，但应加大民俗文化的分量。

（七）工业生态园模式

这类模式主要针对的是传统技艺类的非遗。如甘南藏族青稞酒制作技艺，就可以利用酒业集团现有的场地、设施、设备，建成工艺生态文化村，供游客参观酿酒厂，了解青稞酒制作工艺，品尝美酒。这种模式可让企业、游客和地方多方受益，也能促进非遗保护，从而达到双赢的效果。这类非遗可物化为文化产品，如刺绣、剪纸、陶瓷、泥塑、根雕及与当地文化相关的工艺品，这也是一些旅游纪念品，这些旅游纪念品是物化或实体化的文化载体，在一定程度上是文化的体现。但目前各旅游景区的旅游纪念品都内容重复，缺乏特色，质量一般。甘肃民族地区开发旅游纪念品要遵循精品化、专业化和小批量化的原则，一定要避免出现旅游纪念品粗糙的规模化、商业化生产，借继承创新之名随意篡改传统艺术，以致损害了文化遗产的原真性，丧失了旅游产品原本应该蕴含的文化意义。

三 注重体验性，整合资源打造多样化旅游产品

随着体验经济时代的到来，人们的旅游消费方式正从观光旅游向体验旅游转变。要借助华夏文明传承创新区建设的东风，整合各类资源，贯彻体验性原则，开发多种参与性、体验性强的旅游产品，提高游客的旅游质量。

[①] 朱莎，《非物质文化遗产的旅游开发模式与绩效评价——以张家界"土家族风情园"为例》，中国硕士论文网。

（一）实现与景区的资源整合

选择一些具有观赏性、审美性、互动性、体验性的项目，构建非遗旅游活动体系。如甘南的锅庄舞就是一项参与性极高的民间舞蹈。裕固族的顶杠子、临夏回族的打木球等都是民间游戏，可以将其开发为景区的娱乐项目。

（二）实现旅游线路的整合

将民族地区有特色的、级别较高、表演性强、有趣味性的非遗进行有效的串联，加强整合，推出非遗发现之旅、非遗修学之旅的主题线路。在旅游六要素中融入非遗的内容，并将其纳入到传统旅游线路中，增强旅游产品的文化内涵。如临夏州在饮食方面可发掘丰富的民间饮食文化，将河州黄酒、三泡台盖碗茶、东乡手抓羊肉、清炖牛排、临夏凉皮、临夏发子面肠、回族羊肉面片、回族牛肉拉面、清真油果、河州糖瓜、广河甜醋、康乐珍珠空心汤、东乡族锅锅等合理搭配起来，开发临夏饮食系列。娱乐方面，可发掘古老民俗的休闲娱乐康体健身价值，迎合民众的体验需求，开发原生态的休闲娱乐活动，如打木球、打木郎、打流星、打羊皮鼓、扭秧歌、跳方、学打八门拳、对花儿、捏泥人、剪窗花、麦秆贴画、竹柳编、织褐子、刻葫芦，让游客感受参与的乐趣。

（三）实现与乡村旅游整合

非物质文化与乡村旅游有着密不可分的关系。非物质文化根植于民间，是农耕社会民众生产、生活方式艺术化的表达，是一种重要的乡村旅游资源。因此，要充分利用甘肃民族地区日益升温的乡村旅游发展契机，将非遗融入乡村旅游之中，增加乡村旅游的内容和深度。

第六节　培育公众的文化自觉，使人人成为文化传承人

一　文化自觉是非遗保护的前提

2010年"文化遗产日"确定的活动主题为"非遗保护，人人参与"；2013年召开的第四届成都国际非遗节的主题是"人人都是非遗传承人"；同年6月8日第8个"文化遗产日"的主题为"人人都是文化遗产的主人"。其目的都是进一步提高社会公众自觉参与非遗保护的文化自觉性，树立民众的文化遗产主人翁意识。

（一）"文化自觉"的内涵

"文化自觉"是已故的社会学家费孝通先生最早提出的思想，指"生活在一定文化中的人对其文化有'自知之明'，明白它的来历、形成的过程，所具有的特色和它发展的趋向"[①]。所谓"自知之明"可从两个方面来理解：其一，是对本民族和他民族传统文化的认知和理解。在多元文化交叉融合中，认识到本民族文化的独特魅力及在未来发展中何去何从。这不是一般意义上的个人自我反省，而是走向本民族文化深处的自觉探索历程。其二，是认知的升华，对于广大民众来讲，就要改变"日用而不知"其特、仅凭感觉经验、祖承家训的不自觉的传承行为，把对本民族文化的认知上升为一种自觉实践的行动，每一个个体把自己作为本民族文化的一分子，把本民族文化看作个人生命的重要部分。如此就能把保护传承本民族文化作为每个人的使命，把文化认知内化为自身的信念和行动指南。

（二）危机催生"文化自觉"

研究表明，在大多数情况下，"文化自觉"不会自然发生，它常常是在灾难或巨大的民族危机之后的一种深刻甚至痛苦的反思。

日本明治维新之后，提出"脱亚入欧"、全面西化的国策。从明治维新到第二次世界大战失败，日本经历了一个从全面西化到重新肯定并高度重视传统文化的社会心理变化，这是世界上唯一经历过核打击的国家，在沦为战败国、被美军占领后，整个民族文化面临全面消失的危险，于是日本进行了痛苦反思。"日本民族终于认识到：作为一个亚洲国家、一个现代化较晚的国家，无论脱亚入欧的决心有多大，西方国家仍将它视为东方国家；战败后的日本，可以没有政治、军事、经济的自主权，可以在国家和国际大事上仰人鼻息，但只要传统文化还在，只要和服、茶道、柔道、寿司、榻榻米、歌舞伎等传统风俗、礼仪、节日还在，就仍是一个完整的、受人尊重的国家。文化独立的意义不是象征性的，而是实质性的，是一种本质的独立。"[②]1950年，日本率先制定了《文化财保护法》。1954年以后，又推出了对无形文化财传承人的保护制度，以"人间国宝"的尊称和相应的待遇表达对传承人的全民礼遇。当代日本呈现给世界的面貌，一方面是高度的现代化，一方面是相对古老和对传统的高度尊重。明治维新后，日本的达官显贵曾

---

① 费孝通，《经济全球化和中国"三级两跳"中的文化思考——在"经济全球化与中华文化走向"国际学术研讨会上的讲话》，《中国文化研究》，2001年第1期。

② 《各国非物质文化遗产保护面面观》，《中国民族报》，2007年6月8日。

纷纷穿起西式的燕尾服出席音乐会,今天日本观众重新穿起华贵的和服,以一种近似宗教崇拜的态度去观赏能剧或歌舞伎。而明治维新后曾一度遭禁的大相扑,不但继续着"裸体的野蛮游戏",更被日本社会视为"国伎"而普获尊崇。

韩国也是较早制定非遗保护政策的国家。"处在美国文化的强势笼罩之下,对民族未来的担忧和对民族统一的渴望,使这个自尊心极强的民族产生了一种对本民族文化的强烈情感,对朝鲜民族文化和历史的执着追索与一种类似信仰的文化自尊,促使韩国在20世纪60年代就开始着力于传统民族、民间文化的搜集和整理,并紧随日本之后于1962年颁布了《韩国文化财保护法》。半个世纪以来,韩国陆续公布了100多项非遗,政府还制定了金字塔式的文化传承人制度,对于最顶层被授予'保有者'称号的最杰出的文化遗产传承人"[①],国家给予他们用于公演、展示会等各种活动以及研究、扩展技能、艺能的全部经费,同时还提供生活补助和医疗保障,以保证他们衣食无忧。

压力与恐惧,似乎是我们这两个近邻首先"文化自觉"、较早将非遗保护制度化并成为社会共识的重要原因。"随着我国现代化的推进,越来越多的中国人认识到:我们的现代化不能以中断历史、丢掉文化传统为代价。"[②]但我们必须看到,虽然中国的"文化自觉"也是在西方强势文化的全面挤压下的一种自我保护的反应,但并非日本、韩国那样经历了切肤之痛后的"幡然醒悟",而是在改革开放取得巨大成功之后,在现代化、城市化、国际化进程中的一种自我反思和自我调整。

"文化自觉"首先要"各美其美",但对于一个处于强势文化"软性包围"下的民族,却常常认识不到自己的美,因而没有"文化自觉"的可能,缺乏真正的"文化自觉"。目前许多地方政府热衷于非遗保护项目(尤其是国家级项目和联合国项目)的申报,不是真正意义上的"文化自觉",而是基于利益驱动的行为;其主要动机不是保护文化遗产,而是为了扩大地方知名度、打造旅游产品、增加地方财政收入,甚至是一种争取中央财政支持的功利行为。因此,深入开展非遗保护的宣传、教育工作是一条现实途径。

---

① 《各国非物质文化遗产保护面面观》,《中国民族报》,2007年6月8日。
② 《国际视野:保护"非遗","文化自觉"的表征》,《人民日报》,2010年12月7日。

二 文化遗产保护自觉性的培育

如何才能使甘肃民族地区广大的民众把对本民族非遗保护的认识内化为个人的信念与行动呢？可以从以下几个方面进行探讨：

（一）增强公众对非遗的认知度，树立正确的价值观

民族地区民众对本民族非遗的认知度是文化认同的基础，也是本民族非遗得以传承和保护的前提。甘肃民族地区非遗传承的关键在于怎样让本地区的非遗得到大多数人的认同和接受，并内化为族人们的自觉意识，心甘情愿地成为非遗传承的主体。非遗记录了不同民族人们长期生产生活实践及历史演进的历程。而不同地域的族群活动范围和民族习俗差异很大，像甘南藏族、临夏回族、肃南裕固族、肃北哈萨克族；就是同一民族不同的地域也拥有各不相同的习俗，比如甘南就是县县不同语、乡乡不同俗、沟沟不同服。这是因为在长期共同的社会生活实践中，不同民族、地域的人们拥有共同的信仰和共同遵循的核心价值观，这是族群共同的选择，而不是某个人或政府所倡导的创造行为。所以非遗保护不能脱离特定民族的生活环境，必须依靠族人言传身教才能得以延续和发展。要保护民族传统文化中最具特色的非遗，就必须对其价值有一个充分的认知和辩证综合的分析，批判地继承精华、剔除糟粕。

同时要树立正确的非遗价值观，重建民众保护非遗的信心和情感。这就要挖掘非遗表现形式背后的深层文化内涵，追本溯源，体味其对建构现代人生活的意义。比如以前甘肃各民族地区都很盛行的庙会、花儿会、社火、法会、灯会、赛马、赛戏、节庆等民间文化活动，不仅是民众劳作之余的娱乐，也是各民族传统技艺的展示与交流，促进了不同民族间文化的认同、凝聚与再创造。而这一切正是节奏紧张、身心疲惫的现代人所缺乏的。各民族传统技艺、文化空间、岁时节令、宗教信仰、生产商贸习俗等所蕴含的丰富内容，是先人应对困境与挑战的智慧结晶，可给社会转型时期的今人多方面的启示，也是构建当代民众精神生活需求取之不尽的源泉。当这些非遗的价值被族人们认同时，这些久违了的生活方式就可逐渐回归当代人的世界。

非遗保护传承，要从每一个人做起，可以说社会公众，特别是年轻一代参与保护的程度，从根本上决定着非遗的未来命运。要改变目前许多青年人对本民族文化无知、无感情的状态，让青年一代通过认识本民族的传统文化，夯实文化根基，探求民族之魂，构建一个传承民族文化DNA的开放性的文化体系，最终实现传承、

弘扬本民族优秀文化的理想。

（二）政府准确定位，还民众以非遗保护的主体地位

非遗既来自民间，又承载于民间，其内在的本质特征决定了政府不能做那种"缺席的关怀"，时时处处扮演高高在上的造物主的角色，而必须还非遗于民间。如何增强非遗保护的文化自觉，应该而且必须要在全体公民中落实非遗传承保护的意识，加大社会公众自觉参与的做法。《非遗公约》第三条第四项特别强调："必须提高人们，尤其是年轻一代对非遗及其保护的重要意义的认识。"《非遗公约》还指出，各个国家"在开展保护非遗活动时，应努力确保创造、延续和传承这种遗产的社区、群体，有时是个人最大限度地参与，并吸收他们积极地参与有关的管理"。中国文联副主席、著名非遗保护专家冯骥才也曾说过："人类由自发文化迈入自觉文化是文明的一大进步，然而更重要的是对文化的自觉"，"文化的自觉就是要清醒地认识到文化和文明于人类的意义必不可少。反过来讲，如果人类一旦失去文化的自觉，便会陷入迷茫、杂乱无序、良莠不分、失去自我，甚至重返愚蛮"。[①] 因此，做好非遗保护，意识是第一位的，自觉是保护工作最根本的要求。要实现这种大众参与，就必须为他们的真正参与提供空间、便利与制度化保障，使他们能直接参与，有机会和渠道为自己说话。由他们自己来设计、执行、监测以及评估保护自身非遗，实现自下而上的保护目标。在这一过程中，各级政府和相关专家绝不能是统揽一切的救世主，只能是组织和协商者。这既能节约行政开支，又能最大限度地保护住非遗的本色，实现可持续的保护与发展。

（三）加强宣传教育和文化设施建设，唤起公民的文化自觉

人们的生活日益富裕，闲暇时间越来越多，但无论城市还是农村，文化活动却普遍形式单一、缺少特色。而非遗本来就是先人劳作之余对生活与生命的调节，是日常生活不可或缺的一部分。因此不仅要充分利用省内各类宣传平台，向全省群众宣传展示普查成果；而且要在每年的文化遗产日和传统节日，向公众免费开放非遗博物馆和传习所，并大力开展非遗展览、展演进社区活动，使得公众能近距离地接触本民族的传统文化，激发他们参与非遗保护、传承的积极性。这既能使人们充分体认蕴含其中的文化品质和人文元素，也能增强公众的文化自豪感和

---

① 《"非遗"保护贵在文化自觉》，东方网，2011 年 9 月 6 日。

自信心，同时也给青少年了解、学习本民族的独特非遗营造了良好的氛围。现在一些民族地区的中小学已开始探索将民歌、民乐纳入中小学音乐课，将剪纸、年画纳入美术课，将传统技艺纳入手工课，推进非遗进课堂、进教材、进校园，使非遗逐渐回归到民众的生活中，扎根在每个人的心中，使每一个人真正成为文化遗产的主人，发自内心地主动传承与保护我们民族的传统文化。

总之，非遗传承与保护离不开人，离不开一定的生活环境和社会环境。只有唤起全社会的文化自觉意识，对非遗有着发自内心的热爱和关注，理解和尊重蕴含其中的文化内涵，才能形成全体民众共同参与的保护体系，真正做好非遗保护工作。所以在非遗保护中，我们要杜绝急功近利的思想和做法。先不急于开发利用，只要认知、自觉工作扎实到位，开发利用是顺理成章之事。正如《非遗公约》总则中所写：要制定一项总的政策，使非遗在社会中发挥应有的作用，并将这种遗产的保护纳入规划工作。

参考文献

一 著作

[1] 陈元龙,《秉承传统,面向未来,保护发展"花儿"文化》,见郝苏民《抢救保护非物质文化遗产:西北各民族在行动》,民族出版社,2006年。

[2] 段华明、刘敏,《灾害社会学研究》,甘肃人民出版社,2000年。

[3] 甘南州志编纂委员会,《甘南州志》,民族出版社,1999年。

[4] 甘肃发展年鉴编委会,《甘肃发展年鉴(2014)》,中国统计出版社,2014年。

[5] 甘肃省文化厅、甘肃省非物质文化遗产保护中心,《甘肃省国家级非物质文化遗产项目文图录》,2009年。

[6] 甘肃省文化厅、甘肃省非物质文化遗产保护中心,《甘肃省省级非物质文化遗产项目文图录》(上、下),2009年。

[7] 胡小强编著,《虚拟现实技术》,北京邮电大学出版社,2005年。

[8] 刘波、胡如虹,《灾害管理学》,湖南人民出版社,1998年9月。

[9] 王文章,《非物质文化遗产概论》,文化艺术出版社,2006年10月。

[10] 苑利、顾军,《非物质文化遗产学》,高等教育出版社,2007年6月。

[11] 〔美〕爱蒂丝·布朗·魏伊丝,《公平地对待未来人类》,法律出版社,2000年。

二 论文

[1] 陈莉,《非物质文化遗产的碎片化及其对策》,《徐州师范大学学报》,2009年第3期。

[2] 陈炜、陈能幸,《近十年来中国西部民族地区非物质文化遗产保护研究述评》,《百色学院学报》,2010年第1期。

[3] 飞龙,《国外保护非物质文化遗产的现状》,百度文库,2010年11

月 27 日。

　　[4] 费孝通,《经济全球化和中国"三级两跳"中的文化思考》,《中国文化研究》,2001 年第 1 期。

　　[5] 郭凤鸣,《断裂与链接——灾后北川羌族非物质文化遗产的传承研究新思路》,《贵州民族研究》,2009 年第 4 期。

　　[6] 何显明,《传统文化创造性转化的社会实践基础》,《哲学研究》,1999 年第 7 期。

　　[7] 黄永林,《中国非物质文化遗产数字化保护与开发》,《华中师范大学学报》,2012 年第 2 期。

　　[8] 纪文静,《中国非物质文化遗产旅游开发研究》,中国优秀硕士论文网,2007 年。

　　[9] 焦雯、李珊珊,《保护传统、接续文脉,我们一直在行动——文化部近年来非遗保护工作回顾》,国家数字文化网,2014 年 3 月 10 日。

　　[10] 喇明英,《汶川地震后对羌族文化的发展性保护研究》,《西南民族大学学报》,2008 年第 7 期。

　　[11] 李俊霞,《我国非物质文化遗产保护工作的实践与探讨》,《甘肃哲学社会科学学报》,2012 年第 3 期。

　　[12] 李墨丝,《非物质文化遗产法律保护路径的选择》,《河北法学》,2011 年第 2 期。

　　[13] 李宁等,《文化遗产防灾减灾体系研究》,《中国文物科学研究》,2011 年第 2 期。

　　[14] 刘建平,《旅游开发与非物质文化遗产保护》,《贵州民族研究》,2013 年第 3 期。

　　[15] 刘魁立,《论非物质文化遗产保护的整体性原则》,中国社会科学在线网,2012 年 10 月 19 日。

　　[16] 刘柱,《民族地区常态灾害防灾减灾体系构建》,《中南大学学报》,2010 年第 2 期。

　　[17] 吕峰,《关于美国自然灾害减灾战略及其目标的考察》,《浙江水利科技》,2003 年第 3 期。

　　[18] 吕品田,《"生产性方式保护"的意义与前景》,《中国文化报》,

2009年2月27日。

［19］荣宁，《建国四十年来西部民族地区自然灾害的初步研究》，《青海民族研究》，2007年第2期。

［20］申再望，《国外保护非物质文化遗产各有"妙招"》，百度文库，2008年3月25日。

［21］王巨山、夏晓晨，《整体性原则与非物质文化遗产保护》，《民俗研究》，2012年第6期。

［22］张岂之，《关于文化自觉与社会发展的几点思考》，《西北大学学报》（哲学社会科学版），2002年第4期。

三　文件

［1］《保护非物质文化遗产公约》（联合国教科文组织第32届大会通过），2003年10月17日。

［2］《甘肃省人民政府办公厅关于印发甘肃省"十二五"民族地区经济和社会发展规划的通知》（甘政办发〔2011〕189号）。

［3］《国务院办公厅印发关于加强我国非物质文化遗产保护工作的意见》（国办发〔2005〕18号）。

［4］《坚定不移沿着中国特色社会主义道路前进，为全面建成小康社会而奋斗——在中国共产党第十八次全国代表大会上的报告》，2012年11月8日。

［5］《中办国办印发国家"十二五"文化改革发展规划纲要》，2012年2月15日。

［6］《中共中央关于全面深化改革若干重大问题的决定》（中国共产党第十八届中央委员会第三次全体会议通过），2013年11月12日。

［7］《中华人民共和国非物质文化遗产法》（中华人民共和国第十一届全国人民代表大会常务委员会第十九次会议于2011年2月25日通过）。

［8］《国务院办公厅关于印发国家综合防灾减灾规划（2011—2015年）的通知》（国办发〔2011〕55号）。

［9］甘肃省非物质文化遗产保护中心，《甘肃省非物质文化遗产普查工作资源目录清单》，2009年。

附表 甘肃少数民族非物质文化遗产资源目录清单

序号	资源类别	资源名称	分布区域	传承人数量	生存状况
序号	资源类别	资源名称	分布区域	传承人	生存状况
1	民间文学	张家川民间神话	张家川县	7	濒危
2	民间文学	张家川民间传说	张家川县	24	濒危
3	民间文学	张家川民间歌谣	张家川县	63	濒危
4	民间文学	张家川民间谚语	张家川县	8	濒危
5	民间文学	张家川民间故事	张家川县	12	濒危
6	民间文学	藏族神话故事	甘南州边境	2	濒危
7	民间文学	藏族民间故事	甘南州边境	8	濒危
8	民间文学	藏族民间谚语	甘南州边境	6	濒危
9	民间文学	甘南藏族方言	甘南州舟曲县、迭部县、卓尼县	1	良好
10	民间文学	《格萨尔王传》传说	甘南州州文化艺术研究室	3	濒危
11	民间文学	民间传说	舟曲县、临潭县、卓尼县	2	濒危
12	民间文学	歌谣（卓尼童谣）	卓尼县	1	濒危
13	民间文学	裕固族传说	肃南县皇城、康乐、大河、明花、红湾寺镇	5	严重濒危
14	民间文学	裕固族谜语	肃南县皇城、康乐、大河、明花、红湾寺镇	11	严重濒危
15	民间文学	裕固族故事	肃南县皇城、康乐、大河、明花、红湾寺镇	17	严重濒危
16	民间文学	裕固族史诗	肃南县皇城、康乐、大河、明花、红湾寺镇	4	严重濒危

（续表）

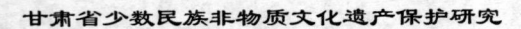

序号	资源类别	资源名称	分布区域	传承人数量	生存状况
17	民间文学	其他	肃南县皇城、康乐、大河、明花、红湾寺镇	1	严重濒危
18	民间文学	藏族传说	肃南县马蹄、祁丰、红湾寺镇	1	严重濒危
19	民间文学	其他	肃南县马蹄、祁丰、红湾寺镇	1	严重濒危
20	民间文学	故事	肃南县马蹄、祁丰、红湾寺镇	1	严重濒危
21	民间文学	其他	肃南县皇城、康乐、大河、明花、红湾寺镇	1	严重濒危
22	民间文学	肃北县民间故事	肃北县党城湾镇	61	良好
23	民间文学	肃北蒙古族"巴彦苏恩"祝词	肃北县党城湾镇	51	基本失传
24	民间文学	哈萨克族传说	阿克塞县		
25	民间文学	哈萨克族故事	阿克塞县		
26	民间文学	哈萨克族长诗	阿克塞县		
27	民间文学	哈萨克族谚语	阿克塞县		
28	民间文学	哈萨克族谎歌	阿克塞县		
29	民间文学	华锐藏族谚语	天祝县华藏寺镇	1	濒危
30	民间文学	天祝土族格萨尔	天祝县天堂乡朱岔村	1	濒危
31	民间文学	王尚书与仁义巷	临夏市城郊镇	1	
32	民间文学	民间故事	临夏市境内	1	
33	民间文学	临夏谚语	临夏市境内	1	
34	民间文学	民间谜语	临夏市境内	1	
35	民间文学	五山池的传说	临夏县西南片	1	濒危

附表　甘肃少数民族非物质文化遗产资源目录清单

（续表）

序号	资源类别	资源名称	分布区域	传承人数量	生存状况
36	民间文学	太子山的传说	临夏县西南片	1	濒危
37	民间文学	《马五哥与尕豆妹》	临夏县西南片	1	濒危
38	民间文学	"上梁"喜话	临夏县境汉族地区	1	濒危
39	民间文学	讨忏悔	临夏县境汉族地区	1	濒危
40	民间文学	告比	永靖县内17个乡镇	20	濒危
41	民间文学	罗家洞的传说	永靖县刘家峡镇	4	濒危
42	民间文学	金花仙姑的传说	永靖县关山乡	3	濒危
43	民间文学	保安族口头文学与语言	积石山县大河家镇、刘集乡、柳沟乡	2	濒危
44	民间文学	东乡族小经文与叙事长诗《米拉尕黑》	东乡县	1	基本失传
45	民间文学	东乡族口头文学与语言	东乡县23个乡镇	1	濒危
46	民间文学	和政县民间传说故事	和政县辖区	2	濒危
47	传统音乐	拉卜楞寺佛殿音乐"道得尔"	甘南州夏河县	1	濒危
48	传统音乐	卓尼土族民歌	甘南州卓尼县	1	濒危
49	传统音乐	迭部苯教僧乐	迭部县	1	濒危
50	传统音乐	藏鹰笛演奏技艺	碌曲、玛曲、夏河县	1	濒危
51	传统音乐	藏铜箫演奏技艺	卓尼县	1	濒危
52	传统音乐	口弦演奏技艺	舟曲县、迭部县	1	濒危
53	传统音乐	藏族拉依（山歌）	甘南州周边地区	2	濒危
54	传统音乐	叙述歌	玛曲、碌曲、夏河县	1	濒危
55	传统音乐	劳动号子	舟曲县	2	濒危
56	传统音乐	花　儿	临潭及舟曲县	1	濒危

（续表）

序号	资源类别	资源名称	分布区域	传承人数量	生存状况
57	传统音乐	肃北蒙古族民歌（长调）	肃北县党城湾镇	5	良好
58	传统音乐	肃北蒙古族民歌（短调）	肃北县党城湾镇	2	濒危
59	传统音乐	阿依特斯	阿克塞县		
60	传统音乐	华锐藏族民歌	天祝藏族自治县及其周边区域	2	濒危
61	传统音乐	天祝土族民歌	天堂乡朱岔村等土族地区	1	濒危
62	传统音乐	张家川"花儿"	张家川县	22	严重濒危
63	传统音乐	付川小曲	张家川县	13	严重濒危
64	传统音乐	张家川口弦	张家川县	3	严重濒危
65	传统音乐	旱船船歌	张家川县	2	严重濒危
66	传统音乐	花儿	南部乡镇	10	人员缺乏
67	传统舞蹈	舟曲多地舞	甘南州、舟曲县	2	濒危
68	传统舞蹈	卓尼巴郎鼓舞	甘南州、卓尼县	1	濒危
69	传统舞蹈	迭部尕巴舞	甘南州、迭部县	1	濒危
70	传统舞蹈	甘南"锅庄舞"	甘南州七县一市	无	濒危
71	传统舞蹈	拉卜楞民间舞	甘南州	2	濒危
72	传统舞蹈	"哈钦木"	甘南州边境	3	濒危
73	传统舞蹈	欠钦（法舞）	甘南州周边各县	1	濒危
74	传统舞蹈	桑钦木（狮舞）	迭部县、夏河县	3	濒危
75	传统舞蹈	拉哇钦木（巫舞）	卓尼县		濒危
76	传统舞蹈	迭部阿嘉舞	迭部县	2	濒危
77	传统舞蹈	迭部将然舞	迭部县	3	濒危

（续表）

序号	资源类别	资源名称	分布区域	传承人数量	生存状况
78	传统舞蹈	舟曲马铃舞	舟曲县	1	濒危
79	传统舞蹈	舟曲师家舞	舟曲县	1	濒危
80	传统舞蹈	突谷舞	舟曲县	1	濒危
81	传统舞蹈	阿迦	卓尼县	1	濒危
82	传统舞蹈	纸马舞	临潭县	无	濒危
83	传统舞蹈	摆阵舞	舟曲县	1	濒危
84	传统舞蹈	正月十五灯会舞	临潭县	无	濒危
85	传统舞蹈	社火	舟曲县、临潭县、合作市	1	濒危
86	传统舞蹈	秧歌	甘南州边境	无	濒危
87	传统舞蹈	民乐社火	康乐县部分乡镇	1	一般
88	传统舞蹈	跳佛华	皇城、康乐、大河、明花、红湾寺镇		已失传
89	传统舞蹈	天祝土族安召	天祝县天堂乡、石门镇、赛什斯镇、县城	1	濒危
90	传统舞蹈	和政秧歌	和政县辖区	20	濒危
91	传统舞蹈	康乐师公旋鼓舞	康乐部分乡镇	6人	
92	传统舞蹈	师公旋鼓舞	临夏市部分乡镇	6人	
93	传统舞蹈	永靖傩舞即"七月跳会"	永靖岘原、三原镇、杨塔乡、王台镇、红泉镇	19	濒危
94	传统舞蹈	河州北乡秧歌	除川城镇以外县内16个乡镇	116	不存在
95	传统舞蹈	永靖鼓舞	岘原镇、西河镇、坪沟乡	26	濒危
96	传统舞蹈	探马	永靖岘原镇、三原镇	4	濒危
97	传统舞蹈	积石山秧歌	积石山县县域内		

（续表）

序号	资源类别	资源名称	分布区域	传承人数量	生存状况
98	传统舞蹈	舟曲多地舞	甘南州、舟曲县	2	濒危
99	传统戏剧	南峪戏会	舟曲县	1	濒临失传
100	传统戏剧	濒临失传武士关小品(小戏)	舟曲县	1	濒临失传
101	传统戏剧	舟曲民间小戏	舟曲县	1	濒临失传
102	传统戏剧	和政李家坪村眉户戏	和政县达浪乡李家坪村	30	濒危
103	传统戏剧	和政傩舞傩戏	和政县罗家集乡、马家堡镇	40	濒危
104	传统戏剧	河州小唱	临夏市城郊镇	1	濒危
105	传统戏剧	河州打调	临夏市城郊镇	1	濒危
106	传统戏剧	甘南"南木特"藏戏	甘南州周边地区	1	濒临失传
107	曲艺	甘南"则肉"演唱	甘南州及甘南州夏河县	无	濒危
108	曲艺	格萨尔说唱	甘南州玛曲县、夏河县	3	濒危
109	曲艺	说唱	夏河县、玛曲县	3	濒危
110	曲艺	夏河白格尔说唱	夏河县	3	濒危
111	曲艺	牛角琴	玛曲县	1	濒危
112	曲艺	藏族扎宁（弹唱）	玛曲、碌曲、夏河县	2	濒危
113	曲艺	卓尼换帽子	卓尼县	1	良好
114	曲艺	卓尼嘎尔	卓尼县	1	良好
115	曲艺	卡西合（相声）	甘南州边境		濒临失传
116	曲艺	河州贤孝	临夏市境内	1	濒危
117	曲艺	河州平弦	临夏市境内	1	濒危
118	曲艺	回族宴席曲	临夏市城郊镇	1	濒危
119	曲艺	财宝神	临夏市市境内	1	濒危
120	曲艺	河州打调	临夏市城郊镇	1	濒危

附表　甘肃少数民族非物质文化遗产资源目录清单

（续表）

序号	资源类别	资源名称	分布区域	传承人数量	生存状况
121	曲艺	财宝神	永靖三原镇、岘原镇、王台镇、杨塔乡、盐锅峡镇	22	濒危
122	曲艺	宴席曲	永靖三原镇、岘原镇、王台镇、杨塔乡、盐锅峡镇、西河镇、太极镇、小岭乡	28	濒危
123	曲艺	东乡族宴席曲	东乡县汪集乡	1	濒危
124	曲艺	玛曲藏族民间弹唱	甘南州玛曲县	2	濒危
125	杂技	朗欠沙西合（大象拔河）	夏河、卓尼、合作市		濒危
126	杂技	骑马捡哈达	玛曲、碌曲、夏河县		濒危
127	杂技	打切刀	临潭县		濒危
128	杂技	打秋千	临潭县		濒危
129	杂技	藏棋	夏河县		濒危
130	杂技	举重（举沙袋）	玛曲、碌曲、夏河、卓尼县		濒危
131	杂技	投石袋比赛	玛曲县		濒危
132	杂技	摔跤	甘南州边境		濒危
133	杂技	拔腰	卓尼县		濒危
134	杂技	板棍	卓尼县		濒危
135	杂技	乌尔多（抛尕）	碌曲、玛曲、夏河县		濒危
136	杂技	赛马	玛曲、碌曲、夏河、卓尼县		濒危
137	杂技	尼玛龙"乘马砸冰"	夏河县		濒危
138	杂技	倒立"叼糖"	夏河县	1	濒危

317

（续表）

序号	资源类别	资源名称	分布区域	传承人数量	生存状况
139	杂技	捡"台盖"	夏河县	1	濒危
140	杂技	临潭"万人扯绳"赛	甘南州临潭县		濒危
141	传统美术	甘南藏族唐卡	甘南州周边地区	1	较严重
142	传统美术	卓尼木雕	甘南州卓尼县	2	较严重
143	传统美术	临潭民间画棺艺术	临潭县	1	较严重
144	传统美术	壁画	卓尼县	3	濒危
145	传统美术	藏族彩绘技艺（藏族建筑装饰）	夏河、舟曲、合作市	1	濒危
146	传统美术	酥油花	夏河、玛曲、碌曲、迭部、卓尼县	3	良好
147	传统美术	石雕	舟曲县	1	濒危
148	传统美术	泥塑	甘南州边境	1	濒临灭绝
149	传统美术	石壁浮雕	碌曲县	1	濒危
150	传统美术	临潭东路的木板窗花	甘南州周边地区	1	濒危
151	传统美术	临潭民间油漆艺术	临潭县	1	濒危
152	传统美术	剪纸（窗花）	七县一市	2	一般
153	传统美术	刺绣、洮绣	临潭、卓尼、舟曲县	3	濒危
154	传统美术	香包工艺	甘南州周边地区	1	良好
155	传统美术	木偶艺术	迭部县	1	濒临灭绝
156	传统美术	夏河藏族印染艺术	夏河县	2	良好
157	传统美术	面具制作	夏河县	1	较严重
158	传统美术	屏灯	舟曲县	1	濒临灭绝
159	传统美术	纸艺制作	舟曲县	1	较严重

附表　甘肃少数民族非物质文化遗产资源目录清单

（续表）

序号	资源类别	资源名称	分布区域	传承人数量	生存状况
160	传统美术	藏式建筑技术	甘南州七县一市	无	濒危
161	传统美术	搭板房	卓尼、舟曲、迭部、碌曲县	无	濒危
162	传统美术	童子寺壁画	康乐县	1	严重濒危
163	传统美术	根雕	康乐县	1	严重濒危
164	传统美术	木塑	康乐县	1	严重濒危
165	传统美术	苏式绣球	肃南县	1	严重濒危
166	传统美术	泥塑技艺	天祝县华藏镇挞家窑	1	濒危
167	传统美术	唐卡制作绘画技艺	天祝县民族中学绘画教师	1	濒危
168	传统美术	麦秆贴画	康乐虎关乡	1	
169	传统美术	河州砖雕	临夏城郊镇	1	濒危
170	传统美术	河州木雕	临夏南龙镇	1	
171	传统美术	八坊民居	临夏城郊镇	1	
172	传统美术	中阿书法	临夏枹罕镇	1	
173	传统美术	彩绘棺材	临夏城郊镇	1	
174	传统美术	临夏砖雕	临夏县境内东北片	9	已保护
175	传统美术	马胜泥塑艺术	临夏县尹集马九川村	1	濒危
176	传统美术	孟氏旋艺	临夏尹集镇新发村	1	濒危
177	传统美术	临夏民间刺绣	临夏县境内各乡镇	1	濒危
178	传统美术	临夏建筑木雕	临夏县尹集、新集等	1	濒危
179	传统美术	剪纸	永靖盐锅峡镇	1	技艺后继乏人

319

（续表）

序号	资源类别	资源名称	分布区域	传承人数量	生存状况
180	传统美术	刺绣	永靖杨塔乡	18	技艺后继乏人
181	传统美术	保安族刺绣	积石山大河家镇、柳沟乡		濒危
182	传统美术	积石山花儿	县域内		濒危
183	传统美术	积石山民间绘画工艺	关家川乡		濒危
184	传统美术	积石山土族刺绣	石原乡		濒危
185	传统美术	东乡族刺绣	东乡县锁南镇	1	继续使用
186	传统美术	喇嘛川木雕工艺	东乡县河滩镇		濒临失传
187	传统美术	张家川根雕、木雕	张家川县	5	濒危
188	传统技艺	舟曲织锦带	甘南州舟曲县	3	面临濒危
189	传统技艺	夏河县金属饰品制作技艺	甘南州夏河县	1	面临濒危
190	传统技艺	帐篷制作技艺（分牛毛和布两种）	夏河、玛曲、碌曲县	3	面临濒危
191	传统技艺	羊毛毡的制作	夏河、玛曲、碌曲县	2	良好
192	传统技艺	马叉子制作技艺	夏河、玛曲、碌曲县	1	良好
193	传统技艺	牦牛绳编织	夏河县	1	良好
194	传统技艺	青稞酿酒工艺	甘南州周边地区	3	良好
195	传统技艺	舟曲民间制酒技艺	舟曲县	1	一般
196	传统技艺	藏袍藏鞋制作技艺	七县一市	1	一般
197	传统技艺	藏族服饰制作工艺	七县一市	1	良好
198	传统技艺	夏河藏式帽子制作工艺	夏河县	1	良好

（续表）

序号	资源类别	资源名称	分布区域	传承人数量	生存状况
199	传统技艺	下迭藏式布鞋制作工艺	迭部县	1	一般
200	传统技艺	临潭铜箫制作技艺	临潭县	1	濒临失传
201	传统技艺	金属加工技艺	甘南州周边地区	1	良好
202	传统技艺	拉卜楞烤箱制作工艺	夏河县		良好
203	传统技艺	竹编	七县一市	1	良好
204	传统技艺	编制扎制技艺	卓尼县	1	濒临失传
205	传统技艺	麻布制作技艺	临潭县	1	濒临失传
206	传统技艺	书画装裱技艺	甘南州七县一市	2	较好
207	传统技艺	牛角琴制作技艺	玛曲县	1	濒临失传
208	传统技艺	民间器乐制作工艺	舟曲县	1	濒临失传
209	传统技艺	荷包技艺	张家川县	3	严重濒危
210	传统技艺	剪纸手工技艺	张家川县	18	濒危
211	传统技艺	龙山皮毛加工	张家川县	12	濒危
212	传统技艺	草编	张家川县	12	濒危
213	传统技艺	竹编	张家川县	9	濒危
214	传统技艺	梁堡合绳织口袋技艺	张家川县	4	严重濒危
215	传统技艺	绣鞋技艺	张家川县	2	濒危
216	传统技艺	耳枕技艺	张家川县	1	濒危
217	传统技艺	编织扎制	皇城、康乐、大河、明花、红湾寺镇	8	严重濒危
218	传统技艺	工具和机械制作	皇城、康乐、大河、明花、红湾寺镇	2	严重濒危

（续表）

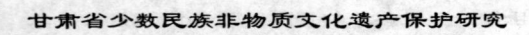

序号	资源类别	资源名称	分布区域	传承人数量	生存状况
219	传统技艺	裕固族服饰	皇城、康乐、大河、明花、红湾寺镇	18	严重濒危
220	传统技艺	马头琴制作工艺	肃北县党城湾镇	1	良好
221	传统技艺	灯具制作工艺	肃北县党城湾镇	1	良好
222	传统技艺	肃北蒙古族蒙古包制作工艺	肃北县党城湾镇	4	良好
223	传统技艺	刀的制作工艺	阿克塞县		
224	传统技艺	哈萨克族刺绣	阿克塞县		
225	传统技艺	藏族刺绣盘绣技艺	天祝县天堂、赛什斯、炭山岭、安远、哈溪、大红沟、松山等地	2	濒危
226	传统技艺	华锐藏族服饰制作	天祝县天堂、松山、毛藏、东大滩、西大滩乡、抓西秀龙乡等地	2	濒危
227	传统技艺	藏酒酿制技艺	天祝县华藏镇、赛什斯镇等地区	1	濒危
228	传统技艺	酩馏子酒酿制技艺	天祝县境内及周边地区	1	濒危
229	传统技艺	和政竹柳编工艺	和政县辖区	10	濒危
230	传统技艺	和政县"剪纸"工艺	和政县辖区	1	濒危
231	传统技艺	和政纸货扎制技艺	和政县辖区	10	濒危
232	传统技艺	和政白酒制作工艺	和政县辖区	3	濒危
233	传统技艺	卓尼洮砚制作工艺	甘南州卓尼县、临潭县	2	濒危
234	传统技艺	和政民间木雕技艺	和政县辖区	1	濒危
235	传统技艺	竹柳编织	苏集乡	50	

附表　甘肃少数民族非物质文化遗产资源目录清单

（续表）

序号	资源类别	资源名称	分布区域	传承人数量	生存状况
236	传统技艺	关北制香工艺	虎关乡	40	
237	传统技艺	临夏雕刻葫芦	市境内	1	濒危
238	传统技艺	临夏褃花	城郊镇	1	濒危
239	传统技艺	临夏发子面肠	城郊镇	1	
240	传统技艺	羊杂碎	城郊镇	1	
241	传统技艺	牛杂割	城郊镇	1	
242	传统技艺	临夏锁袋	城郊镇	1	濒危
243	传统技艺	临夏搅团	市境内	1	
244	传统技艺	临夏清真拉面	市境内	1	
245	传统技艺	北原土法榨油术	县境内北原片	1	濒危
246	传统技艺	民间擀毡技艺	尹集镇老虎山村	1	濒危
247	传统技艺	临夏黄酒酿造术	县境内西南片	3	濒危
248	传统技艺	手工制香技艺	县境内西南片	1	濒危
249	传统技艺	河州白塔古建筑艺术	岘原镇、三原镇、杨塔乡、西河镇、盐锅峡镇大部分村社	11	濒临失传
250	传统技艺	永靖古城王氏铸造技艺	太极镇下古村	7	濒临失传
251	传统技艺	永靖擀毡	杨塔乡、王台镇	40	濒临失传
252	传统技艺	东乡族擀毡技艺	龙泉乡	1	濒临失传
253	传统技艺	东乡族钉匠工艺	锁南镇	1	濒临失传
254	传统技艺	东乡族传统织褐子工艺	龙泉乡	1	失传
255	传统技艺	东乡族传统织口袋工艺	龙泉乡	1	失传

323

（续表）

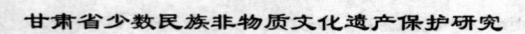

序号	资源类别	资源名称	分布区域	传承人数量	生存状况
256	传统技艺	东乡族传统皮匠工艺	锁南镇	1	濒临失传
257	生产商贸习俗	剪马鬃	皇城、康乐、大河、明花、红湾寺镇	2	严重濒危
258	生产商贸习俗	商贸	明花、红湾寺镇、皇城	4	严重濒危
259	生产商贸习俗	肃北雪山牦牛	肃北县石包城乡	12	良好
260	生产商贸习俗	狩猎	阿克塞县		
261	消费习俗	回族服饰	张家川县	5	濒危
262	消费习俗	回族清真食品	张家川县	3	濒危
263	消费习俗	回族茶饮	张家川县	6	濒危
264	消费习俗	饮食	红湾寺镇	1	严重濒危
265	消费习俗	其他	红湾寺镇	2	严重濒危
266	消费习俗	居住	马蹄	1	严重濒危
267	消费习俗	藏族服饰	祁丰	3	严重濒危
268	消费习俗	蒙古族服饰	白银	1	严重濒危
269	消费习俗	肃北蒙古族服饰	肃北县党城湾镇	8	良好
270	消费习俗	肃北传统奶食品敖尔玛	肃北县石包城乡	12	良好
271	消费习俗	肃北蒙古族传统饮料奇革	肃北县石包城乡	3	基本良好
272	消费习俗	服饰制作工艺	阿克塞县		
273	消费习俗	风干羊肉制作工艺	阿克塞县		
274	消费习俗	哈萨克族毡房制作工艺	阿克塞县		

（续表）

序号	资源类别	资源名称	分布区域	传承人数量	生存状况
275	消费习俗	三泡台盖碗茶	城郊镇	1	
276	消费习俗	八坊人的服饰	城郊镇	1	
277	消费礼俗	八坊饮食习俗	城郊镇	1	
278	消费礼俗	八坊四合院	城郊镇	1	濒危
279	消费习俗	羊皮筏子	太极镇、盐锅峡镇	18	濒危
280	消费习俗	保安族服饰	大河家、吹麻滩镇；柳沟乡		濒危
281	消费习俗	保安族风味小吃	大河家镇、吹麻滩镇		
282	消费习俗	保安族古民居	大河家镇		濒危
283	消费习俗	东乡族鸡尾宴	东乡县20个乡镇	1	继续传承
284	消费习俗	东乡族地锅锅	汪集乡	11	濒临失传
285	消费习俗	东乡族平伙	锁南镇	1	继续传承
286	消费习俗	东乡族盖碗茶	坪庄乡	1	继续传承
287	消费习俗	东乡族油炸食品	锁南镇	1	继续传承
288	消费习俗	东乡族手抓羊肉	全县	1	继续传承
289	人生礼俗	回族婚礼	张家川县	54	严重濒危
290	人生礼俗	回族葬礼	张家川县	68	濒危
291	人生礼俗	裕固族婚礼	皇城、康乐、大河、明花、红湾寺镇	14	严重濒危
292	人生礼俗	裕固族葬礼	皇城、康乐、大河、明花、红湾寺镇	3	严重濒危
293	人生礼俗	小孩剃头礼仪	皇城、康乐、大河、明花、红湾寺镇	5	严重濒危
294	人生礼俗	其他	皇城、康乐、大河、明花、红湾寺镇	4	严重濒危

（续表）

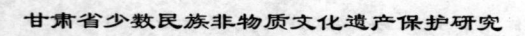

序号	资源类别	资源名称	分布区域	传承人数量	生存状况
295	人生礼俗	藏族婚俗	祁丰、红湾寺镇、泱翔	5	严重濒危
296	人生礼俗	藏族葬礼	泱翔	1	严重濒危
297	人生礼俗	藏族礼仪	红湾寺镇、泱翔	3	严重濒危
298	人生礼俗	肃北蒙古族分娩习俗	肃北党城湾镇	10	良好
299	人生礼俗	肃北蒙古族孩子剪胎发仪式	肃北党城湾镇	5	良好
300	人生礼俗	肃北蒙古族葬礼	肃北县党城湾镇	10	良好
301	人生礼俗	哈萨克族婚礼	阿克塞县		
302	人生礼俗	哈萨克族葬礼	阿克塞县		
303	人生礼俗	部落系谱	阿克塞县		
304	人生礼俗	华锐藏族婚俗	天祝县境内	2	濒危
305	人生礼俗	华锐藏族葬俗	天祝县藏族聚居地	1	濒危
306	人生礼俗	天祝土族婚俗	天祝县石门镇	2	濒危
307	人生礼俗	天祝土族葬俗	天祝县石门镇		濒危
308	人生礼俗	和政县"吃满月"习俗	和政县辖区		濒危
309	人生礼俗	汉族丧葬礼仪	和政县辖区	20	濒危
310	人生礼俗	咂酒	和政县部分乡镇	10	
311	人生礼俗	喊哈来目	和政县部分乡镇	20	
312	人生礼俗	吃八宿	景古、莲麓、五户、草滩	20	
313	人生礼俗	回族丧葬习俗	市境内	1	
314	人生礼俗	河州回族婚俗	城郊镇		
315	人生礼俗	看满月	市境内	1	
316	人生礼俗	穆斯林的生活习俗	城郊镇	1	

附表　甘肃少数民族非物质文化遗产资源目录清单

（续表）

序号	资源类别	资源名称	分布区域	传承人数量	生存状况
317	人生礼俗	八坊小孩诞生命名	城郊镇	1	
318	人生礼俗	汉族婚俗	市境内	1	
319	人生礼俗	八坊人的成年礼	城郊镇	1	濒危
320	人生礼俗	汉族丧葬习俗	市境内	1	
321	人生礼俗	葬礼习俗	王台镇塔坪村		良好
322	人生礼俗	看满月	全县17个乡镇		良好
323	人生礼俗	保安族婚礼	大河家、吹麻滩镇；刘集乡		濒危
324	岁时节令	少数民族节日	皇城、康乐、大河、明花、红湾寺镇	14	严重濒危
325	岁时节令	蒙古族传统节日	白银	1	严重濒危
326	岁时节令	毛卜喇"卍"字灯会	红山窑乡红山窑村	1	
327	岁时节令	天堂花儿会	天祝县天堂乡蝴蝶滩	1	濒危
328	岁时节令	哈溪端午浪山会	天祝县哈溪镇	1	濒危
329	岁时节令	六月六松山、抓西秀龙、黑马圈河赛马会	天祝县松山镇、抓西秀龙乡	2	濒危
330	岁时节令	天祝县八一赛马会	天祝县抓西秀龙滩	1	濒危
331	岁时节令	二月二岔口驿赛马会	天祝县华藏镇岔口驿村	1	濒危
332	岁时节令	古城元宵会	天祝县赛什斯上、下古城村	1	濒危
333	民间信俗	十八位湫神祭典	岷阳镇、西寨镇、清水乡、秦许乡寺沟乡	赵佛有	好

327

（续表）

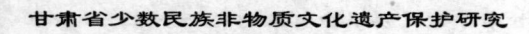

序号	资源类别	资源名称	分布区域	传承人数量	生存状况
334	民间信俗	二郎山庙会花儿会	18个乡镇	刘郭成	好
335	民间信俗	二月二庙会花儿会	秦许乡	张耀庭	好
336	民间信俗	茶埠将台四月四庙会花儿会	茶埠乡	包伦	较好
337	民间信俗	岷县十里镇大沟寨花儿庙会	十里镇	王关龙	较好
338	民间信俗	西寨大庙滩花儿会	西寨镇	姚等第	较好
339	民间信俗	发神	岷阳镇	米新民	较好
340	民间信俗	开耕蜡山	中寨镇	张正文	较好
341	民间信俗	青苗会	锁龙乡	卢国彬	较好
342	民间信俗	梅川镇高庙、城隍庙、贾家庙庙会花儿会	梅川镇	陈关云	好
343	民间信俗	九宫八卦灯会	岷阳镇	陈顺	较好
344	民间信俗	中寨镇木场滩花儿会	中寨镇	郭子代	较好
345	民间信俗	会川本庙庙会	会川镇本庙村	2	盛行
346	民间信俗	首阳山伯夷叔齐祭祀	莲峰镇首阳山村	2	濒危
347	民间信俗	九天圣母庙会	麻家集镇路西村	1	濒危
348	民间信俗	仁寿山庙会	全县		衰落
349	民间信俗	拉扎节	南部乡镇	3	人员缺乏
350	民间信俗	张家川"社火"	张家川县	30	濒危
351	民间信俗	庙会	张家川县	27	濒危
352	民间信俗	舟曲县博峪采花节	甘南州舟曲县	无	濒危

附表　甘肃少数民族非物质文化遗产资源目录清单

（续表）

序号	资源类别	资源名称	分布区域	传承人数量	生存状况
353	民间信俗	夏河县香浪节	甘南州边境	无	濒危
354	民间信俗	甘南州插箭节	甘南州周边地区	无	濒危
355	民间信俗	新城花儿会	甘南州临潭县	3	濒危
356	民间信俗	正月十九迎婆婆	甘南州舟曲县	无	濒危
357	民间信俗	藏族服饰	甘南州七县一市	3	濒危
358	民间信俗	藏族婚礼	甘南州七县一市	无	较严重
359	民间信俗	毛兰木（法会）	夏河县	无	参与人数较多
360	民间信俗	跳神节	玛曲、碌曲县	无	良好
361	民间信俗	瞻佛节	碌曲、玛曲、夏河县	无	良好
362	民间信俗	弥勒环寺节	玛曲县	无	民族遗留宗教活动
363	民间信俗	酥油灯节	碌曲、玛曲、夏河县	1	濒危
364	民间信俗	娘乃节	甘南州周边地区	1	较严重
365	民间信俗	巴寨朝水节	舟曲县	无	濒危
366	民间信俗	坪定跑马节	舟曲县	无	濒危
367	民间信俗	天干吉祥节	舟曲县	无	危险
368	民间信俗	临潭搬场节	临潭县	无	严重
369	民间信俗	辟邪节	玛曲县	无	濒危
370	民间信俗	达九滩赛马节	夏河县	无	濒危
371	民间信俗	元宵松棚楹联灯会	舟曲县	无	濒危
372	民间信俗	长川羊升村的提灯会	临潭县	无	濒危
373	民间信俗	庙会	甘南州周边地区	无	较严重
374	民间信俗	藏民族头饰	甘南州周边地区	1	较严重

（续表）

序号	资源类别	资源名称	分布区域	传承人数量	生存状况
375	民间信俗	迭部藏族服饰配饰	迭部县	2	濒危
376	民间信俗	藏族婚礼	舟曲县、卓尼县	无	较严重
377	民间信俗	藏族葬礼	舟曲县、卓尼县	无	较严重
378	民间信俗	成年礼（上头）	甘南州周边地区	无	较严重
379	民间信俗	煨桑	甘南州周边地区	无	较严重
380	民间信俗	萨迦派宗教文化	迭部县	1	濒危。
381	民间信俗	东山转灯	舟曲县	无	濒危
382	民间信俗	新堡乡资堡抢年果	临潭县	无	濒危
383	民间信俗	陈旗乡王旗村的烤摆摆	临潭县	1	濒危
384	民间信俗	扁都的哈尕滩烟火	临潭县	无	濒危失传
385	民间信俗	古战打施食	临潭县	无	濒危
386	民间信俗	新城营（集市）	临潭县	无	濒临灭绝
387	民间信俗	崇拜腾格里	肃北县党城湾镇	5	良好
388	民间信俗	崇拜太阳和月亮	肃北县党城湾镇	5	良好
389	民间信俗	崇拜星辰和风雨雷电	肃北县党城湾镇	5	良好
390	民间信俗	崇拜火神	肃北县党城湾镇	5	良好
391	民间信俗	崇拜独一树木	肃北县党城湾镇	5	良好
392	民间信俗	崇拜牲畜神灵	肃北县党城湾镇	5	良好
393	民间信俗	崇拜土地	肃北县党城湾镇	5	良好
394	民间信俗	崇拜圣山	肃北县党城湾镇	5	良好
395	民间信俗	肃北蒙古族祭"敖包"习俗	肃北县石包城乡	3	良好

附表　甘肃少数民族非物质文化遗产资源目录清单

（续表）

序号	资源类别	资源名称	分布区域	传承人数量	生存状况
396	民间信俗	祖先信仰	肃北县党城湾镇	5	良好
397	民间信俗	念经	阿克塞县		
398	民间信俗	祭天池	天祝县炭山岭镇阿岩沟村	1	濒危
399	民间信俗	祭峨博	天祝县西大滩乡、松山镇、天堂乡、抓西秀龙乡	1	濒危
400	民间信俗	晒佛	天祝县天堂乡	1	濒危
401	民间信仰	松鸣岩浴佛节龙华会	和政县吊滩乡松鸣岩景区	30	濒危
402	民间信仰	和政"牛犊爷"	和政县买家集镇牙塘村	20	濒危
403	民间信仰	和政县"青苗会"	和政县辖区		濒危
404	民间信仰	和政县"插牌"习俗	和政县辖区	10	濒危
405	民间信仰	崖头观	枹罕镇	1	
406	民间信仰	"求子女"习俗	县境汉族地区	1	濒危
407	民间信仰	龙首山二郎庙会	县境内马集镇	1	濒危
408	民间信仰	民间法师打醮	县境内汉族地区	1	濒危
409	民间信仰	和政县"打醮"习俗	和政县辖区	12	濒危
410	传统体育、游艺与竞技	张家川民间武术	张家川县	5	严重濒危
411	传统体育、游艺与竞技	肃北蒙古族游戏：甩白木头	肃北县党城湾镇	15	良好
412	传统体育、游艺与竞技	赛马	阿克塞县		

（续表）

序号	资源类别	资源名称	分布区域	传承人数量	生存状况
413	传统体育、游艺与竞技	姑娘追	阿克塞县		
414	传统体育、游艺与竞技	叼羊	阿克塞县		
415	传统体育、游艺与竞技	跳楼	芦阳镇		一般濒危
416	传统体育、游艺与竞技	斗鸡	全县		一般濒危
417	传统体育、游艺与竞技	瞎子摸鱼	芦阳镇		严重濒危
418	传统体育、游艺与竞技	捉小鸡	上沙窝乡	1	一般濒危
419	传统体育、游艺与竞技	改线线	红水乡	1	一般濒危
420	传统体育、游艺与竞技	散羊儿	寺滩乡	1	一般濒危
421	传统体育、游艺与竞技	翻绳	寺滩乡	1	一般濒危
422	传统体育、游艺与竞技	串毛蛋	寺滩乡	1	一般濒危
423	传统体育、游艺与竞技	掰手腕	全县	1	一般濒危
424	传统体育、游艺与竞技	跳方	芦阳镇	1	一般濒危
425	传统体育、游艺与竞技	拔腰	寺滩乡	1	一般濒危
426	传统体育、游艺与竞技	捉迷藏	正路乡	1	一般濒危

附表　甘肃少数民族非物质文化遗产资源目录清单

（续表）

序号	资源类别	资源名称	分布区域	传承人数量	生存状况
427	传统体育、游艺与竞技	打缸	正路乡	1	严重濒危
428	传统体育、游艺与竞技	荡秋千	全县	1	一般濒危
429	传统体育、游艺与竞技	踢毽子	喜泉乡	1	一般濒危
430	传统体育、游艺与竞技	抓羊儿	寺滩乡	1	一般濒危
431	传统体育、游艺与竞技	榨油锅	红水镇	1	严重濒危
432	传统体育、游艺与竞技	回族驯鹰	上湾乡、苏集乡康丰乡	30	
433	传统体育、游艺与竞技	跳方	城郊镇	1	
434	传统体育、游艺与竞技	河州天启棍	城郊镇	1	濒危
435	传统体育、游艺与竞技	八门拳	城郊镇	1	濒危
436	传统体育、游艺与竞技	下方	县境内西南片	2	濒危
437	传统体育、游艺与竞技	甩炮嘎	县境内西南片	1	濒危
438	传统体育、游艺与竞技	打木球	县境内西南片	1	濒危
439	传统体育、游艺与竞技	下方子	全县17个乡镇	36	濒危
440	传统体育、游艺与竞技	保安族夺腰刀	大河家、吹麻滩镇；刘集乡		濒危

333

（续表）

序号	资源类别	资源名称	分布区域	传承人数量	生存状况
441	传统体育、游艺与竞技	下方	县域内		
442	传统体育、游艺与竞技	保安族蚂蚱板板	大河家镇、吹麻滩镇		濒危
443	传统体育、游艺与竞技	东乡族拔棍	锁南镇	1	濒临失传
444	传统体育、游艺与竞技	东乡族地咕嘟	百和乡	1	失传
445	传统体育、游艺与竞技	东乡族踢毛丫	锁南镇	1	濒临失传
446	传统医药	甘南藏医药	甘南州边境	2	濒危
447	传统医药	藏医药	碌曲县	1	濒危
448	传统医药	手工藏药	玛曲县、碌曲县	1	濒危
449	传统医药	接骨技术	七县一市	1	濒危
450	传统医药	华锐藏医藏药	天祝的天堂、石门、炭山岭、西大滩、松山、毛藏等乡镇	1	濒危
451	传统医药	王氏中医接骨	城郊镇	1	
452	传统医药	收阴	城郊镇	1	
453	传统医药	金氏接骨术	桥寺乡尕金村	1	濒危
454	传统医药	白胡椒止泻汤	全县	1	一般濒危
455	传统医药	咕咚水	全县	1	一般濒危
456	其他	压岁钱	肃北县党城湾镇	10	良好

注：表格中空格处缺数据是因未统计。

后 记

　　非物质文化遗产的保护研究在我国才是近十多年的事，是一个偏"冷"的领域。即便是一些基本的概念，对于大众而言，能够准确理解的并不多。非物质文化遗产与当代城市民众的日常生活关系不大，与经世治用的社会"宏旨"无关，甚至与风物景致的逸情逸兴相比，吸引力也远远不够。所以，如果从实用的角度看，非物质文化遗产确实在大众的、社会的视野之外。因而，它的传承日渐式微，对它的保护也缺乏起码的社会自觉。也因此，它的生存一直处在濒危的边缘，有些已经彻底消失了。

　　但是，非物质文化遗产很珍贵，是民族或群体文化的基础部分，蕴含着该民族或群体最深的传统文化根源，反映了他们的生活、生存方式，保留着形成该民族或群体身份的原生状态，以及该民族或群体特有的思维方式、心理结构和审美观念，体现着该民族或群体独具特色的历史文化发展踪迹。任何民族或群体都有通过非遗维系自己的特性、形成相互认同感的需要。

　　我的祖祖辈辈生存、生活在甘肃这个多民族地区，各个民族的灿烂文化共同构筑了绚丽多彩的甘肃，也丰富和点缀着这片土地上各个民族的生活。甘肃少数民族的非物质文化遗产是我的故乡的概念或者说"乡土情结"的重要组成部分，是留在童年记忆中的精彩画面。

　　因为教学的需要，我接触到非物质文化遗产保护这个领域，在深入挖掘相关资料的过程中，一方面被甘肃民族地区非物质文化遗产、遗存的丰富多样性所震撼，另一方面也为这些珍贵的人类文化记忆的生存状态之困窘感到揪心，由此，萌发了研究、介绍甘肃少数民族非物质文化遗产的想法。

　　由于这个领域的边缘性特点，研究资料非常匮乏，一些可见的资料、数据、图片只能反映"部分的表象"，深层的、全景的甘肃少数民族非物质文化遗产如同一个沉睡的矿藏，需要一点一点去寻找，去挖掘。这个过程是十分艰辛的：没有"大型的机械化设备"，每一个点的发现，都是徒步访问的结果；每一条数据链的建立，都是计算器上进行的最原始的加减乘除。受汶川大地震后四川抢救非遗相关报道的启发，我试图从"防灾减灾"这个角度寻找民族地区非遗保护的路径，而"防灾减灾"的研究又是一个"冷门"，所有的研究成果大都集中在"生命财产"这样的现实对象上，文化遗产的"防灾减灾"基本被忽略。行走在荒原沙漠，没有坐标，呈现给读者的，就只能是星星点点的"文化植被"了。

感谢甘肃省委党校文史教研部各位同事给予的指导、帮助，感谢甘肃省委党校各位领导的鼓励和支持。

雒 庆 娇

2014 年 10 月于兰州